まくらが来りて笛を吹く

春風亭一之輔

朝日文庫

本書は二〇二一年一月、小社より刊行されたものです。
初出　『週刊朝日』連載「ああ、それ私よく知ってます。」
（2017年7月7日号～2020年9月4日号）

はじめに

この本は第2弾なのである。1作目は『いちのすけのまくら』というストレートなタイトルだった。この度、さぁ2冊目を……ということになった。なんでも「その2」とか「vol.2」とか、ぱっと見「2冊目」と分かるタイトルは売れないらしい。ホントかな。題して『まくらが来りて笛を吹く』。横溝正史の名作ミステリー『悪魔が来りて笛を吹く』をもじったダジャレである。いろんな案が出たなかで、一番気に入った。

いや、しかし待てよ。「まくらが来りて笛を吹く」って、そもそも元ネタを知らない人にはシャレであることも伝わらないのでは？　だいたい横溝正史なら、まず『犬神家の一族』『八つ墓村』じゃないか？　「悪魔が……」が10～30代の健全な一般人に通じるのか？　私が子供の頃はフジテレビ「ゴールデン洋画劇場・特別編」でたまに放送されていたから、40オーバーにはおなじみかもしれないけども、ちょっと不安になってきた。

そういえば「悪魔が……」の金田一耕助役は西田敏行だったな。その頃の私には西田敏行といえば「池中玄太」か「猪八戒」のイメージ（注・再放送などの視聴ゆえに時系列はバラバラです)。金田一といえば石坂浩二。「80キロ」の「豚の化け物」が急に「名探偵」？　うーん、違和感。そばに坂口良子もマチャアキもいない太った金田一に、いったい何が出来るのか、と幼心に思って観ていたな。チューリップハットをかぶるガラじゃないだろう、と。貴方がかぶるべきは、よくわからない英字の書かれたキャップか猪八戒帽子だよ、と。駆けつけるのは事件現場でなく、丹頂鶴を撮りに北海道、もしくはゴーウエスト天竺《てんじく》だよ、と。

印刷機が回り始めた。まぁ、付けちゃったものはしょうがない。このままえがきを進めることにする。ポニーテールと一之輔はふり向かないのだ。

「まくら」とは、落語の本編に入る前の導入のお喋りのこと。「頭に付く」から「まくら」。誰が決めたのかは知らない。頭に付くものなら、ひょっとすると「麦わら帽子」とか「烏《え》帽子《ぼし》」、はたまた「サンバイザー」、どうかすると「氷嚢《ひょうのう》」や「バンダナ」、もっといえば「シャンプーハット」や「猫耳」になっていたかもしれない。んなわけない、とお思いかもしれないが、あくまで可能性のはなしだ。

「まくら」といえば人間国宝・柳家小三治師匠なのである。小三治師匠はまくらが面白い。いや……まくら「も」面白いだな……。そして長い。めっちゃ長い。尋常でなく長い。別名「まくらの小三治」。想像して欲しい。これが「サンバイザーの小三治」だとしたら、世の中、ちょっとおかしなことになりゃあしないか？

お客が落語会の帰り道に「今日の小三治の『サンバイザー』、いつにも増して長かったなー。でも面白かった。やっぱり師匠は最高！」ってSNSに書いてたら、小三治師匠は今夜どんなご陽気ファッションだったのか、気になり過ぎて困ってしまう。長過ぎるときっと邪魔だな、サンバイザー。

「今日の小三治の『氷嚢』、ビックリするほどたっぷりで客席は割れんばかり！」なんて書かれていたとしたら、仰向けの小三治師匠の額の上でパンパンに膨れ上がった氷嚢が今まさに弾けようとしていたはず。身体を張って笑いをとりにいく小三治の新境地に客席は思わず前のめりだ。

「バンダナの小三治」じゃ談志師匠とまるかぶりだし、「シャンプーハットの小三治」じゃ可愛過ぎる。泡を流してあげたいよ。目を瞑《つぶ》っておいで、小三治。大丈夫、これかぶってればシャンプーは目に入らないから。「猫耳の小三治」なんて猫と小三治と盆と正月と謝肉祭とメーデーがいっぺんに来たみたいな騒ぎになってしまうではないか。ニャー。

なにが言いたいかというとだな。やっぱり「まくら」は「まくら」で本当によかった……ということ。

この本にある「まくら」はだいたいが悪ふざけ、その場しのぎをヘラへラッラッラと書き留めたもの。私のいつもの高座の「まくら」そのもの。大きいまくら、小さいまくら、変なカタチのまくら、安いまくら、手作りのまくら、抜け毛のついたまくら、おじいちゃんの形見のまくら、世界最古のまくら、超高校級まくら、おろしたてのまくら、壊れかけのまくら、壊れかけのレディオ、戦場のピアニスト、男たちの挽歌、天皇の料理番、坂上田村麻呂《さかのうえのたむらまろ》……。いろんな「まくら」を、あなたの耳にあててみてください。きっとあなたの胸をざわつかせる「笛の音」が聴こえるはず。聴こえなかったら耳鼻科行け。

以上、「まくらの本」のまえがき、すなわち「まくら」の「まくら」。べつに人間国宝をいじって字数を稼いだわけではない。心から尊敬してます、小三治師匠。あと西田敏行さん。「思いの全てを笛に乗せ、キミに聞かせることだろう」

まくらが来りて笛を吹く ● 目次

はじめに 3

第一章 芸能のまくら

第二章 コロナのまくら

第三章 新語&流行語のまくら

第四章　スポーツのまくら

第五章　おしごとのまくら

第六章　季節のまくら

第七章　身近な出来事のまくら

まくらが来りて笛を吹く

第一章　芸能のまくら

引退

欅坂46の平手さんがグループを「脱退」するそうです。「卒業」でなく「脱退」なのが、何やら物議を醸してますが、「脱退」と比べると「卒業」のほうが達成感のある穏やかなイメージでしょうか。状況を見て周りが「脱退」だな、と判断するのか、当人が「『脱退』でお願いします」と注文つけるのか？ 似たような言葉はいっぱいありますが、「離脱」じゃダメですか？ 「離」に強い意志を感じさせ過ぎか。「脱会」だと、グループに信仰を匂わせるし、「出所」は出迎えの必要がありそうだし、ならばいっそのこと、「出獄」がいいと思うんですがダメですか？『平手、出獄！』、いいなあ。

今、ニュースで確認したら当人が「脱退」という表記を希望したらしいです。その理由は今は話したくないらしい。同時に抜ける他のメンバーは「卒業」らしい。今後は女優として活動していくかもしれないらしい。どうやら今回のテーマをこの話題で進めていくには、これがもう限界らしい。らしい。

いや、もうちょい引っ張ろう。私が平手さんだったら「退団」にしてもらうな。「退団」、いい響きです。スポーツ選手がチームを抜けるときは「退団」。読売ジャイアンツの場合、巨人軍なんですから「退軍」というべきではないですか？ 軍、ですからね。軍。「退軍」……あ、辞書を引くと「軍隊を後退させること」とあるから違うな。「除隊」ですか？

「退役」のほうがいいかもしれません。激しいパフォーマンスを見る限り、平手さんには「退役」もしっくりくる。『平手、退役！』、これに決定！

　無駄な前置きが長くなりましたが、さて『引退』です。落語家の場合、引退する人は滅多にいません。「引退同然」の人はいるかもしれませんが、「もう落語はしない」と公に引退を宣言された方は先代の圓楽師匠くらいではないでしょうか。

　一方、「廃業」する人はいます。こちらは師匠による「クビ」か、自主的に落語家から足を洗うか、どちらかの場合です。寄席の楽屋に「○○は△月末日をもって廃業いたします」と貼り紙がでることも。若手が志半ばで落語家を辞めるのは『廃業』なんでしょうね。平手さんが『脱退』を希望したように「私は『廃業』でなくて『引退』でお願いします」と落語協会に注文しても「いやいや、何言ってんすか？　あなたは『廃業』ですよ」と突っ返されます。願いが聞き入れられたとしても、楽屋中から「おいおい、お前は『廃業』だろ⁉」と総ツッコミを受けることでしょう。落語家の『引退』か『廃業』かは確実に周囲が決めますが、前述のように『引退』する人はほぼ１００％いないので、辞める＝『廃業』です。

　前座が廃業しても、公式に知らされることはありません。こないだまで楽屋働きしていた前座が居なくなり、風の便りで「辞めたらしいよ」と聞くのです。とある師匠が「俺は前座の名前は覚えないし、挨拶されても返さない」と言ってました。ずいぶん非道《ひど》い話だな、と思いましたが、その後に「そいつが辞めたとき……つらいんだよ……」だそうです。そういえばこの師匠は私が前座のとき、とてもおっかなかった。二つ目になったら急に優しくなったなあ。

私がこの先『退団』すると、この師匠が悲しむのが分かって、ホッとしたのでした。

（2020年2月14日号）

【引退】2020年3月末に英国王室のヘンリー王子とメーガン妃が、王室を「引退」。

共演者

編集者から毎回「これについて書け」と指令が下るこのコラム。K氏はどうしても書かせたいらしい。私にはわかる。ホントはあまり書きたくないのだが……。

その『共演者』とはズバリ、Eテレ『落語ディーパー!〜東出・一之輔の噺のはなし〜』で共演中の、若手真打ち・柳家わさび師匠のことだろう。仕方ない。あんまり気が乗らないが、わさび師匠のことをつらつらと書いてみたい。え? 興味ない? またたー。

そもそも私とわさび師匠の出会いは21年前。日大芸術学部落語研究会に新入生として彼が入部してきた。当時、私は3年生。後の柳家わさびこと宮崎青年の第一印象は「使用済みの綿棒」。ヒョロリと背が高く、ガリガリに痩せていて、色白で、かつ小汚い。「キミは落語が好きなのかい?」と尋ねると「ありがとうございます。よく言われます」と応えた。面白そうなので入部を許可することにした。

ただ落語をやらせても小声で何を言ってるかよくわからない。浴衣を着せると結核患者にしか見えない。

私「『こんちわー、御隠居さん』って言ってごらん」

わさび「……ポイ、ん、せち、あ……」

私「……こんちわー！」
わ「コ、んちー、たーたー」
私「……惜しいな」
わ「……お、し、い、な」
私「そこは言わなくていいんだよ」
わ「ありがとうございます」
私「なんの御礼だよ」

万事この調子である。

稽古を休んだ日、その理由を聞くと「向かい風が強くて部室までたどりつけませんでした」と震えながらささやく糸屑。

その年の秋の学園祭。落研は教室を寄席にして、朝から晩まで落語を延々と披露するのだが、客席の片隅で一日中佇んでいるマダムがいる。「ぼくの、お、か、あ、さん、で、す」。出来の悪い九官鳥くらいの言語力で指をさす人間ナナフシ。「いつも息子がお世話になっております」。スラッとした美魔女がこの歩く藁細工の母親とは！

「今日も来てるな、お前のお母さん」「す、いま、せ、ぬ」「なんだよ、『ぬ』って。今日で3日連続皆勤賞だぞ」。お母さんはハンカチを握り締め高座をひたすらに見つめている。どうやら息子のことが心配でならないらしい。無事学園祭が終わり、近所の居酒屋で打ち上げ。遠くのカウンターからこちらをジッと見つめる見覚えのある女。「おかーさーん。良かったらこっちで一緒に飲みませんかー！」「あらー、お邪魔じゃないですかー⁉」。グラス片手に小走りで近づいてくるステージママ……すっかりご馳走になってしまった。

それからというもの、部員はすっかりお母さんと仲良くなって家に入り浸るようになる。正直わさびはもうどうでもよい。お母さんの息子は昨年真打ち昇進し、4月3日にはお母さんの故郷福井で昇進披露落語会があるのです（息子の）。お母さん、バリバリ切符売ってます。私もお母さんのために友情出演。皆さま、お母さんを応援に良かったら来てね。

あ、それから『落語ディーパー！』も無事3月に放送予定。いやー、相方ちっちゃくなってたなあ。なんかあったのかしら？

（２０２０年3月13日号）

【共演者】著者は、俳優の東出昌大さんと２０１７年からＮＨＫ Ｅテレ「落語ディーパー」で共演。

なつぞら

朝ドラの『なつぞら』は開始から2週間で観るのをやめてしまった。録画予約を消去できないのは松嶋菜々子の母さん役にまだ未練があるから。舞台を東京に移してからはあまり出てないみたい。あんなお母さん欲しいぞ。『まんぷく』も『半分、青い。』も観ていたのに、何故『なつぞら』は離れてしまったのか？「広瀬すずの顔って、ちょっと俺のタイプとズレてるんだなー」と呟いたら、「おーい、死んでしまえー」と家内。あれ？　俺の意見は死に値するほど？

梅雨も半ばを過ぎ6月21日から毎年恒例・全国ツアーの北海道巡業が始まった。今年は旭川・札幌・苫小牧・帯広の4公演。独演会なので前座さんとの二人旅なのだが、誰に付いてきてもらうかでかなり旅の趣が変わってくる。うちの弟子は生意気にも予定が入っていた。こちらとしても弟子との長旅はお互いに気詰まり、それはそれでちょうどいい。

よその一門でいい前座さんはいないかな、と寄席の楽屋を見回す。最近、女の子の前座さんが増えた。むさ苦しい男より女子に世話をやいてもらったほうが嬉しいに決まってるが、自意識が邪魔して女子には頼めない。長旅だ。何かあったらどうする？　仮に「やだ〜、一之輔師匠、私のこといやらしい目で見てる〜！」とか思われたとしたら私は耐えきれない。決してやましい気持ちなどないのに何故？　そんな気持ちなど毛頭ないのに！　向こうから「師匠〜、私を連れてって〜ん！」とか言ってくれないかなあ。

……断じてやましい気持ちなどなくそう思う！

だから旅の仕事を頼むなら男前座だな。今回は柳家小はださんに決定。小はださんは入門4年目の29歳。立教大学を6年かけて卒業した勉強家だ。身長178センチ。「ムショ帰り」な髪形で、「靴ベラ」みたいな顔をしてる。もしくは壁に立てかけた「しびん」。愛嬌があるといえばあるし、ないといえばまるでない顔。「日大顔」からあえて言わせてもらうと、あれは「立教の顔」ではない。ジャズが好きでやたら詳しい。そんな顔じゃない。学生時代は少林寺拳法をやっていたそうだ。なるほど、香港映画のやられ役にいそうな顔。目黒生まれだと言う。「どこの目黒？」と聞くと「東京の、です」と嘘をついた。あの顔で、あの目黒に生まれるわけがない。絶対嘘をついている。

前座の中にはよく『一生懸命顔』の人がいる。額に汗して、目を血走らせ、威圧しながら気を使ってくる、一緒にいると疲れる奴。その点、小はださんは『こいつ大丈夫か？顔』だ。こちらが心配になる顔。気が利かなそうな顔だが、実はほどよくテキパキしていて、押しつけがましくない気の利かせようがいい。旭川の楽屋にハンガーがないと自前の携帯ハンガーを出してきた。そこまでしなくていい顔なのに。無理するな、小はだ。「好きな女性のタイプは？」と聞くと「あの人です……ほら……あの……」と石田ゆり子の名前が出るまで5分。「好きじゃないだろ？」「いや、私はあの『顔』が好きなんです！」と。「広瀬すずはどう？」と聞くと「う〜ん……」と考え込んだ。おーい、お前も死んでしまえー。

明日は帯広公演。十勝に行けば二人とも『なつぞら』の良さがわかるだろうか。なつよ、俺たちを待っておくれ。

（2019年7月12日号）

【なつぞら】2019年4〜9月に放送されたNHK朝の連続テレビ小説。

サイン

以前、私のサイン色紙がネットオークションで売られていました。値段は500円。ちょっとムッとしつつも「俺のサインなぞ売れるわけないだろ?」と強がって半笑い。2日後、気になって覗くとまだ買い手がつかないまま……。自分のあずかり知らないところで、赤の他人に「かく必要のない恥」をかかされている状況。いっそ自分で入札してやろうかと思いましたが……なんとかとどまりました。でもこれ、夜中だったら危なかったなー。電車のなか、売れたかどうかを携帯でチェックすること数日間。情けな。夢中になり電車を乗り過ごし、寄席に遅刻しそうになりました。危な。

寄席は、自分の前の演者が高座に上がる前に楽屋入りするのが暗黙のルールです。「おあと(後の演者)」がいるのを確認してから高座に上がらないと不安でしょ? 「おあとがよろしいようで」という常套句は、「俺、上手いこと言ったろ⁉」とドヤ顔している落語家のイメージですが、それは間違い。「あとの演者の支度ができたので代わりますね」という意味なのです。つーかそんなセリフ、言わねー。実際に言ってる同業者見たことねー。完全にファンタジー。

「おあと」がいない場合は、前の出演者が持ち時間をオーバーして「おあと」が到着するまで繋ぎます。ですから、「おあとがよろしい」時点で、今高座に上がっている演者にそれを知らせなければいけません。これは楽屋で働く前座の役目。今は、高座袖から鉦《かね》を「チーン」と叩いて『サイン』を出すことが多いです。「チーン」が聞こえたら上手い具合に噺を切り上げて「おあと」と交代。プロだねー。

昔はよく『サイン』に羽織を使っていたそうです。「おあと」がいない状況で高座に上がった演者は、羽織を脱ぐと高座袖に向かってそれを放ります。「おあと」が到着したら、前座がその羽織を片付ける。それが「おあと」到着の『サイン』。今はほとんどやりません。なんでだろ？　粋な感じでいいけどなぁ。

滅多に寄席に出ないベテラン師匠が前座さんに「アトナシなら『ダルマ』放るから引いとくれ」と言ったそうな。その前座さん、「は？　ダルマ？」。『ダルマ』とは羽織の符丁です。今はほとんど使いません。「ダルマもわからねえのか！　羽織だよ!!」「なんでダルマなんですか？」。沈黙10秒。「……とにかく引け！　あとが来たら教えろよ！」と言って師匠は上がっていきました。

師匠が袖に羽織を投げました。が、お爺さんは肩が弱くて羽織が袖まで届きません。中途半端な位置に羽織が取り残されてしまいました。無理に拾いに行けばお客からまる見え。困った前座はモップの柄を使って、袖から羽織を手繰り寄せようとしましたが、上手く引っ掛かりません。5分弱の悪戦苦闘。師匠からは見えませんが、お客さんからはまるわかり。必死の思いで羽織を釣り上げた瞬間、客席は拍手喝采。お爺さん師匠は訳もわからず、「今日の客は感度がいい！」と喜んでいたそうです。ただ師匠の羽織は高座の床板のササクレに引っ掛かり、糸がほつれて悲惨な状態だったとな。やっぱ、私は放るのよそう。あと私のサインはまだ売れてない。私の心もササクレだって、引っ掛かりっぱなし。おあとがよろしいようで……良くないよ‼

（２０１９年４月26日号）

【サイン】２０１９年春の甲子園選抜大会で、星稜高校が対戦相手の習志野高校に「サイン盗み」をされたと抗議した。

新顔

映画『翔んで埼玉』がメガヒット中です。同じ関東でありながら、東京の後塵《こうじん》を拝する埼玉の悲哀を描いたファンタジーギャグコメディ。私は生まれ育ちが千葉県野田市。通った高校が埼玉県立春日部高校。現在は東京都池袋近辺に住んでます。『翔んで〜』をご覧になった方ならわかると思いますが、この映画を観て大笑いするにはドンピシャな経歴と言っていいでしょう。

というわけで、観てきましたよ『翔んで埼玉』。なぜか岡山で。岡山市での独演会の前に時間が出来たので、期待を胸にイオンシネマに足を運べば平日の昼間にもかかわらず客席は満員。岡山にしてこの人気！　さぁ来い、笑わせてくれ『翔んで埼玉』‼

えーとね……結果を言うとですね……関東の人は岡山で『翔んで埼玉』を観てはいけません。私は面白かったですけどね、客席から爆笑は一度も起こらず……。埼玉・千葉disの笑いどころにも満場は凪が起きたり静まったりと、終始一貫微妙な空気の2時間弱でした。なぜ腹から笑わない⁉　岡山県民‼

終映後、右隣の女子二人が「二階堂ふみ、可愛かったね……」「ホンマやな……」。いやいや、求めてるのはそういう感想じゃないからっ！　左隣のオバさんが「これ、実話やろか？」。なわけねーだろ！　前のオジさんが「取り上げてもらえるだけ、岡山よりましやろう……」。あちゃー、ついに本音が！　……というわけで、東京に戻り再度池袋で観直したところ場内は爆笑でやした。この映画は場所を選びます。

そんな『翔んで〜』がまるで刺さらなかった岡山のみなさんにもぜひ知って欲しいビッグニュース。3月16日、ついに埼玉県飯能に『ムーミンバレーパーク』がオープン！　あの都内路線の万年Bクラス・西武線についに救世主。今まで『としまえん』『西武園』というロートルいぶし銀二枚看板に頼りきりだった我がチームに現役バリバリの4番バッターが加入したのですよ。今、日本中が「飯能！　ムーミン！　飯能！　ムーミン！」とお祭り騒ぎなのは皆さんご存知の通り！

え？　そうでもない？　いやいや、西武池袋駅の構内は今、ムーミンバレーパークのポスターで壁の地が見えないくらい。ムーミン・フローレン・スニフ・スナフキン・ミイ、お馴染みのキャラクターの一枚写真のポスターがドーン。こんなかわいい仲間が待ってるなら絶対飯能に行きたい！　たとえ池袋から50分かかろうとも‼

ポスターをジーッと見つめていると、あれ？　スナフキンとミイが……人間……。いや、い―んですけどね。キャラクターの着ぐるみでなく、人間かぁ……。他のキャラクターとのスケールがほぼ一緒で、『リトルミイ（ちびのミイ）』なはずなのに、ほりの深い森公美子みたいなポッチャリオバさん。スナフキンも思いの外、デカくてコスプレ感が滲み出て……。スニフのゴモラ感もなかなか……。

女子高生が「なにこれ、こわっ！（笑）」と言いながら通りすぎていくのを見ると一抹の不安はありますが、きっと彼らが埼玉を、飯能を、西武線を救ってくれることでしょう。飯能、夏は暑いけどスナフキンとミイ以外のお友達はくれぐれも脱水症状に気をつけてっ!!

頑張れ、ムーミンバレーパーク! ……でもなぜに飯能に⁉ (2019年4月12日号)

魔夜峰央の漫画を原作とした実写映画、『翔んで埼玉』。続編『翔んで埼玉～琵琶湖より愛をこめて～』も2023年11月に公開。としまえんは2020年8月31日に閉園。

いだてん

NHKの大河ドラマ『いだてん』を欠かさず観ている、といってもまだ2回だ（これを書いてる時点で）。オープニングのアニメーションが山口晃画伯だった。ぼんやり見ていたら、「わ！　山口さんっ！」と思わず声が。自慢じゃないが、私の著書『春風亭一之輔のおもしろ落語入門』の挿絵は山口晃画伯によるもの。今年第2弾が出る予定。小学生でもわかるようにルビもふってあります。お子さんの情操教育にいかが？　学校図書館にも置いて頂きたい。ぜひお買い求めください。

……あ……『いだてん』だった。昭和の大名人・古今亭志ん生師匠が「語り」。志ん生役はビートたけしさん。髪の毛、フサフサ。あれ？　……志ん生師匠ってツルツルじゃなかった？　落語のシーンもふんだんに……もろ、ビートたけしだ。でもいーんだよ、これで。『たけしが志ん生を演る』。それで十分だ。

志ん生の長女・美津子役が小泉今日子さん……。むー。美津子さん、お会いしたことあるけどキョンキョンというより……ガンバレルーヤのまひるちゃんをお婆さんにしたようなかんじだったな……。勿論かわいいには違いない。が、ベクトルがずいぶん……。まぁ、いいのだ！　兎に角、まひるちゃんはかわいい。自分の息子の彼女があんなかんじだったら、初対面のとき緊張しなくていいよ。うちに挨拶に来たら白飯をいっぱい食わしてやろうと思う。待ってるぜ、まひるちゃん似の息子の彼女！

いかん……『いだてん』だ。弟弟子の春風一刀《はるかぜいっとう》が出演しているという。彼は前職を言いたがらなかった。「何してたの？」と聞けば「それほどのことはしてないっすよ」と、自信ありげな態度。「気になるなぁ、教えてくれよ！」「偉そうに言えるような仕事ではないですから、止しましょう（遠い目）」。目茶目茶気になるじゃないかー！　「ここだけの話にするからさ！　何してたのっ⁉」と問えば、一刀は不敵な笑みを浮かべながら、「ふふ……兄さんだから言うんですよ……実は……」。

聞いた瞬間、「おいっ‼」。3拍おいて私は彼奴の頭をひっぱたいた。前職はコミュニティセンターの受付に一日中座って、フラダンスサークルに洋室の鍵、茶道教室には和室の鍵、「鍵をひたすら渡す・受けとる」それだけのアルバイトだったらしい。「それだけ」って……百歩譲ってそれもいい。だが20代前半の男がやるバイトか？　お爺ちゃんお婆ちゃんが年金で足りない分、ちょっとだけ贅沢するためにやる仕事だ！　興味持って損したわ‼　たわけっ‼

……なんだっけ？　あ、『いだてん』！　録画を何度繰り返しみても、一刀がどこに出てるやらまるでわからない。

悔しいが電話して聞いてみた。「わからないんですか？　兄さん……ふふ、しょうがないなぁ……」。目の前にいたら首を絞めてしまいそうだ。電話で良かった。「どこに出てんだよっ⁉」「じゃ兄さんにだけ言いますよ……寄席で鳴ってる太鼓。その音とバチを持った手が『私の』なんですよっ‼」。手タレである。音タレである。でも凄く嬉しそう……。「……一刀、良かったな！　ナイスっ！　キャリアアップっ！」と言って私は電話を切った。………ん？　なんだっけ……そうそう……『いだてん』っ‼

（2019年2月8日号）

【いだてん】2019年放送のNHK大河ドラマ。

テコ入れ

大河ドラマ『いだてん』の視聴率がよくないそうです。進行がちょっと複雑だったりするので、毎週オンタイムで視聴する世代は離れてしまうかもしれません。録画で観てる層が今までの大河よりは多いんじゃないかな。

私、毎週観てます。テンションを上げたい時には「てんぐっ！　てんぐっ！　てんてんぐーっ!!」と奇声をあげて、ビールをがぶ飲み。家族一同から白い目で見られていますよ。俺のことは一之輔天狗と呼んどくれ。

ＮＨＫの偉い人が会見で「『テコ入れ』します」と言ってました。ネットニュースには「『チコちゃん』投入もあり得る？」なんて……。おいおい。チコちゃんを出しちゃうほどのやぶれかぶれな『テコ入れ』なら、いっそのこと金栗四三《かなくりしそう》に金粉まみれでマラソンさせたり、車夫の峯田和伸さんの頭にＣＣＤカメラつけて人力車を引かせて燃え盛る壁に突っ込んで爆破したり、天狗倶楽部のメンバーが乗った大型バスをクレーンで吊って、クイズに不正解したら熱海の海にバスごと沈めたり……こんなのどうでしょうか？

傍らでたけしさんがカブリモノして笑ってればなお言うことなし。『お笑いウルトラクイズ』世代は絶対観ます。中盤から「のん（本名・能年玲奈）ちゃん」が出るのでは……という噂もありますが本当かしら？

でも『テコ』になるのも大変なのです。私は一回『テコ』になってえらい目に遭いました。地方の某落語会。この日は某ベテラン師匠の独演会でした。主催者から「ゲストにぜひ」と私に声がかかったのが当日の2週間前。「スケジュールは空いてますけど、ずいぶん急ですね？」の問いに「ちょっと集客がかんばしくなく……一之輔さんのお力で……」と主催者。うーん、ちょっと露骨すぎやしないかい？「○○師匠に失礼では？」とも思いましたが、まあ自分が評価されたのはまんざらでもなく「わかりました」。ちょっと決まりが悪いけどうかがいます」と行ってきました。

　当日、客席は6割くらいの入り。どーなんだろ……。舞台の隅で「一之輔さんのおかげでかたちになりました」と主催者。いやいやいや、○○師匠なら一人でも6割は必ず入るだろうが！　一之輔効果ほぼゼロだよ！

　お客さんの反応も微妙。私が上がってもウェルカム感ゼロ。「なんで縁もゆかりもないお前がゲストなんだよ！」という敵がい心にも似た空気が漂っています。へこんだな、あれは。危険を察した私は無理にすり寄ろうとネタ選びに失敗。どつぼに嵌《は》まって『テコ』へし折れました。

　主役の○○師匠が高座に上がるとお客さんの熱がグーンと増して、もちろん落語会としては盛り上がったのですが……俺は果たして必要だったのか……？

　師匠からの「みんな喜んでたよ。ホントにありがとう」の一言に、「いえいえいえいえいえ！

お邪魔しまして申し訳ありませんっ‼」という言葉が腹の底から湧き上がりました。数字が伸びなくてもそれを楽しんでいる人は大勢いて、安易な『テコ入れ』を敏感に察知します。やりすぎて取り返しがつかなくなる前に、『いだてん』はそのままでよーし。ただ、のんちゃんの出演は希望します。

以上、『テコ経験者』からのお願いでした。

（2019年3月15日号）

【テコ入れ】 2019年のNHK大河ドラマ「いだてん」の視聴率が低迷。テコ入れが必要と報道された。

連覇

『連覇』。したり、逃したり、期待されたり、応えられなかったり。世の中にはいろんな『連覇』が蠢《うごめ》いています。

辞書によると「続けて優勝すること」、ですが落語界にはあまり『連覇』はありません。賞のかかった落語のコンテストは、たいてい若手を対象としたもの。もしもキャリアを問わず、誰でも参加できるコンテストに、なりふり構わぬ大名人が参加し続けたら「○○師匠、今年で38連覇!」みたいなコトになるのでしょうか。やだな……そんな名人。そもそも落語の優劣なんて数字で測れるものではないし、笑いの量と技術が拮抗してればあとは審査員の好きか嫌いか。賞を獲ったから落語家としてランクが上とか下とか考えないほうがいいです。そんなこと言っちゃうと元も子もないけどね、でもホントそう。

何回も続いている若手のコンテストはたいがい一度優勝したら、もう出られません。ですが……某演芸場主催の、某演芸大賞は演者と主催者の同意があれば何年間も続けて出られます。出場資格はその演芸場がセレクトした芸歴20年以内の芸人。年間を通じて月一の演芸会を開催。レギュラー制で一人年2回の出演枠が与えられ、大賞・金賞・銀賞が決まるというなかなかに歴史のある会です。

ありがたいことに私、平成23年度に大賞を頂戴しました。19年度に銀賞をもらって以来の受賞。銀→金→大賞と順繰りにいくのかと思ってたら、金を飛び越えて大賞。贈賞式の後、「早く賞金で飲みに行こう！」とヘラヘラしてたら、会の担当者さんがやってきて「来年度もご出演頂けますよね？」とのこと。「芸歴20年まではまだずいぶんありますから、こちらとしては出て頂ければありがたいです」「そうですね！　ありがとうございます！」。頭のなかが完全に飲みに行くモードになっていたので、即答で引き受けた私。打ち上げにて。

後輩A「来年はプレッシャーかかりますねぇ～」

私「そう？」

A「だって続けて大賞獲らなきゃ、ちょっと尻すぼみじゃないですか。△△兄さんは一度大賞獲ったら、辞退してましたよ」

私「……早く言えよ。辞退できるのかよ！」

翌年度、奇跡的に2度目の大賞を頂きました。自慢じゃありません。こっちだって必死。担当者が「誠におめでとうございます！　ついては来年度も……」。

私「いやいや（汗）、もうもう」

担当者「キリよく3連覇！　3連覇は、今まで□□師匠しかいません。ぜひそれに並んで！」

私「……………むう……」

人間、色気を出すとろくなことがない。翌年度は金賞でした。銀→大賞→大賞→金というびつな受賞歴に。本当は賞にあたわずなところ、「まぁ仕方なく『金』やっとこか」みたいなかんじ。この『金』についてはいらぬ深読みをしてしまいます。

さっき私のHPを見たらプロフィールには『金賞』が書かれていません。管理人が『尻すぼみ感』を気にしてあえて記載しなかったのでしょうか？　私としては過去の反省材料として、むしろ書いといてほしいぐらいです。なにが反省って「断るべき時にはちゃんと断る勇気を持つ」ってこと。ちなみに会の担当者は、４年目の続投については聞いてきませんでした。なんだかなぁ。

（２０１８年２月９日号）

再放送

暖房の利いた喫茶店でウトウトしていると、頭のなかに軽快なメロディーが流れてきた。

♪まーどを開けーましょー　ルルール　呼ーんでみましょーサザエさんー　明るいまどーのお向かいさーん　ニコニコ顔出す愉快なかぞーくー♪（「サザエさんのうた」作詞・保富康午）

自然と口元が緩んでしまう、このご陽気なリリックは言わずと知れた、火曜日の『サザエさん』のオープニングテーマ。〈私の夢の有線〉で時折流れるマイ・フェイバリットソングだ。

私が子供のころ、『サザエさん』は日曜と火曜の週2回放送していた。火曜19時からの『サザエさん』（以後、『火サザ』）は数年前のものの再放送。日曜の『サザエさん』（以後、『日サザ』）は現在進行形の新作で、『火サザ』はひと昔前の古い作品だ。

細部が微妙に違う。『日サザ』はお隣さんが「小説家の伊佐坂さん一家」だが『火サザ』は「画家の浜さん一家」（ちなみに浜さん一家の前に『日サザ』とは別の、同姓の伊佐坂家が住まっていたらしいが事情の説明がめんどくさいかんじなので割愛）。

私は『火サザ』のほうが好きだった。そもそも『日サザ』は時間帯が悪すぎる。日曜の夕刻という子供たちが陰鬱になりがちな時に、家族そろって有無を言わさず見させられるアニメが『日サザ』。家族の習慣としてお茶の間に流れ、自分の意思で見た覚えがない『日サザ』。

『日サザ』は微妙に説教臭いかんじがした（する）。作品の背後にうっすらと「教訓が見え隠れする収まり具合」、その「教材っぽさ」がなんか鼻につく。そういう意味では、日曜の夕飯時に「家族そろって見るべき純度」は『火サザ』より高いのだろう。『日サザ』は国立大出の教師のようなイメージ。一方『火サザ』は、火曜に突然現れる。気まぐれにチャンネルを〝回す〟と偶然飛び込んでくる『火サザ』。

「あれ？　おととい来たのにまた来たの？」「まぁまぁ、いーじゃん！」てなかんじでお茶の間に上がり込む。それは平日の仕事帰りにネクタイ緩めた営業マンのいとこのようだ。ちょっと大人のいとこの突然の来訪はなかなか楽しい。

そして『火サザ』は『日サザ』よりドタバタ要素が強く、笑える。『日サザ』の「♪おさかなくわえたドラネコ……」のマーチ調のテーマはお馴染みだが、実は『火サザ』のテーマはノリが軽くてメロディアス。サビの♪うーちーとー、おんなじねー！　なーかーよしーねー！　わーたーしーも、サザエさーん！　あなたもサザエさんーー♪という同族意識の押し付けも、飛んでいてよい！

早い夕飯を済ませ、家族と離れて和室のテレビで独りで見ることが多かった『火サザ』。エンディングテーマのサビ、「♪タラちゃーん　ちょーっとそれとってー　かあさーんこの味どうかしらーっ?」(「あかるいサザエさん」作詞・エイケン)を堀江美都子と掛け合いするように、独り唄ってた子供のころ。

当たり前にあった『火サザ』も知らぬ間になくなり、気づけば、東芝が『日サザ』のメインスポンサーを3月いっぱいで降りてしまう時代になるとは思わなかった。今こそ『火サザ』の復活を願う。2018の戊年は「伊佐坂さんちのハチ」より「浜さんちのジュリー」、「三河屋の三郎さん」より「三平さん」で。

(2018年2月2日号)

新旧交代

年末年始、新と旧が行き交っています。大河ドラマは新年から『西郷《せご》どん』。楽しみだなぁ。べつにヨイショじゃないです。朝ドラは年度末まで『わろてんか』。私は脱落してしまいました。毎日観てたんですが、今はBGM代わり。本来の朝ドラの在りかたを思い出した次第です。これでいいのだ『わろてんか』。

2008年11月。仕事で対馬へ行きました。『わろてんか』を聴きつつ、放置しっぱなしの自分のブログを見て思い出した話。ひなびた旅館に1泊。夜、フロントの自販機でビールを買おうとすると、手書きのメモが貼ってありました。

「新千円札は使えません」

？？？……新千円札？　変わったのいつだ？……夏目漱石から野口英世に変わったのが2004年だから4年前。4年間も新札を拒否し続けるという無精さ……否、無欲さ。果ては常軌を逸した漱石フリークか？　同行の先輩いわく「対馬だし……ふつうだろ？」。いや、怒られっぞ！　他の店では使えたよ。

フロントに千円をくずしてもらおうと声をかけると、「よければ旧札に替えますか？」との返答。「え？　あるんですか？」「ありますよ」「じゃあ、お願いします」。無事にビールをゲット。気になるので、フロントのお兄さんに聞いてみた。

私「なんで自販機、新札対応にしないんですか？（もう世間的にはとっくに新札じゃないけど）」
フロント「んー……旦那さんの考えなんでよく分からないんですけど、そんな話が持ち上がったことすらないすねー」
私「私みたいに旧札に替えてもらう人多いですか？」
フ「滅多にいません」
私「千円を細かくしてくれってくるでしょ？」
フ「それは来ます」
私「旧札に替えることはよく……」
フ「わざわざ替えてくれってくる人はいないすよ」
私「え？……じゃあ、今なんで私は夏目漱石に替えてもらったんでしょう？」
フ「今日銀行行けなかったんで、明日の分の小銭をとっておこうと思いまして。夏目漱石、1枚はあるんで。だから聞いてみました。まずかったっすか？」
私「いや、私はかまわないですけど……夏目漱石、1枚たまたまあったんですか？」
フ「たまたまじゃないっす。こういう時のために1枚はフロントに置いてあります」
私「1枚だけわざと？」
フ「はい。お金回収したら、旧札1枚は確保して置いとけば、今みたいな時に使えますんで」

私「……じゃその1枚がなくなったら、自販機は新札対応にするんですかね？」

フ「それは旦那さん次第っすね」

年に一度、使われるかどうかの自分がそこにいるがために新旧交代が進まない状況……自販機に吸い込まれていった夏目漱石はどう思っているのだろう。

「吾が輩もそろそろ身を引くべきでは……」？　それとも「まだ若い者には譲らん！」？

そもそも夏目漱石の一人称って『吾が輩』か？

この自販機がこの世の縮図……と言ったら過言ですか？　昔のブログを見返して、たまたま思い出したツマラナイことが無理やり大きな話になりかけました。２０１８年も吾が輩はこんなかんじで参ります。どうかひとつ『わろてんか』？


（２０１８年1月5－12日号）

演技

去年、初めてテレビドラマに出た。WOWOWの『水晶の鼓動』というサイコサスペンス。主演・木村文乃さん。私の役は「やる気のない窓際の警察官」だ。慣れない現場で緊張しつつも、なんとなーく幼い頃の思い出が頭をよぎるような、よぎらないような……。

1年経って先日、実家で昔のアルバムを開くと、にわとりのかぶり物をかぶって、曖昧な笑顔を浮かべている私の写真。5歳の時、保育園のクリスマス会で『ブレーメンの音楽隊』を演じているヒトコマだ。断片的にちらほら覚えている。

私の役は『おんどり』。『ブレーメンの～』の主要キャストは〝ロバ〟〝犬〟〝猫〟〝おんどり〟。主役と言ってもいいだろう。けっこう嬉しかった。役を決めるのは先生の独断だ。私のどこを買われたのだろう。小さい頃から褒められるのは大好きです。みんなの前で配役の理由を先生が言った。「トシくん（本名・トシカズ）は背がちっちゃいからおんどりです」

そういうものか……。まるで嬉しくないぞ。確かにロバはクラスで一番背が高い田口くんだ。私は前から2番目。一番前の子はお休みだったのかな。これは『演技』で見せねばなるまい……。子供ながらに芝居心に火がつく。だが台本には「こっこ」と「こけこっこー！」がちりばめてあるだけ。しかも、きっかけの後に適宜に好きなセリフ（鳴き声）を発すればいいとのこと。まるでやりがいなしじゃないか。画用紙で作ったとさかを頭に、羽を腕に付け、三角のクチバシをゴムで耳に引っ掛けられた。

口は完全にふさがった状態。「こっこ」が「ぼっぽ」、「こけこっこー」が「ぽぺぽっぽー」に聞こえる、と先生からのダメ出し。別に自分が悪いわけではないのになー。思案したあげく、おんどりの顔を模したかぶり物を頭に装着することに。

「なんかカッコ悪いな……」。他の動物たちと違い、人間の顔が見えていてその上におんどりの顔。間抜け。しかもおんどりの目がうつろ。セリフ（鳴き声）は言いやすいが、アタッチメントがないので頭がキッキキツだ。

「先生、あたまキッツイ」と訴えると、あれこれ工夫してくれたが「これ以上、広がらないわ」とお手上げ宣言。練習・本番とふわふわ浮いたおんどりの頭部を押さえながら「こけこけ」言ってたような記憶。かなりストレスフルな5歳の初舞台だった。

去年の『水晶の～』は、「田辺巡査長」という役。衣装の銀縁メガネを見ると明らかに私の顔のサイズに合わないのが一目瞭然だった。「これ、小さくないですか……？」。恐る恐る衣装さんに聞くと「大丈夫じゃないですかね!?」とツルを無理やり私の耳に掛けてきた。

私「イタタタタ。ムリムリ。キツイキツイ！」

衣装さん「……大きいの探してきます!!……これ、どうでしょう？」

私「イタタタタ……」

これを4、5回繰り返すと、監督から「時間ないからもういいです‼　落ちないように気をつけて‼」となげやりな指令。

収録後、鏡に映る側頭部のメガネ痕を見て「あー、なんかどっかで同じような気持ちになったな……」と思ったが、1年経って霧がはれた。演技がどうこうとかはまるで覚えてないが、頭部の違和感はくっきりと覚えている二つの晴れ舞台だ。

（2017年12月15日号）

アイドル

『アイドル』って誰だったのか？ 好きだった歌手や俳優は何人かいますが、果たして『私のアイドル』だったかはちょっと疑問。

一般的に『アイドル』に対してファンはどんなアプローチをするのでしょう？

当然、自分の部屋にポスター貼るでしょう。ポストカードくらいの大きさじゃ物足りない。部屋が4畳半なら80×60センチくらいある存在感ありすぎなポスターをドーンっと貼る。

二段ベッドの上の段で寝起きしてようものなら、その枕のすぐ上の天井に貼らなきゃウソ。「おはよう」「おやすみ」のコールはマストで。キッスは……まぁ当人におまかせで。

学生ならその人の下敷きを使おう。使わなきゃ「好き」とは言わせない。ノート越しに透けて見えるあの人の笑顔。休み時間にはトレースしたりするでしょうよ。オリジナルカンペンケースが市販されていればそれを使わなきゃ。なければ、ステッカーを貼ってその人の名前をデザイン。自分だけのカンペン。その人に見守られていれば勉強もはかどる……か？　ドキドキして手につかないかも。

憧れの人だもの。その人の真似はするはず。生き方までは無理としても、立ち居振る舞いは真似たい、なりきりたい。

テレビだけじゃ物足りない。会いに行けるなら、お小遣い貯めて会いに行きますよ。遠くからでも、手を振りたい。声援を送りたい。ファンクラブがあればもちろん入る。集いがあれば、会いに行く。より近くで息を感じることができるはず。

小学生のとき、『巨人軍友の会』会員でした。ファンクラブに入ってたのは後にも先にもこれだけ。年一の友の会の集いにも参加。背番号0を追いかけたのです。毎日のテレビ中継はもちろん、試合終了後はラジオ中継。球場にはたまにしか行けなかったけど、球の勢いを殺して転がすバットコントロール。華麗な守備。控えめな佇まい。真似しても、なかなかできるもんじゃない。

姉からもらったコカ・コーラのカンペンに『0』のステッカーを貼って、その『0』をとりまくようにコンパスの針でカンペンの塗装を剝がして『KAWAI』と彫りました。

東京ドームで買った下敷きは、使い込みすぎて写真のフィルムが剝がれたのをセロハンテープで補修しながら使う。苦み走った渋い表情のユニホーム姿のおじさんが、ジャポニカ学習帳のページから透けて見えます。

天井にポスター貼った。目覚めると、目の前にバントの構えの背番号0。ポスターの右肩には『1990 最多犠打58』の栄えある記録が刻印されています。その人は後に533犠打というギネス世界記録を打ち立てます。

キッスこそしませんが、小学生のころの私のアイドルはジャイアンツの川相昌弘選手でした。現・3軍監督。とにかく与えられた役割を確実にまっとうする職人気質に憧れたのです。

『簡単そうに見えて、ホントは難しいことを、簡単そうにやってみせる』。なかなかできないよね。あなたは一生で仲間のために533回も犠牲になれますか。なかなかなれないよね。「自分調子に乗ってるな……」と思ったときに川相のカンペンケース（手製）を思い出すのです。誰かのおかげで、進塁できるのだなぁ。自分も確実に当てて、転がしてこう。

（2017年11月17日号）

川相昌弘氏は2024年より、ジャイアンツの内野守備コーチに。

江戸時代

今年の春に初めて日光江戸村へ行った。NHKの「超入門！落語THE MOVIE」という番組のロケを見に来ませんか？と誘われたのだ。「超入門〜」は口パクのドラマ部分に落語家の喋る落語をのせる、という画期的な番組。好評につき、特番で私の口演する「藪入り」という噺を、主人公の職人にピエール瀧さん、その妻を鈴木保奈美さん、息子を鈴木福くんが演じる。口パクで。日光江戸村で。これは立ち会わねば！ということで次男（小3）を伴い東武日光線に乗り込んだ。

次男「日光江戸村って、どんな村？」

私「まぁ、そこだけ『江戸時代』なんだな……」

次男「すごいな……じゃあ、その村に忍者はいる？」

私「いるかもしれないけど。簡単に見つかったらすでにそれは忍者じゃないだろう。隠れているだろな」

次男「じゃあ、探す！ 探して、こてんぱんにやっつける」

「忍びの国」の織田軍のようなことを言っている次男。独りじゃどうにもならないだろうが、目標は大きいほうがいい。

江戸村内のロケ地に到着。そこはお客さんは入れないのだが、広大な敷地に時代劇用の江戸の街並みが再現されている。
次男は「わー！　江戸時代だー！」と歓喜。案内されて、出演者控室へ。キャストの皆さんに挨拶。会う人会う人、開口一番、「あなたの落語に口パク合わせるの、超むずかしい……」と表情を曇らせるので申し訳ない気持ちでいっぱいだ。本番中は私の落語がセット内に響き渡っている。なんだかな。
次男はジュースを飲んでいた。「着物のおじさんにもらったよ」
ピエール瀧さんだった。
次男と何か話している。
次男「えーと、まず髑髏島《どくろとう》の周りを越えられないくらいの高い壁を造って、閉じ込めてね」
瀧「……ほうほう……」
次男「上からポンプ車で水を放水して、水攻めにして……」
瀧「泳いじゃったら？」
次男「……忍者を使って、ミズグモの術で取り囲んで、煙幕で見えなくして、その隙に目を狙ってやっつける！」
瀧「忍者はどこにいる？」
次男「ここにいるでしょ！」

どうやら次男は瀧さんに「キングコングの倒し方」について持論を述べていたらしい。瀧さんにお付き合い頂き、次男はいい経験をさせて頂いた。

しばらくすると次男は休憩中の鈴木福くんとキャッチボール。「あいつ、なかなか上手いね」。あいつって呼ぶんじゃないよ‼ たしかに福くんは野球が上手い。野球とお芝居を両立して、「ポスト板東英二」の道はどうだろう。

私は鈴木保奈美さんと写真を撮って頂きご満悦。「知らんのか⁉ リカだぞ！ リカ！……ママに聞けっ！」と次男に説明。ケータリングをたらふく頂いて、ロケ地を後にした。結局、江戸村は観られずじまい。

帰宅して、家族に「江戸村はどうだった?」と問われ、「『江戸時代』のはずなのに、キャッチボールして、美味しいもの食べて、ずっとパパの落語が流れてたよ？ あと、パパはリカと写真撮って喜んでた！」。

次男には大きくなったら、正しい江戸時代の知識を身につけてほしい。ちなみに「藪入り」の時代設定は明治大正だったかな。まぁ、いいけども。


（2017年9月29日号）

第二章　コロナのまくら

マスク

地方の独演会の1席目のまくらで「風邪予防にはマスクが第一。寝るときもマスクしたほうがいいみたいですね」なんてなことを言ったら、最前列のお婆さんが「ほうかね」とガーゼのマスクを顔に装着し、しばらくしたらコックリコックリし始めた。おーい、婆ちゃん、「寝る」というのは自分の家で寝ることを言ってんだよ……。でもガーゼのマスク、久々に見たなあ。

……というような実際にあった出来事を、寄席でまくらとして話したり、原稿にしたりして私は日々生きている。いや、べつに寄席では寝たってよいのですよ。他人に迷惑かけない範囲で自由にしてちょうだい。ただ不特定多数の人が一斉に大口を開けて笑う寄席の客席では風邪罹患《りかん》の確率は高そうだ。マスクはしといたほうがいい。

栃木の某中学校の体育館で落語をやったとき、生徒700名全員が白いマスクをしていたことがある。先生も全員マスク。高座に上がって軽い衝撃。その空間で「まるごし」なのは私だけだ。なんだよ、それ？　オレにもくれよ、マスク。笑い声が真っ直ぐ届かず、マスク越しに「バァフバァフバァフバァフ」。こわ。「一刻も早くここを出なければ！」と高速で一席を終えると、生徒代表の御礼の言葉。ステージ上で生徒会長と対峙。おい、ニキビヅラ。マスクしたまま挨拶できるのか？　案の定、担当の先生から「マスク外せ！」との指示。その先生もマスクをしてるんだけれどね。会長は無言で頷くと、一応マスクを外して「今日はお忙しいところありがとうございました！　インフルエンザが流行ってますので一之輔さんもお身体に気をつけてこれからも頑張ってください！　生徒代表○○！」とかなりな早口で挨拶を終えたとたん、サッとマスクを再装着し、早足で生徒の輪の中へ戻っていった。「おい！　大丈夫だった⁉」「うん、とりあえず！　ちょっと怖かったけど！」みたいな会話をしてるように見えたぞ。アイツら……（被害妄想）。「はーい！　芸術鑑賞会は終了でーす！教室に入る前に全員今一度手洗いうがいをするように！」と先生がマスク越しにマイクで怒鳴ってる。……なんか凄く感じ悪いぞ。

校長室へ通されてマスク校長が現れた。そこはさすがに自らマスクを外し、「いやいや、本日はありがとうございました。本校ではマスク着用を徹底してまして、やりにくかったと思いますが失礼しました」「いえいえ、用心に越したことはありませんから。今度は素顔でお会いしましょう」と私も大人の対応。「タクシーが参りました！」と入ってきたのは教頭先生らしいが、その顔を見て「？」。

その斎藤洋介似の面長先生は二つのマスクを同時にしていた。だいぶへたったガーゼのマスクを上下に、二つでようやく一つ分のサイズだ。「サイズが小さいので2枚しないと鼻が隠れなくて……（照）」。モノを大事にする人……もしくは相当な変わり者発見。

玄関まで見送りに来てくれた斎藤洋介の顔を見ると、鼻も口も隠れているのだが、鼻の下と上唇が微妙にはみ出している。とりあえず見てないフリしてタクシーに乗り込んだが、あの、飛び出した部分。あの部分。その晩、あの部分だけが夢に出た。あの部分が喋ってた。「オレモフサイデクレヨ」って。こわ。

（2020年2月28日号）

【マスク】 2020年初頭から、世界中で新型コロナウイルスの感染が拡大。2月にはマスクが入手困難に。

新型

私「お前らさ、話のタネにちょっとうつりに行けよ」

弟子「何のことですか？　師匠……」

私「決まってんだろうが、『新型』だよ！」

不謹慎は目をつぶってください。落語家の会話なんてだいたいこんなかんじ。え、うちの一門だけ？

弟子「いやいやいや……。勘弁してくださいよ！」

私「なんでだよ？　向上心のある弟子だったら『師匠、ちょっとお暇を頂きたいのですが……』『どうした？』『新型ウイルスに罹患して参ります！』ってやりとりが、ひと月前にあってしかるべきだぞ」

弟子「言いませんよ、そんなこと！」

私「だって今のところ芸人で『かかった』奴はいないんだよ。一番先にかからなきゃダメ！『新型ウイルス漫談』とか『コロナ落語』が出来るかもしれないのに、なんでチャンスを逃してるんだよ！　暇ならいろんな所に飛んでいってかかってこいっ！　ボンヤリしてたら誰かに先にかかられちゃうぞっ！」

弟子「師匠だってマスクしてるじゃないですか？」

私「俺はこわいもん」

弟子「なんですか、それ。第一うつったら即入院ですよ。私の仕事はどうしたらいいんですか？」

私「馬鹿野郎、お前の代わりなんかいくらでもいる」

弟子「いるのはわかってますけど！　第一オモテに出られないじゃないですか⁉」

私「なら病院内のリサーチをしてこいよ。『看護師さんがきれいだった』とか。『看護師さんが水前寺清子に似ていた』とか……」

弟子「なんですか、そのつまらないリサーチ。それに水前寺って誰ですか？」

私「『ありがとう』だよ！」

弟子「どういたしまして」

私「なんで今俺がお前に礼を言うんだよ！　チータだよ！」

弟子「動物の？」

私「バカかっ‼　なんでチーターが看護師やってるんだよっ！　昭和の『サトームセン』のCMじゃあるまいし。気持ち悪いんだよな、あれ。服着たツガイのチーターがクネクネ踊って『ステキなサムシング♪』ってヤツな。『あなたの近所の秋葉原〜、サトームセンっ♪』」

弟子「なんのことだか？？？　サトームセン？」

私「……お前、何年生まれ？　ひょっとして令和？」

弟子「平成10年です。令和ならまだ乳幼児ですよ」
私「わかってるよ!! おじさんがわからないことを言ってるときに、なぜ『この人何言ってんだろ?』って思いを顔に出す⁉ なぜ一時うなずいて『ちょっと調べてみます! 師匠っ!』って嘘でも前のめりな姿勢を見せない⁉ ほらその顔だよ! なぜそんな石のような目をするっ⁉」
弟子「……調べてみ」
私「もう遅いよっっっ!! おい! 『ヘイS i r i』とか言うな! そいつの声を聞くと胸がザワザワすんだよっ! だから『チーター』じゃない、『チータ』! なぜ? ……俺だって知らないよっ! そいつに聞いてみろっ!」
皆さんも『新型』にはくれぐれもご注意を。罹患された方のご快復を心よりお祈り申し上げます。

（2020年3月6日号）

【新型】中国・武漢で初めて検出されたウイルスは、旧来のコロナウイルスと区別するために「新型」コロナウイルスと呼ばれた。

不要不急

これを書いている本日2月27日。今現在、仕事のキャンセル続出中である。

昼、新宿末廣亭の楽屋にいた30分の間に、中止決定もしくは延期検討の連絡が4件。池袋演芸場に移動したら2件メールが入った。帰宅するとまた1件……。途中から仕事先の主催者の電話番号が表示されただけで半笑いだ。先方は力ない声で「お察しだとは存じますが……」、こちらは「ヘイヘイ、カシコマリマシタ。シカタナイデスヨネ、マタヨロシクオネガイシマス」と機械のように応えるのみです。

まったく弱い商売だ。おっしゃる通り、落語なんて『不要不急』なものである。「あってもなくてもいい商売」ならぬ「なくてもなくてもいい商売」だもの。でもさ、もうちょっと『不要不急』なもんに関わる人のことも考えてもらいたいよ。

政府は3月中旬まで大規模なイベントの『自粛を要請』している（2月27日現在）らしいけど、『要請』ってなんだよ？　『自粛』なんて『要請』するものじゃないだろう。感染拡大を阻止するためにイベントを中止させたいなら、いっそのこと『命令』にして、少しでも損害を埋めるよう補償を施すことは出来ないのかね。補償したくないからなんでしょうが、中途半端だよ。

「判断はお前らに任すよ。たぶんみんなやめると思うよ。だってこの雰囲気でホントに出来んのか？　やらないほうがいいと思うけど、まぁそのへんはあくまで自分たちで決めろよなー。集団感染でもしたら大変な騒ぎになるけどね。ホントやめといたほうがいいけど、強制はしないよ～ん」なんて腹の内の声が聞こえてきそう。被害妄想？　はい、そうかもしれませんがね。

顔色うかがって右にならえで、即中止にするのもどうなんだ？「チケット買ったけど行くのを控えたい人には払い戻しするが、万全の対策の上に開催します」というイベントもあったっていいだろう。だってあくまで『要請』なんだもの。こんなことが続いて日銭が入ってこなくなったら、首くくらなきゃならない人が続出だ。政府が暗に『自己責任』を強いてるんだから、こちらも堂々と『自己責任』のもとやったらいい。

それを考えるとやっぱり寄席はえらい。今のところ閉める気配すらない。「なんで自粛しなきゃなんねーんだよ。とりあえずお客が来るかもしれねーんだから開けとかなきゃ損だろ」という、いい意味のノンキさ。でまた、こんな状況にもかかわらずお客さんって来るのだ。そしてよく笑ってる。ありがたいや。

独演会が中止になりヒマを持て余していたその夜、今度は「全国の小中高校に休校を要請」だって。子どもたち、良かったら寄席に来ないか？　マスクして、うがい手洗いして、くれぐれも注意してな。ちゃんと親から入場料はもらって来いよ。満員電車は避けろな。楽屋に差し入れとか無用だからな。くれるならもらうけど。これをきっかけに大人の世界を覗いてみ。世間は大騒ぎなのにこんな所でこっそりゲラゲラ笑ってる大人がいるんだよ。でもたぶんその人たちのほうが周りの大人たちより幸せそうだから。「明日、寄席に行ってみたい」ってとりあえず親に頼んでみてくれ。ダメならしょうがないけど、万一ＯＫが出たら、落語のおじさんが手ぐすね引いて待ってるぜ。

（２０２０年3月20日号）

【不要不急】２０２０年2月には新型コロナウイルスの流行が拡大。「不要不急」の外出を控えるよう、政府が国民に呼びかけた。

売り切れ

販売店で店員さんに「○○はありますか?」とか聞くのが苦手。入店したら、当然ながら欲しいモノはまず自分で探す。あるはずの場所にそれが無い場合、ことによると売り場を変えたという可能性もある。とにかく店中を隈なく探す。執念深い老刑事のように、時間をかけて、端から順にシラミ潰しに探す探す探す。店の中を何周もぐるぐる歩き回る。不審に思った店員に「何かお探しですか?」と声をかけられても「いや、大丈夫です……」とスルーする。

やっぱりどうしても無い場合。私は諦める。最後まで店員には頼らない。なぜだろう? 初めから聞けば早くないか、俺。「売り切れです」の一言を聞けば時間を無駄にせずに済むじゃないか、俺。どうかすると在庫がバックヤードにあって、まだ荷出ししてないだけかもしれないじゃないか、俺。なぜ俺はこんな強情を張ってまで自分の力だけで探そうとするのか、俺。

そうです。単純に「売り切れです」と言われるのが嫌なのです。悲しげに「そうですか、また来ます」と言うのが嫌なのです。「それを欲してこの店までわざわざ来たのに、誰かに先んじられて手に入れることが叶わなかった哀れな男」と店員に思われるのが本当に嫌なのです。

今回のマスク不足で私も薬店にマスクを買いに行きましたが、勿論どこにもありません。ないな、ないな、と思いつつ、やはりいつものように店内をぐるぐるぐるぐる……。前述のように、「あ、マスク買いに来たのね。遅ぇんだよ（笑）」と思われるのが悔しいので、とりあえず「おー、あったあった！」みたいな空気を出しながら、必要のないサラサラボディシートやのど飴を「いかにもこれを買いに来たのだよ」的にレジに持っていくので、私のカバンにはそんないらないモノが溢れています。

小4の頃、必死で貯めたお小遣いを握って当時品薄だった「ファミコンの本体」を買いに、街のおもちゃ屋に行きました。たしか1万4500円だったと思います。大金。貼り紙を見ると「大人気！　ファミコン本体入荷！　ソフト4本付きで2万円！」と書いてあります。そうです。店の親父が売れないクソゲーを抱き合わせにして売っていたのです。「お金足りないや……」。泣きそうになりました。いや、泣いていたかも。夢にまで見たファミコン本体が目前にあるのに……。親父がこちらを見ています。「どうしたの？」

その日は諦めて、またお小遣いを貯めて出直せば良いのです。いつになってもいいじゃないか。それなのに私は「あのー……『ファミスタの87年版』ください!!」と言っていました。今、必要としないゲームソフトを買ってしまいました。「本体なんかべつに欲しくないですよ。いや、家にありますから。へー、ファミスタ新しいの出たんだ!?　やってみよっかなー」みたいな顔をして……。

本体がないので、当然買っても意味のないファミスタを握りしめて帰宅後、大人の理不尽さと自分の不甲斐なさに悔しくて泣いた私。「早く大人になってお金稼いで本体買うぞ」と誓ったあの頃、大人になってマスクなんかが手に入らなくなる世界が来るとは夢にも思わなかった。マスクがファミコン本体の値段で売られてたりするんだよ、どう思う？　小4の俺よ。

（2020年4月3日号）

【売り切れ】新型コロナウイルスの流行により、2020年2月から6月にかけて、マスク、消毒液などが「売り切れ」た。

延期

あいも変わらず仕事の中止やら延期やらの連絡がひっきりなし。延期ったって、その延期がまた延期になるかもしれない。誰も確かなことは言えないのにとりあえず延期の日程を手帳に書き込む。本当にやるのかよ？なんて言ってもしょうがない。収束を信じて筆圧強めで書き込むのだ。

　気持ちがどんよりしてくるので、手帳のスケジュールに赤ペンで横棒を引っ張って「中止」「延期」を書いた数が三つ増えるごとにランチは１５００円以上の贅沢をする『自分へのご褒美ルール』を設けてみた。結果、毎食紅生姜天そばで十分な私がこの騒動で太ってきた。コロナのおかげで、ローストビーフ丼なるものも初めて食べた。サラダにコーンポタージュまで付けて。完全に『コロナ太り』だ。ただ手銭でやってるのが情けないので、ボンヤリしてる国の偉いさんには早くフリーランスへの補償をして欲しい。私を太らせて。

　この時期になると楽屋口には弟子入り志願者が立っていることが多いのだが、さすがに落語家の仕事がなくなっているのを察してか、今シーズンはまだ一人も見かけていない。賢明。こんな脆《もろ》い商売やめといたほうがいいって。こんな時に弟子入りにくるのは、「よほど覚悟を決めた肝の据わった若者！」なんて我々は思わないから。ただのカラ馬鹿です、はい。

私も入門して5月1日で丸19年。2001年4月21日午後2時。新宿末廣亭の裏の楽屋口、通りを挟んで15メートルほど離れた店舗の通用口の凹みに身を隠し、私は後の師匠・春風亭一朝の楽屋の出を待っていた。

午後3時過ぎ。出てきた。私服の師匠を目にするのは初めてだった。普通のおじさんだ。高座ではあんなに大きく見えるのにかなり小柄。師匠は楽屋を出て左に曲がった。私のいる位置とは反対方向に意外と早足でスタスタと歩いていく。

「今日は縁がなかったな……」。早々に帰宅。発泡酒を呑みながらひとり反省会。なんなんだ？　なぜあの時走り出さない。普通、回り込んで土下座して「弟子にしてください！」だろ？

翌22日。同じ時間に待つ。向こう側に行くのは分かっている。さぁ来い。え？　こちらに向かってきた。なぜか同じ距離を保って、同じ方向へ歩き、そのまま私は帰宅した。

翌23日。どちらに来てもいいように、網（心の）を広めに構えて待つ。かかって来いや！　ん？　一人じゃない。誰か同業者と出てきた。「邪魔しちゃ悪いかな」と紀伊國屋書店で立ち読みして無事帰宅。

翌24日。待ってるうちに雨が降ってきた。小雨なら我慢しようかと思ったが、帰宅して銭湯へ。あやうく風邪を引くところだった。

翌25日。師匠は休みだった。調べとけ。

ろ？

翌26日。寝坊してしまい、私が行けず。バカか。どうなんだよ。弟子になりたいんだ
翌27日。この日のことはほとんど覚えていないのだが、なんか入門がかなった。後日師匠は「あの時は刺されるかと思ったよ」と呆れていた。

仕事が延期でなくなった昼下がり、ビールを呑みながら今年もあの頃を思い出す。私もけっこうな「カラ馬鹿」だったな。

来年には「カラ馬鹿」が呑気に落語家になっちゃう、能天気な春がくるかしらん。

（２０２０年4月17日号）


【延期】新型コロナウイルスの流行により、２０２０年2月以降、各種イベントが延期、中止された。

花見2020

CSのTBSチャンネル2で『春風亭一之輔毒炎会』という物騒なタイトルの番組を不定期でやっている。
という ありがたいというか、「落語家に丸投げ」というか、私の独演会をそのまま流す、というありがたいというか、非常に責任重大で厄介な仕事だ。「毒炎」というほど毒を吐いてるわけじゃないのだが、制作側からはそう見えるようで、今回で記念すべき10回目。

2017年の初回にあたり、当時のプロデューサーK氏は「生放送でやりましょう」と提案してきた。馬鹿か？　落語の番組を生放送って？　「昔の寄席番組はみんな生でしたよ」。そら、録画技術のない頃の話だろう⁉　それに寄席番組は大勢出演するし、司会者もいるし、時間の調整は出来るはず。「独演会は一人だし、ライブでやれば時間の伸び縮みがあるから、番組終了ピッタリに幕が閉まるのは難しいよ」と反論すれば「なんとかなるでしょ。一之輔さんなら」と他力本願なK氏。

あー、やったよ。やったらホントになんとかなった。しかし第2回からは録画になったということは、生にさほど手応えがなかったということだろうか？　だから言わんこっちゃない。

で、今年の第10回である。ディレクターW氏が言う。「無観客でやりましょう」。何言ってんの？

W「コロナの影響で観客を入れるのは厳しくて……。でも放送枠はあるので、収録はせざるを得ないんです」

私「誰もいない客席に向かって、独演会やるの？」

W「なんとかなりますよ」。おんなじこと言ってやがる。

私「なんなら生放送でもいーよ！」

W「いや、それは大丈夫です」。なんだよ、『大丈夫』って。

3月31日。深川江戸資料館小劇場。開場時間になり、誰もいない場内に一番太鼓が響く。必要無いのに場内アナウンス。前座も上がる。落語会はキャンセル続出でみな仕事が無くなったから、極力仕事が行き渡るように必要無いが前座も上がる。全て観客有りの状況と同じようにやる。気は心だ。

一席目は『猫の災難』という滑稽噺。酔っ払いの一人語りがメインの落語なので、お客の反応を気にせず出来る。ま、反応が無いので気にしようがないのだが。ただ気を抜くとすぐ間がズレる。ズレてもお客が居ないので支障はない。ズレた拍子にいつも言わない変なことを言っている。「いけね」と軌道修正し、またはみだして、それを自分で面白がっているうちに中入り。「なんかいいな」が半分終わっての感想。劇場を借り切って壮大なお稽古してるかんじ。

二席目は『百年目』。「周囲に堅物と思われている大店の番頭が、芸者幇間《ほうかん》をあげて向島に花見に出掛ける。浮かれている最中、運悪く自分の主人に出くわした番頭は一晩眠れぬ夜を過ごす。明くる日、主人に呼ばれ暇を出されるかと思いきや……」という主従の絆を描いた花見頃の人情噺だ。終盤、主人が番頭に暖簾分けを切り出す場面。「来年の春は前祝いに二人でお花見に行きましょう、番頭さん」なんてキザなことを挟みつつ無事終演。

穏やかな花見は来年まで我慢していただくとして、今年中に雰囲気だけでも味わいたい方は、4月26日（日）午前9時からTBSチャンネル2『春風亭一之輔春の毒炎会２０２０』をご覧ください。以上、宣伝でした。やっぱりお客さんの前でやるのが一番なんだけどね。

（２０２０年4月24日号）

【花見２０２０】新型コロナウイルスの流行により、２０２０年4月の花見はほぼ中止状態に。

サイズ

「そのマスク　足して2で割れ安倍小池」。安倍さんのつけてるマスクはちっちゃくて不安になってくるし、小池さんのマスクはお弁当箱でも包めそうに大きい。足して2で割れないか。

今現在、4月10日。この文が掲載されるのが、再来週。4月21日には、安倍さんのマスクもフルフェイスのくいしんぼう仮面（Ⓒ大阪プロレス）みたいになってるかもしれないし、小池さんは新たなカッコイイ横文字スローガン、「スティ・ゴールド」とか「スペース・ローン・ウルフ」なんて書かれたフリップを掲げてるかもしれない。一寸先は皆目見当つかず「かもしれない」だらけで、週刊誌のコラムが書きにくい。コロナ騒動は『サイズ感』がデカ過ぎる。

だからこのコラムはあえてSサイズな話題を。コロナのせいで仕事がなくなり、毎日朝昼晩と家族で食卓を囲むようになった。こんなことは所帯を持ってから初めてだ。ある日、私が「煮豆」の缶詰を開けようとすると「私が開ける！」と小4の娘。缶を手に取り「？　なにこれ？　どーやって開けるの？」。今どき珍しいプルトップのない缶だ。「缶切りを使うのだよ」と言うと「『缶切り』って？」だと。わー。『缶切り』知らないのか、我が娘よ。小6息子「オレも知らない」。中3息子「知ってるけど使ったことない」。なんてこった！「なぜ、そんなことを知らずに大きくなった⁉」と問えば「教えてもらったこともないのにわかるわけないだろ！」と長男の至極もっともな返し。今まで親の務めを果たしてこなかったな。反省。

私「よーし。じゃこれから『缶切り講座』を開講します。受講生諸君は缶切りを持ってきなさい！」

皆「どれですか⁉」

　そらそうだな。我が家の缶切りは、「栓抜き」と「コルク抜き」と一体型のモノ。

私「いーですか。これ一つで三つの機能があります。ここが栓抜き。瓶の栓を抜いたことは……」

皆「ありませーん！」

私「……コルクを抜いたことは……」

皆「ありませーん！　ワー‼　ワー‼」

私「……わかった！　静かにしろ！　一つずつやっていこう。まずは缶切りだ。まず缶詰は陳列されているとき上面に埃が溜まってる恐れもあり、また中のモノもよく混ざるので逆さにして下面を上にします」。ここは正解かわからないけど私の持論。

私「この缶切りの刃。正面にフックがあります。ここを缶詰のフチに引っかけます。そしてズレないように、刃をグッと缶に差し込みます」

　煮豆の汁が飛び出した。「わー、お汁が！」と一同。

私「慌てるなっ‼ こんなモノは後で拭けばいいっ‼ そして刃を、グッグッと、切り進めますっ！」。缶を華麗に切りだす父。固唾《かたず》をのんで見守る子。どうだ。コロナのせいで仕事は減ったが、子どもとの触れ合いが増えた。煮豆の缶を切る感触と共に父の威厳がみるみる回復していくのがよくわかる。目を見開いた娘が口にした。そうさ。「お父さんスゴイっ！」って言っていいんだぜ……。

娘「バックで進んでるーーっっ！！！」

そこか⁉ いや、そうだけど。そこか、娘よ……。「缶切りはバックで進む」とコロナが娘に教えてくれた。ちっちゃいけれど大事なことさ。

（2020年5月1日号）

【サイズ】 マスクが不足し、2020年5月からアベノマスクと呼ばれる布製のマスクが日本の全世帯に郵送されるが、その「サイズ」の小ささが話題に。

緊急事態「わー。普通の人が入ってきちゃったのかと思ったたっ⁉」。4月17日朝6時40分、ラジオの生放送に出演すべくスタジオに入った私に、放送作家T氏から投げ掛けられた一言。その後、私を指さしてみなでゲラゲラ笑い続ける。「ホントだー。一之輔さん、全然普通の人になっちゃいましたねーっ！　ゼロですね！　ゼロマンっ！」

私「なんですか⁉　失敬なっ‼」

一同「わー、声も張りがないですねー！」「カスカスですねー！」「出汁ガラみたいですねー！」「まるで懲役から出てきたお父さんか、千日行を終えてきた僧侶のようですなー！」

ようは落語家としての、パーソナリティとしての、エンターテイナーとしての『オーラ』がまるで感じられなくなったということらしい。言ってくれる。言ってくれるよ、ニッポン放送め。君たちが言うようなそんな「オガクズ人間」に『あなたとハッピー！』なんてストレートポジティブハートフルネーミングな番組が務まるわけがないですよ。わかりましたよ。

私「もう帰ります！」

一同「いやいやいやいやいやいやいや、まぁ『いい意味』で。脂っ気が抜けたということで！」

便利な言葉だな、『いい意味で』って。まぁ、たしかにここのところお日様を浴びていないからか、どうも顔が青白くカサつく。剃る必要もないので無精髭。動いてないのでおなかが減らない。スマホばかり見ていて目がショボショボする。抜け毛も増えた気がするし、口臭もきつくなったか。膝も軋《きし》むし、腰も曲がってきた。杖をついて、ボロを身に纏《まと》っている。42歳にしておじいさんの趣。一休禅師の長渕風の肖像画にちょっと似てきた。あとは時に身を任せ寿命を待つばかりといった風情。「死にとうない©一休」。

これは明らかに「人前で喋ってないから」ですね。

落語家として緊急事態ということで本息《ほんいき》で落語を喋らねばと思い考えました。子どもたちの前でやろうとしたら「僕たちマリオカートやるからゴメン」とやんわり断られ、家内の前でやろうとしたら「お金になるところでやるべき」との正論を頂戴し、ならばというのでちょっとありきたりですが……。

YｏｕＴｕｂｅで落語の配信なんかどうでしょう。人前で話せない今、落語家は雨後の筍のように配信ラッシュ。私も配信の波に飛び込んでいくには、確固たる理由が欲しい……。

あるんだな、それが!! 私、春風亭一之輔は4月下席（21~30日）上野鈴本演芸場夜の部でトリをつとめるはずだったのです。しかしコロナのために都内の寄席は休館中。トリの興行なんて一年に何度もあるものでなく、とても名誉なことなのですよ。やりたいじゃない？　たっぷり10日間喋りたいじゃない？

ということで、幻となった「4月下席　春風亭一之輔　上野鈴本演芸場トリ公演」を4月21〜30日20時10分ごろから21時ごろまでＹｏｕＴｕｂｅで生配信することになりました。実際のプログラムと同じ日時に喋ります。今号が発売される28日、みなさんあと3日です。よかったら『春風亭一之輔チャンネル』で私の渾身の高座をご覧ください！

病床にある方も、医療従事者のみなさんも、一時の息抜きによかったら。みんながんばれ。俺もがんばる。

（２０２０年5月8－15日号）

【緊急事態】２０２０年4月7日「緊急事態」宣言。

YouTube

前回、告知したようにYouTubeで『春風亭一之輔チャンネル』を立ち上げ、4月21日から30日まで毎日落語の生配信をしてみました。その期間、私は上野鈴本演芸場の夜の部のトリだったのですがコロナの影響で寄席は休業。喋るところもないので「じゃ、やったれ！」と勢いで始めてみて、4月25日現在チャンネル登録者数3万2千人。毎日生配信で同時に1万5千近くの人が観てるらしい。鈴本演芸場のキャパシティーが300だから、通常時の50倍が観てることになります。日本全国、いや世界中の落語ファンが、いや落語に馴染みがない人も観ているなんて、これはもう物凄く画期的なことっ！

無料配信です。せっかくだから「落語を聴いたことない人に、普段寄席に聴きにいけない地方の人にも気軽に聴いてもらいたい」「そしてこの事態が収束したのちに是非寄席に足をお運び頂きたい。演芸にお金を落とてもらいたい」との崇高な志のもと、間口を広げるために今はあえてお金を頂かないことに決めたのです。生で聴けない人のためにアーカイブも残してみたのです。全ては「落語を、寄席を、一之輔を一人でも多くの方に知ってもらいたい！」という熱い思いの結晶なのですよ！

無料のせいか、初日の視聴数が今現在約11万回。鈴本演芸場の木戸銭が3千円です。えーと、単純に計算してみてもいいですか？　11万人×3千円だから……3億3千万円⁉　まじか‼　おい！　まぁ、有料コンテンツにしたらそんなに聴くわけないので完全に絵に描いた餅ですが、計算後の心の揺れようで自分の小ささがよーくわかりました。でも嬉しいのはこの配信を聴いた方から「なぜ課金しないのか！」「このクオリティーでお金を取らないのはおかしい！」「どーしても入場料を払いたい！」というご意見が寄せられていること。私のホームページには「お前が受け取らないと言っても俺は払う！」という内容の高圧的なメールを直接送りつけてきて、落語協会気付で御祝儀を現金書留で送付してきた猛者もいました。ファンの鑑だね。

なかには「ネタ選びが悪い」とか「○○師匠のほうがいい」とか「間が悪い」「芸が雑」「うるさい」「つまらない」「寝てしまった」「ただじゃなきゃ聴かない」「顔が嫌い」「ばか」「ハゲ」「口が臭そう」とか、数多くの貴重なご意見もSNSやチャットで頂きました。真摯に受け止めて、皆さんの足の生爪が全て剝がれる呪いをかけておきました。お風呂は染みるので身体を濡れタオルで拭く面倒な日々をお過ごしください。ザマアミロ。

うちの子どもらも聴いてます。「生で世界中に落語なんて凄い！」と父親の株、激上がり。「いいか？　生でやってるということは、仮にパパがおかしくなってあの場ですっぽんぽんになったらパパの全裸が一瞬にして世界中に流れるんだよ。そしたらパパは仕事が出来なくなって、君たちも今後かなりつらい人生を歩むことになる！　だからパパにストレスを与えることのないよう、いい子でいてください！」と脅すと、真剣な顔で頷いてました。娘は「絶対に裸にならないで」と涙ぐむ始末。我が家のしつけにも役立った『一之輔チャンネル』に是非ご登録を。今後もいろいろ配信していくよ!!

（2020年5月22日号）

【YouTube】コロナ禍における外出自粛を受けて、芸能界でも「YouTube」に進出する人が増えた。

解除

八五郎「『緊急事態宣言』、やっぱり解除になりませんでしたね、ご隠居さん」
隠居「あー、気長に待つしかないだろうよ」
八「隠居さんはいいですよ。そうやって家ん中でボンヤリお茶飲んでりゃ一日終わっちゃうんだから」
隠「失礼な。私だってやることが山のようにある」
八「差し当たり今やらなきゃいけないことって？」
隠「あのね……私、金曜の朝にラジオのパーソナリティやってんだけどさ。ラジオショッピングのコーナーがあって、そこで取り上げる商品が毎回自宅に送られてくるわけよ。で、このご時世だから冷凍食品が多いのに、こないだ来たのは『カンタンに出来る糠床《ぬかどこ》セット』。……胸躍らないよね、糠床」
八「タダでもらっといて失礼だな」
隠「めんどくさそうじゃない？　でさ、しばらく部屋の片隅に置いといたんだよ。『誰がそんなもんやるかよ』って。『糠のくせにオレに作ってもらおうってのが図々しいよ』って放置しといたの。それから5日くらい経ったらさ、コロナで本当にやることなくなってきてさ」
八「落語の稽古とかすれば？」

隠「しないねー。平常時もしないけど、アホみたいに時間あると尚更しない。オレはぶれないね！」
八「威張るなよ」
隠「ふと糠床セットに目をやると『あたしを、貴方のその手で、作って、みる？』って誘ってきたんだよ、このオレを！……じゃあ、そこまで言うならさ……ま、騙されたと思って……」
八「手を出したと？　どうでした？」
隠「メッチャ可愛いっ!!　毎日2回、かき回して……否、かき回させて頂いておりますっ!!　今、糠床育て中！　もうオレの頭の中は糠床旅情で、小牧ヌカで、ジミー・スヌーカ！　ヌカパラダイスオーケストラっ!!」
八「なんだかよくわかんないけどよかったね……」
隠「あとは虫だね。部屋の鉢植えに5ミリくらいのイモムシが2匹居たんだよ。黒くてちっちゃいのがピコピコ動いてて可愛いんだわ」
八「なんの幼虫ですかね？　ちょうちょかな？」
隠「子どもらと『かわいーね』『アゲハかな』とか言いながら愛でてたら、あいつらモリモリ葉っぱを食べて、うんこもブリブリして、そのうんこも緑色でまるで汚い気がしないの。あっという間に2センチくらいに育っちゃった」

八「成長早いねぇ、虫は」
隠「で、一体何の幼虫かとカミさんがスマホで調べてみたらハチだったんだ。どうやら害虫。そしたら家族の態度が一変してさ、『気持ち悪い』『早く始末しろ』とか。あんなに可愛がってたのに……オレ悔しくてさ。『とりあえず羽化するまで、大人になるまで生かしてやってくれ』とオレが涙ながらに訴えてる横で、アイツら山のようにうんこしてんだよ……」
八「仕方ないよね、虫だもの……」
隠「大人になったらそのハチは家族の目を盗んで逃してやろうと思ってる。その頃には朝飯に美味い糠漬け食えるかな……緊急事態宣言も解除されてるかねぇ」
八「ですかねぇ？」
隠「ま、気長に待つしかないだろよ」

（２０２０年５月29日号）

【解除】 ２０２０年５月25日、緊急事態宣言が「解除」される。

ワクチン

今回は『ワクチン』なのである。

今、研究者の皆さんが必死になってワクチン開発に取り組んでくれている、らしい。門外漢でまるで知識のない私なぞは、黙って見守るしかないのである。『見守る』といっても、真横でジーッと見ていても恐らく皆さんのジャマになるだろう。無力な私には時折、従事者の方々の健康を祈るくらいしか出来ないがご勘弁願いたい。「お身体に気をつけて、何卒よろしくお願いいたしますっ!」……終わってしまった。もう『ワクチン』について書けることがなくなってしまった。こういうときは無理にでも絞り出すしかない。

私が小学生のころは年に1回くらい、子どもたちが体育館に集められ、行列させられ、泣こうが喚こうが、無理やり押さえつけられて、大人から二の腕に針を刺されるという阿鼻叫喚のイベントがあった。そう、学校での集団予防接種。給食の後の5時間目が多かったかな。その日はみな黙々とスプーンを口に運ぶのみ。給食がまるで『最後の晩餐』のようだった。

朝、自宅で問診票という名の『悪魔の契約書』を記入する。「保護者に必ず記入してもらうこと」と藁半紙のプリントにあるのでテキトーには書けない。何度測っても36度4分の平熱で健康体だ。問診票にハンコを押してもらうと『人買いに売られる』のと同じくらいの絶望感。

そういえば、問診票を親に書いてもらったことはあるけど、親として書いた覚えがない。今、学校での予防接種は行ってないみたいだ。あれ？　今の子どもたちは一体どこで予防接種をしているのだろう？

台所に家内がいたので聞いてみる。

「今、小学校で予防接種とかしてんの？」。妻いわく「……は？　学校じゃやってないわよ！」と語気が荒い。

私「じゃあどこでやってんのかね？」
妻「注射なんだから病院に決まってんでしょっ！」
私「あー、やっぱりね……そらそうだ」
妻「『やっぱりね』じゃないわよっ！　……あんた、子どもが3人もいて、予防接種をどこでやっているのかもわからないのっ⁉」
私「いやいや、そんなことないよ。わかりますよ（汗）」
妻「わかってないんでしょ⁉　聞いてきたってことはっ！　わからないから聞いたんでしょ、私にっ！」
私「いやいや、確かめただけだからっ！　『学校じゃやってないんだろうなぁ』とは思ったけど、いまいち確証がないから君に確かめたんだよ」

妻「どーだか！　だいたいねー、私がどれだけ大変な思いで子ども3人を予防接種に連れてったか、あんた全然わかってないでしょ⁉」
私「オレだって病院連れていったことくらいあるさ！」
妻「予防接種はっ⁉」
私「ないかも……しれない」
妻「でしょっ‼　それだからあんたは……」
そこから我々の話は飛びに飛び、「あなたと同じ墓には入らない」という物騒な話題になったのだった。
新しい『ワクチン』もこれくらいの速度と拡大力で、完成から普及に繫がるとよいな、と心から思うばかりです。

（2020年6月5日号）

【ワクチン】　2020年に流行しはじめた新型コロナウイルス感染症予防のための「ワクチン」開発が、世界の製薬メーカーで進められている。

外出

ここ3カ月、外出といえば「ラジオ出演」「スーパーへの買い物」、そしてたまーに「散歩」。4月から「落語の生配信」が加わったが、外出の頻度は激減だ。また仕事とはいえ、外出してるときの『後ろめたさ』たるや。用が済んだらダッシュで帰るもんね。緊急事態宣言が解除され、そろそろその『後ろめたさ』もなくなるのだろうか。

先日のラジオ出演のとき。家で昼飯を食べてこなかったため小腹が空いて「もうそろそろいいかな」と3カ月ぶりに行きつけの立ち喰いそば屋にむかった。行きつけと言っても、店員と仲良く会話するような関係ではない。ただの「名もなき常連客」。店は緊急事態宣言解除の後、開け始めたようだがお客はまだ少ない。換気のためにトビラは開けっ放し。

注文はもちろん紅生姜天そば。以前このコラムでも書いたが、私は紅生姜天そばが大好き。「なぜわざわざ紅生姜を天ぷらに？」という素朴なギモンを跳ね返すほどの、あの酸味と塩っけと食紅パワー。自粛中、自宅で天ぷらを揚げたが紅生姜は揚げずにいた。だってうちで紅生姜揚げないよ。山菜や海老があるんだもの。わざわざそばにのせないよ、紅生姜なんか。このザ・不要不急なかんじに親近感をおぼえるのだ。落語家＝紅生姜天そば、と言ってもよいのではないか？

券売機の前に消毒スプレーがあり、手に「シュッ」とやる。もう慣れたな。習慣は恐ろしい。これが無いと若干不安になるくらいだ。380円。交通系電子マネーが使えないのでコイン投入。出来れば「ピッ」で終わりたいが仕方なし。お釣りを取ったら、また手に「シュッ」。

店員さんはみなマスク着用。そば茹で係のおじさんとおぼしき人は、二重のマスクの上に透明のフェイスガードまでしていた。白い衛生帽に汗が滲んでいる。そばの湯気でフェイスガードが曇って真っ白だ。「顔面にぼかしを入れられた人」みたいになってるよ。ゴム手袋をして「ほい、ほまつぼうはまへす」。恐らく「はい、お待ちどうさまです」か。湯気と汗の染みた二重マスクは、人の滑舌を馬鹿にさせるようだ。

そばの器をスプレーした布巾で拭ってくれたおじさん。その丼を持ってカウンターへ。前のお客のつゆがこぼれていたので、おばさんが拭いてくれた。上からまた「シュッ！」とスプレーして二度拭き。いつもトングで入れ放題だったネギの箱がない。「衛生上ごめんなさい」の貼り紙。コロナのせいでネギも入れられなくなってしまった。

辛くしてもウイルスに効くわけないのだが、七味を多めに入れてみる。箸は割り箸でないのだが、大丈夫だろうか……と思っていたら使用前に箸を拭くための除菌ティッシュが置いてあった。迷わず使用。

3カ月ぶりの紅生姜天そばはやはり抜群に美味いものではなく、以前と変わらず不要不急の味だった。家庭の薄味に慣れた胃に染み渡る刺々しい汁と油。ほどよくコシのないそば。たった2分で完食。ご馳走さまでした。うーん。紅生姜天そばは細心の注意を払いながら食うものではないな。「早く気楽に貪りたいものだ」と思いながら、また帰り際に両手に「シュッ」。しばらくこの生活が続くのか。

（2020年6月19日号）

【外出】2020年春から「外出」の自粛が推奨された。

リモート

ここんところのリモートあれこれ。

先日「笑点」をリモートでやっていた。司会の昇太師匠はスタジオ、回答者は自宅から。六つのモニターが遺影に見えた。フレームのなかの師匠方が動いているとホッとする。座布団運びの山田くんが出ていない。そらそうだ。リモートで座布団は運べないからね。山田くんの今後が心配。ご存じの方も多いだろうが、テレビのリモコンのdボタンを押すと視聴者がメンバーに座布団をあげたりとったりできる。山田くんの代わりに三平兄さんにバンバン座布団あげてみた。どんな答えであろうとも。激励をこめて。それなのに番組終了時、三平兄さんは0枚。他の師匠は〇万枚とかなのに。だがこれもいつものお約束。笑点ファンはみんな、わかってる。三平兄さんは安定の自粛モードです。

NHK「ラジオ深夜便」に2度リモート出演した。1回目はアンカーの工藤三郎アナとほぼ2時間フリートーク。ラジオなのでリスナーには見えないが、お互い顔が見えたほうが話しやすいということでテレビ電話で話すことになった。23時スタート。その日は晩酌を我慢していたのだが、もはや家族も寝てしまいダイニングには私と画面に映る工藤さんのみ……。死角に置けばわかるまい。ビールを開ける。NHKラジオに酒を飲みながら出演できるのもリモートならでは。曲の合間にもう一本。おかげでずいぶんゴキゲンな放送になった。翌日、落語界の重鎮・鈴々舎馬風師匠から自宅に電話があった。「昨日の『深夜便』良かったぞ！」。まじか。2回目は「ママ☆深夜便」という「子育て中のママ向け」の企画だったので、ホットミルクティーを飲みながら。これがTPOというものだ。明くる日、馬風師匠からの電話はなかったけど、まぁいいだろう。

弟子の稽古はズームでやった。自粛中に「新作落語を作る」という課題を出してその発表会。弟子の落語を聴いている私の顔が画面の片隅に映っている。まるで『殺人鬼』である。『連続殺人鬼が1万円チャージしたSuicaを落とした』ような顔。この顔では弟子があまりにかわいそうなので、無理してちょっと笑顔を作ってみたら『連続爆弾魔がガリガリ君当たった』くらいの顔になった。モニターの自分の顔ばかり気にしてたら弟子の落語がまるで頭に入ってこない。ちっとは笑わせてくれ。師匠に気を使わせんな。

子どもたちの学校が再開されたが、半分はリモートで授業をするという。長男（14）は朝からパソコンに向かっている。ホームルーム。後ろから画面を覗き込むと「映り込むからあっち行けっ！」と邪険なあつかい。父はさびしい。次男（12）もタブレットに向かって国語の授業中。今日が今学期初めての授業だという。そうか、一度登校日はあったけど、それっきりだったのだ。「担任の先生はどんな人？」と聞くと「お父さんと同い年くらいのおじさん」だと。確かめてみようかとタブレットを覗くと『ロマンスグレーの石丸謙二郎』みたいないい声のダンディー。どこが俺と同い年だよ⁉ 娘（10）の担任は「『四千頭身の真ん中』に似てる」という。思わず「あ！ ホント！ 後藤そっくり！」と叫んでしまったら、先生から「よく言われますー」とタブレット越しに返事。
そんなリモート生活です。

（2020年6月26日号）

【リモート】自宅など、会社以外の場所で仕事をすることを「リモートワーク」と呼び、コロナ禍で推奨された。学校でもオンライン授業が増えた。

アラート

「東京アラート」がなんなのかよく分からないままでいたら、いつの間にか解除されてしまった。なんだったたんだ、東京アラート。東京駅で売ってるサクサク新感覚お菓子っぽいよな、東京アラート。田舎のお婆ちゃんに買って帰りたい、東京アラート。食べてみたらよくあるブルボンのお菓子と同じ味がした、みたいな、東京アラート。

レインボーブリッジが赤く染まり、かえってそれを観ようとお台場周辺に人出が増えたらしい。そら見たいよね、赤いレインボーブリッジ。お台場なんて我々田舎者からすれば観光地だもの。その一番の観光スポットを赤く光らせたらみんな観に行くって。新宿の都庁も赤くなったらしいけど、どうせ赤くするなら豊島区西部に住まう民の目に入る建物も赤くしてもらえないもんか。豊島清掃工場の煙突とか池袋パルコでもいいよ。トキワ荘マンガミュージアムでも千川駅前のライフでもココスでもいいです。豊島区民にも「東京アラート」を知らせて欲しかった。で、「東京アラート」がなんなのかもちゃんと教えて欲しかった、小池さん。

小池さんに一度会ったことがある。先方は絶対に覚えてないだろうが私はよーく覚えている。あれは忘れもしない、たしか平成16~18年くらいのあいだのこと。季節は……夏だ。そう、めちゃくちゃ暑かった。場所はどこだ？　たしか都内の丸の内だか有楽町だか大手町だか、そんなオフィス街だ。よく覚えているよ。

どこから来た仕事だったんだっけ？「水撒いただけで○○円だけど、どう？」みたいなメールか電話かFAXが来た。その頃「打ち水」が流行っていた。「打ち水」自体は昔からあるけど、偉い人たちがことさらに「Let,s UCHIMIZU!」と持ち上げ始めたのだ。その時のなんとか大臣が小池さんで、その小池大臣の肝いりなのか、「めちゃくちゃ暑い都心でよってたかってひしゃくで水を撒く」という雑なイベントににぎやかしの若手落語家枠でよばれたのだった。

ビルの会議室が控室。そこで浴衣に着替え出番を待つ若手落語家数名。一番下っ端が私だった。「弁当ないのか聞いてこい」と先輩に命じられて、運営側に聞きに行ったら「申し訳ございません。今回のイベントでは食事のご用意はございません」と棒読みで言われた。「水撒くだけで飯食うつもりか」と顔に書いてあった。控室で2時間待機。いざイベントスタート。浴衣に手桶とひしゃく。猛烈な暑さのなか小池大臣の挨拶。「暑いんだから早く撒かせろや」と皆でぶつぶつ言いながら挨拶を聴く。汗が流れる。口が渇く。挨拶は続く。続く。続く。続く。

雨が降ってきた。空が真っ黒になり、にわか雨。急に挨拶が終わった。でも雨は降り続く。「さぁ、打ち水で東京を涼しくしましょうー！」と何事もないかのように進行する、ハート強すぎな司会者。小池さんはすぐに屋根の下に行っちゃった。雨に濡れながら打ち水をする名もない落語家数名。「早く落語で食べていきたい」とびしょ濡れのアスファルトを見ながら思ったっけ。

以上、どーでもいい「小池さんにまつわるアレはなんだったんだ」エピソード。ところで「打ち水は逆効果」ってホントなの？　教えて、小池さん。

（2020年7月3日号）

【アラート】アラート＝警告。東京都は、「東京アラート」を2020年6月2日に発動した。

夜の街

前座の頃、「接待を伴った飲食」が大好きな先輩がいた。いや、今もいるが仮にSさんとする。Sさんは寄席の終演後、必ず「夜の街」に出掛ける。本来『前座』という身分に酒は御法度だ。でもまぁ、バレなきゃいいみたいな。それに『前座』は噺家のなかで一番下っ端のわりに、落語会のお手伝いなどで日々忙しく、年季が上になると懐が温かかったりする。Sさんは売れっ子だったので毎日飲みに行っても平気なくらい。

Sさんが上野の中通りという「夜の街」を歩いていると「S～っ！」と客引きのお姉さんが寄ってくる。カタコトの日本語で「キョウハヨッテカナイカ⁉」「今日はいいや」「コンドハイツクルノダ⁉」「またすぐ行くよ」「ゼッタイダナ！　ユビキリマンゲンコ！」と言われ、『ユビキリマンゲンコ』をするSさん。「ユビキリマンゲンコっ！」という声が響く。「じゃあな！」とSさん。なんて大人な先輩なんだ！と思ったものだ。なんだよ、マンゲンコって。

このSさんに初めて「接待を伴った飲食」に連れていってもらった。ある日「お前にオレの遊びを見せてやるからついてこい」というSさん。上野の寄席の昼の部をつとめて外に出ると、夕方の5時。ちょっと歩くと前からカタコトのお姉さんが手を振って走り寄ってきた。「Sー！　オソカタネ！」「すまねえ。ちょっと野暮用で」。トリの師匠から小言を食ってただけなのに。「じゃ行くか」。中通りとは逆方向に歩き、3人でアメ横へ。ウイスキーと乾き物、果物をそれぞれ持ちきれないくらい買い込む。カタコト姉さんに言われるがままに勘定を払うSさん。「コレモテヨ、コーハイ」と私に指図する姉さん。「いくら出したんですか?」「それぞれ5千円くらいかなぁ」とSさん。

店は狭くて薄暗いソファが二つばかり。二人で座ると、さっきのお姉さんがさっき買ったボトルを持ってきた。「ナニツマムカ?」「じゃフルーツ盛り合わせと乾き物でいいや」「ハイヨ」。雑に切ったフルーツが並ぶ。乾き物もさっきSさんが買った「おばあちゃんのぽたぽた焼」とミックスナッツ。お姉さんは奥に引っ込んだまま出てこない。接待は伴わない系の店なのか?「よんできます?」「いーよいーよ。忙しいんだろ?」。奥でたばこ吸っている姉さん。「つまみは食べてもいいし、食べなくてもいいよ」。二人で水割りを3杯だけ飲んで「じゃ行くか」とSさん。すぐにつまみを片付け隣のテーブル客にサッと出し、「マイドデス」とお姉さん。勘定を払い「これ」と別にポチ袋を渡すSさん。つまみは7千円。「今日は安かった」そうだ。

自分で仕入れたものを、自分で高く買い、それには決して手をつけず、お小遣いを渡し帰っていく。「自分の店みたいですね、兄さん」「いやいや、私は『お客』ですよ（照）」「経営しちゃったほうが早いんじゃないですか?（笑）」「そんなことしちゃったらオレが通えないいじゃないかよ（微笑）」

中通りを歩きながら「楽しいなぁ（笑）」とSさん。もう2軒飲みに行き「はい、車代」とSさんは私にポチ袋をくれた。「オレ、もう一回最初の店行ってくるからさ」と、Sさんは寿司折りを買い込んだ。寿司はまた自分で買うのだろうか。高そうだな、寿司だもの。

（2020年7月10日号）

【夜の街】バー、クラブ、飲食店が密集する地域。東京の新宿歌舞伎町、銀座、大阪の北、ミナミなどを指す。

県境移動

遅ればせながら「あつまれ　どうぶつの森」（あつ森）を始めた。娘（10）の誕生日にプレゼントしたのだが、家族5人全員が自分のキャラクターを作って遊んでいる。

「あつ森」がどんなものかの説明は省いていいですかね？　始めたばかりなので、正直私もよくわかってない。今のところの印象は、『謎の秘密結社「たぬき開発」により離島に飛ばされて、多額の借金を背負わされテント生活をしながら、さまざまな手段でお金を稼いで借金返済を試みるのだが、何かにつけて負債がかさみ続ける蟻地獄』……絵柄は可愛いのだが、中身は『カイジ』な終わりのないゲーム。こんな過酷で陰惨な世界のなにが楽しいのかわからないが、子どもたちはハマっている。やらないと私だけ家族の会話に加われない。やるよね、そりゃ。

私のキャラは「ぱぱみ」という名の女の子。顔黒《ガングロ》で銀髪オサゲ。眠そうな目の出っ歯。「ぱぱみ」はよく顔面を蜂に刺されてボコボコに腫らしている。あんなに刺されたら命に関わると思うのだが、必ず一晩経つと腫れは引いていてなかったことになっている。始めてまだ5日だが、自分で作った「ぱぱみ」には人外なものを感じる。「ぱぱみ」、恐るべし（腫れは誰でも1日で引くらしい）。

我が家には「ゲームは1日1人30分」という厳格なルールがあるのだが、「あつ森」

で1日30分はあり得ないらしい。あつ森ユーザーに言わせると「そんなペースじゃなにも進まない」と。一人がプレイしている30分間、他の4人は周りで「あーだこーだ」言い続けるのだが、私のようなゲーム慣れしていないおじさんは子どもにはじれったいようだ。

釣りをしていると「竿引くの早すぎだよ!」。果物食ってると「そんなに食っても意味ないよ!」。カバに話しかけると「30分しかないのに時間がもったいないよ!」。ぼんやり歩いてると「Bボタン押せば速く走れるのに!」。うるさいな、おい。

たしかに30分は短すぎる。今日もブラックバスを1匹釣って、貝殻を数個拾っただけで終わってしまった。飛行機で他の島へ旅行も出来るようなのだが、30分じゃその費用も貯まらない。『たかとびぼう』は作ったの?」と次男。『たかとびぼう』なるものを作ると川を飛び越えてむこうへ行けるらしい。作ってみた。おい、早く教えてくれよ。なんだ、めちゃくちゃ楽しいじゃないか。川のむこうには花や木の実や魚や貝殻。お金が落ちてたり、化石が埋まってたり。

キャッキャと言って遊んでたら、あっという間に30分。タイムアップ。行動範囲を広げると時間内に出来ることが自ずと散漫になってしまう。かといって自分のテントの周りでウロウロしててもなんも面白くない。斧を作って、近所の家をガンガン叩いて回ると「ガチーン! ガチーン!」と金属音がして気分は晴れるのだが、子どもの手前そんなことばかりしてると心配されてしまう。30分ルールを親の権限で緩くしてみようか……とも思うが、自分も含め歯止めが利かなくなるに違いない。

明日は4カ月ぶりにリアルに飛行機に乗って『県境移動』で長崎独演会。「ぱぱみ」なら長崎でひと暴れするとこだろうが、私は大人しく日帰り。感染予防に万全を尽くして臨みたい。密を避けて、集まれ、お客さん。

（2020年7月17日号）


【県境移動】2020年夏、東京、神奈川など首都圏での感染者が増えたため、地方への「県境移動」を控えるようにと政府や各知事が都民、県民に要請した。

知事

先日、都知事の定例会見で、小池百合子都知事が記者からの質問に「アクリル板を作ってすき焼き食べて美味しいかっていうのはよくわかりませんけれども……うふふ」となんとも不用意な発言をかましてました。

「おい、何言ってくれてんだ！（怒）」とすき焼き屋さん、総立ち案件。「誰が好き好んでアクリル板なんか立ててんのよ！　そんなもんないほうが食べやすいなんて百も承知だわよ！　でもそういう対応しろと、あんたが言うからこっちはいやいややってんじゃないのっ！」と日本中のすき焼き屋の仲居さんが割り下の入った急須を振り上げて怒っている……んじゃないだろうか。ご心中お察しいたします。

軽ーくかました後に、クスクスってかんじで微笑む百合子。……うーん。まぁ、ジョークのつもりなんだろうけど……そういうとこだぞ、百合子っ!!　無意識有意識にかかわらずヒトの神経を豪快に逆撫でする軽口。これぞ、ｔｈｅ・百合子の真骨頂です。

まずここはちゃんとしておきたい。「すき焼き、美味しいよ」と百合子に言いたい。すき焼きはどんな状況であれ、美味しいんだよ。百合子。アクリル板越しにみんなの前で食べてごらん。きっと「あら、美味しい！」とあなたは目を見開くだろう……百合子がやると、わざとらしさとあざとさが先立って妙な空気になるだろうか。と、ここまで書いたら、カメラの前でカイワレをムシャムシャ頬張る往年の菅直人が脳裏に浮かんでしまった。何年かに一回こういうパフォーマンスってあるよな。やっぱりやらなくていいです。でも、どうしたってすき焼きは美味しいのだよ、百合子。

　百合子が口を滑らす前に、あらかじめ今後飛び出すかもしれないアクリルがらみの失言を想定してみたい。今のうちに免疫つけといたほうがいいです。

「アクリル板越しに落語を聴いて面白いかっていうのはよくわかりませんけれども……ふふふ」。うーん。これはおっしゃる通りかも。一枚あるないではだいぶ違うけど、言われたら腹立つ。百合子、落語聴いたことなさそうだけど（イメージ）。

「アクリル板越しにメイドさんにかしずかれて嬉しいかっていうのはよくわかりませんけれども……ふふふ」。都のイベントにやたらメイドさんを利用する百合子ですが、メイド喫茶そのものにはまるで理解はなさそうです（イメージ）。

「アクリル板越しにレジでお会計したらお釣り銭間違えちゃうかもしれませんけれども……ふふふ」。それよりアクリルとマスクのせいで、レジ袋のいる・いらないのやりとりの声が非常に聞きづらいです。「いらない」って言ってんのに入ってること多々。もう!!

「アクリル板越しに投票しても、投票率は上がらないでしょうけど……ふふふ」。たしかに。あと4年、ほんとに都政をまっとうするんですかね、百合子は。来年、やってるかな都知事。

「アクリル板使ったり、ディスタンスとって無理やり開催しても、世界各地で広まってワクチンの普及も定かじゃない以上、オリンピックやっても楽しいかっていうのはよくわかりませんけれども……ふふふ」。これはむしろ思いっきり口を滑らせて頂きたいところです。思ってないはずはないんですから。言っちゃえ言っちゃえ、百合子。

（２０２０年7月31日号）

【知事】小池百合子東京都知事、吉村洋文大阪府知事らは２０２０年2月から、コロナ禍でも会見を行い、コロナ感染状況を都民、府民に伝えた。

第2波

『第2波』なのか、どうなのか。いったいこれから波が何回来るのかわからない現状だが、だんだん私のおかれる環境も変化が出てきた。仕事に関していえばおっかなびっくりながらもちょっとずつ前へ進んでいると言っていいか。最近はお客さんを入れたライブと生配信の併用の落語会が増え、どうやらこれを「ハイブリッド落語会」というらしい。口にするとかなり恥ずかしいよ、ハイブリッド落語。

先日、ＰＣＲ検査を受けた。周囲に新型コロナウイルス感染者や濃厚接触者が出たわけではない。とある「ハイブリッド公演」に出演するには「ＰＣＲで陰性が証明されないと出演不可」ということで、主催側が負担するから検査を受けるように……とのことだった。

といえども、ありがたいことです。受けたくても受けられない人がいるのにいいのかな……とも思うが、陰性ならとりあえずは何をするにも安心だ。

都内某所のクリニック。完全予約制でその時間は病院内にスタッフ以外は私しかいない。アクリル板を貼った受付で、ゴム手袋をはめてその上からも消毒させられた。「床の矢印に沿ってお進みください」と案内され、誰にも接触せずに個室へ通される。

完全密閉された個室には小さなテーブルとイスが一つずつ。腰をかけると目の前の試験管立てに試験管が一本。「唾液をここまで入れます」と注意書きがあり、試験管の底から2センチくらいのところに印がしてある。

試験管の蓋をとり、口を近づける。唾液がほんの少し出た。これじゃ足りない。絞り出すと泡。注意書きには「泡は必要な量に入りません」とある。また泡が出た。つーか、泡しか出ない。四十過ぎると身体が言うことをきかなくなるってホントだ。新鮮な唾液が出ず、試験管の中がほぼ泡だらけ。子どもの頃は、学校の屋上から地上をゆく友だちにさんざん唾を垂らしたのに……。見ると注意書きに「唾液が出ない場合はお声がけください」ともある。

「すいませーん」「はーい! お伺いいたしまーす!」。コメダ珈琲店と同じリアクションマニュアルだ。「唾液出ませんか」「あいにく、泡ばかりです」「そうですか、少々お待ちください」。しばらくするとクリニックの職員さんが「こちらご覧ください」と『レモンと梅干しのブロマイド』を持ってきた。本当に。なめてんのか? 写真って⁉ しかも、おそらくフリー素材。オレは「パブロフの犬」じゃないんだよ。人間サマだよ。こんなたかがピクチャー2枚で今まで出なかった唾液が出るわけ……めっちゃ出た。鮮度抜群なヤツが4、5回分は出た。身体は正直だ。「ハイブリッド落語会」って口にするより恥ずかしいわ。

5日後、郵送で届いた結果は「陰性」。無事「ハイブリッド落語会」には出演できた。

そしたらまた別件の仕事で「PCR検査を受けろ」とのこと。もうこんなかんじになっていくんだろうな。とりあえず、いま自由自在に唾液を出す訓練をしている。沖縄の揚げドーナツ、サータアンダギーのことを考えると、けっこう唾が出ることに気づいた。揚げたてのヤツね。

（2020年9月4日号）

【第2波】2020年7月から8月頃の、コロナ感染者が増えた際、2回目の感染拡大だったことから「第2波」と呼ばれた。その後も感染拡大の波を繰り返している。

第三章　新語&流行語のまくら

10%

とうとう引っ越しの日が決まった。2012年から住まっている借家との別れの日が迫っている。やはり柄にもなく、感慨にふけっている。というか、正直、気が重い。なんか、このままでいーよーな……そんな気もしたりして。

去年から「そろそろ引っ越し時かな」と思っていた。最初は今年の春の予定だったが、「4月は年度初めで忙しい。5月はゴールデンウィークで寄席が詰まっているし、6月……いや梅雨どきは避けようか。7月頭……全国ツアーの真っ最中だ……8月？　待てよ、こんなクソ暑いときに引っ越しなんて自殺行為だ！　9月に入っても暑いしなぁ……台風も怖いし……でもなんとか早いうちに……」となんやかやで二転三転し、ようやく決定した引っ越し日が9月30日。あ、翌日が10月1日か……。

……大丈夫ですかね？　なんか、カッコ悪くないですかね、私？　シミッタレな人間に見えてませんかね？　上手く滑り込んだとお思いですか？「10%への消費税増税が10月1日からだから駆け込んだな、コイツ……」と思ってますよね、皆さん？　これたまたまなんですよっ！　引っ越し業者と私と家族のスケジュールの折り合いのついた日が偶然、増税前日だっただけなんですよっ！　本当なんだよ、信じてよっ！

自意識過剰なのはわかっちゃいるけど、今のところ我が家の転居に関わる全ての人が『9月30日引っ越し決行』という事実を知って「一之輔は増税を避けるために、わざわざ無理して前日に引っ越すけちん坊！」と思っているに違いないのです。引っ越し業者も、不動産屋も、役所の職員も、みーんな笑ってます。新しいご近所さんも私が引っ越しの挨拶に行けば、「ふふん、この手土産の乾麺は8％の消費税で買ったモノなのね」と蔑むに決まってんだ。町内中が『8パー消費税駆け込み引っ越し野郎』と向こう5年は後ろ指をさすのです。その頃は15％になってるかもしれないのに。まだ言うかっ⁉

「妄想」と笑わば笑え。現に日取りを告げるとほぼ全ての人が「あー、タイミングいいですねー」とか「計ったようですねー」とか半笑いになります。「計っちゃいねえんですよっ！」と必死になっても、「でも家電の買い替えとかおトクでしょ」とそのメリットを強調されるの。すると「あぁ、そうか。たまたまとはいえ良かったかも……浮いた金でいろいろ……（ニヤリ）」と図らずも口元に笑みが浮かぶ、そんな自分が凄くイヤ！イヤイヤイヤ‼　あー、チクショー！　もうこうなったら10パーだろうが、20パーだろうが、払ってやるよっ！　9月中でも10％払っちゃダメなのかっ⁉

でも聞くところによると、10月1日以降ならカード決済等の買い物の場合は、ポイント還元や○％還元セールなどもあり、8％のときよりお得になることもあるらしいです……なんだよ、それ？　悔しがって損したよ。俺の被害妄想、どこ持っていけばいい⁉

とにかく「軽減税率」とか、しち面倒なことは引っ越しが落ち着いてからだ！　いま私は気が立っている。わけわからんこと言うと引っ叩くぞ、財務省‼　俺の税金、無駄

遣いしたらホント許さんからなっ‼　引っ越し間際の小忙しい芸人は子持ちのクマより凶暴なのだ‼

（2019年10月4日号）

【10%】2019年10月1日から、消費税がそれまでの8%から「10%」になった。

フェス

『フェス』なんかどうせわからないと思ってるんだろう？　俺だってわかるよ、それくらい。フェスティバルの略だろ？　まあだいたい、フェスに参加する人は首からなんかぶら下げているわな。紐のついたカード。このカードは何のためにぶら下げるかといえば……まあハンコを押してもらうためであろうことは想像に難くない。全てのマスにハンコを集めた人は、きっと……もらえる。夏のもらえる物……となると……ノートかお菓子と相場が決まっているさ。あ……ラジオ体操じゃね？　そう『フェス』はラジオ体操のようなモノ。いや、ラジオ体操こそが『フェス』なのだ。

そういえば私は「昨今のラジオ体操事情」に言いたいことがある。最近は夏休みの間、ラジオ体操を毎日行わない地域が多いようだ。うちの近所は7月の最終週だけ。しかもわが町内のラジオ体操は毎日ヤクルトが1本もらえる。ヤクルトをもらいに行ってるようなもんだ。私が子供のころはほぼ40日間、毎朝ラジオ体操があり、何がなんでも全てのマスにハンコを押してもらっていた。家族旅行中でも「この辺りでラジオ体操やってる会場はないですか？」と民宿のおじさんに聞いて、縁もゆかりもない小学校にもぐり込んで一人で体操。よそ者がハンコの列に並ぶのはかなり勇気が要る。「見慣れないな。なんだ、チミは？」。ハンコを押す係の人に〝変なおじさん〟を問い質すがごとく不審がられたので「旅行で来たんです」と言うと、おじさんは「えらいねえ、チミは～」とハンコを押してくれた。そのおかげで皆勤賞のノートとお菓子がもらえたのだ。昔のラジオ体操にはそれくらいの魔力があった。地域の方々の協力あってこそのラジオ体操、皆さんのご苦労はわかっているが、現状はちょっとさびしい……。

なんの話？　そうそう『フェス』だ。担当K氏に「フェス的な落語会はないですか？」と聞かれたが、毎年出演している新潟の『虹色寄席』という会がどうやらフェスっぽい。「落語フェス‼」とチラシに書いてあったし。そういえばお客さんはみな首からなんかぶら下げていたな。

この会は楽屋に出るケータリングのカレーが美味いのだ。新潟名物『万代シテイバスセンターのカレー』が寸胴鍋で出演者に提供される。具がゴロッとした、ピリ辛の、真っ黄色のドロドロしたカレー。確実に3杯はお代わりする。楽屋がカレー臭い。ゲップが止まらない。正直、落語とかどうでもよくなってくるが、カレーを食えば元気になる。全身全霊で落語やる。ぐったりするが楽屋に戻りまたカレー。美味い。元気が出る。また別会場で落語。身体がカレー臭い。でもまた食べる。もうバスセンターのカレーがないと生きていけない身体になっている。完全にドラッグである。法規制すべき。

要するに『フェス』とは……控室で「ドラッグ的なもの」を摂取してギリギリのパフォーマンスする人を、首からなんかぶら下げた人たちが観るラジオ体操くらい魅力的なイベント……に違いない。だから皆さん、フェスに行ったら必ずハンコ押してもらってください！　きっとノートとお菓子がもらえるはず。「なんだ、チミは？」って言われるかもしれないけどね。
（２０１９年８月16－23日号）

【フェス】英語で祭りの意味であるフェスティバルを略して「フェス」。複数のバンドが集まって屋外で行われるコンサートを「野外フェス」と呼ぶ。

記者会見

司会「これより鬼退治から見事帰還された桃太郎凱旋記念記者会見を行います。ではチーム桃太郎を代表し桃太郎氏よりご挨拶を……」

桃太郎「本日はお忙しいところ各社記者の皆様にお集まり頂き誠にありがとうございます。わたくしとしましても、出陣前から厳しい戦いになるとは思っておりましたが、このように皆様のご期待にお応え出来ましたことは嬉しくもあり、また今後も日本の安全を確保するべく、ここに仲間たちと共に手をとって、与えられた使命を遂行すべく、職務に邁進する所存であると、申し上げておきたいと、思うところであります」

記者A「キャプテン、今の心境を一言で表すと？」

桃「今日のような一点の曇りもない蒼天。晴れやかな心持ちであると、まさに思うところであります」

記者B「〇〇新聞です。キャプテンの任期満了に伴うポスト桃太郎はイヌ、サル、キジのうち誰が有力と思われますか？　関係者筋によると『お爺さんは会派を超えて一寸法師に秋波を送っている』とも言われておりますが……」

桃「その件に関してはですね、今はまだ鬼との戦いに勝ったばかりでありますから、祖父とはゆっくり話も出来ておりませんし、わたくしの口からはなんとも言えないわけでありまして、これからチーム内で議論を尽くしてですね、最良の人選をしていきたいと、そのように思うわけでありあります」

記者C「△△新聞です。『鬼を征伐するうえではたして十分な大義名分があったのか？』という議論がいまだに尾を引いています。キャプテンは鬼征伐敢行に足る民意が本当にあったとお考えですか？」

桃「おっしゃる通りですね、この度の鬼退治には様々な異論があったのはわたくしも承知を致しております。ただですね、現実には鬼による被害は甚大なるものでありました。荒天の際には複数名の子供が鬼にヘソをとられたという報告を受けております……」

記者C「ヘソをとるのは鬼でなくカミナリ様だ、との指摘もありますが」

桃「そのようなご意見はわたくしの耳にも入っております。ただ、ただですね。カミナリ様と鬼の定義もいまだハッキリせず『空から落ちてきたカミナリ様が鬼になるのではないのか？』という議論もされているその最中にですね、事態は刻一刻と変化しつつある。現にヘソをとられた子供がいるなか、我々がとるべき道は自ずと限られてくると思うのが当然ではないですか⁉　では△△新聞さんにお尋ねしますが、これ以上ヘソのない子供を増やして良いのですか⁉　金太郎時代を思い出して頂きたい。熊と相撲ばかりとっていた、木にマサカリを振り下ろすだけの、暗黒の時代に戻ることだけはあってはならない！とわたくしは思うのであります」

記者D「もうひとつ。鬼ケ島遠征の際に乙姫の側近のカメから大量のおむすびが贈られたと伺いました。鬼退治で得た財宝が『第2竜宮城』の建設費用に充てられるのではないですか？」

桃「そんなことはあり得ない話でありまして……」

司会「事前通告のない質問は控えてください！」

……あー、おとぎ話くらいは夢見させてよー。

（2019年8月30日号）

【記者会見】結婚、婚約のようなおめでたい時だけでなく、不倫、離婚などの際にも開くことが求められるようになった。

ホワイト

今回のお題は『ホワイト』だ。毎回書きあがった原稿を送ると、担当のK氏からその感想とともに次週のお題が添えられてくる。今回のメールには「次週は『ホワイト』です。闇営業をしない『ホワイト芸人』、韓国が日本の『ホワイト国』から外される……など今注目の『ホワイト』で」とあるではないか。よしきた！　今週は楽勝だ！　すぐに筆を執る（ガラケーでメールを打ち始める）。またK氏からのメール。なんだよ、こっちはいつも原稿待たせて悪いと思ってるからすぐに取り掛かろうとしてるのに邪魔すんなよ。なになに……「ちなみに『ホワイト餃子』に関しては以前お書きになられております。（※編集部注・本書349ページ参照）悪しからず」。

言論封殺である。だからマスコミは恐ろしい。数年前に「一之輔さんに是非とも連載をお願いできないかと……」と笑顔で近づいてきた週刊朝日。「まあお題にとらわれずご自由に！」と言っておきながら、数年後には『悪しからず』ときたもんだ。『悪しからず』のどこに『自由』があるというのか？　『以前書いている』からなんなのだ⁉「お前の偏愛餃子譚など聞きたくねえぞ。ちゃんと時事ネタ絡めて書けよ。『ホワイト』だよ！　書けるだろ？　闇営業やってるヤツあげつらって『やっぱり自分もやったことあったかも！』みたいに落としゃいーんだよ！」ということか、週刊朝日！　株式会社と！」って意味かな？　……あ、ひょっとして「また聞かせてよ……『ホワイト餃子』のことかな？「前に書いてるけど、別にかまわないよ！　悪しからず！」ってこと？「『ホワイト餃子』おかわり！」ってことかな？　……違うな、やっぱり。悔しいのでいつものようにノートを開き『ホワイト』にまつわる単語を書き出すことに。いきなり「ホワイト餃……」まで書いてしまった。一旦離れよう。『白』でもいいよね。「白アリ」……よりによってファーストワードが「白アリ」か。「白髪」「白目」「白身」「白帯」「白装束」「白滝」「白岡」……どうも淋しげで地味な単語ばかり浮かんでしまう。『白岡』は埼玉県東部にある地味……否、控えめな町。

そういえば昔、先輩の紹介で白岡の農家の庭（！）で落語やったたな。12月の白色の曇天の下、ゴザの上で日本酒を飲んでいる50人。白鶴。盛り上がってるところに私の落語。座が白け、まるでウケず目の前が真っ白。終了後は芋煮会。顔面蒼白の私を温めてくれたのが白味噌だしに浮かぶ白い里芋、豚肉の白い脂身。白い皿に盛られたほうれん草の白ゴマ和えが旨い。白い息を吐きながらビールの白い泡をグイと飲み干すとさっきまでの嫌な記憶も真っ白に消去された。さあ帰ろうかと立ち上がると、白髪頭の主催者が「ビンゴ大会の司会をお願い！」と白い歯を見せて笑う。ビンゴマシンの中にたくさんの白玉。無事ビンゴが終わるとチラチラと白雪が舞い降りてきた。「これお土産。うちで獲れたコシヒカリ」と10キロの白米を背負わされ白目をむきながら白岡駅めざしひた歩く……。先輩からの仕事だが、我々みなフリーなので決して闇営業ではないのだ！『ホワイト芸人』ここにあり。どうだ、つながったぞ週刊朝日。気になる『ホワイト餃子』についてはは各自検索してみてください。美味しいよ！ 皮がモチモチでね、小ぶりで……あ、字数足りない。

（２０１９年８月２日号）

【ホワイト】ブラック企業など、ブラックは法律を無視して社員に重労働などを強いる企業を指す際に使うが、それと逆のやさしい、厚遇な状況を指す。

遅すぎ婚

先日どこかの楽屋で「笑点」を観ていたらエンディングで、「この後、笑点から重大発表!!」と煽りまくっているではないか。「闇営業でメンバーの誰かが降板⁉」と密かに期待していたのだが、まさかの「春風亭昇太が59歳にして結婚！」。

所属する協会は違うものの、昇太師匠とはしょっちゅう仕事でご一緒するのだ。5月には富良野でカメムシを捕獲し合った仲（※本書299ページ参照）。ちっとも知らなかったよ。いつも「今度うちに遊びにおいでよー」と気軽に声をかけてくれるので、富良野で「来月あたりにお邪魔してもいいですか⁉」と甘えたら、「いやいや、一之輔くんも忙しいんだから無理しなくていいよー」とツレナイ返事だったのはそういうコトだったのか。納得。

なんでも弟子にも内緒にしていたらしい。お喋りが多い落語界で一切外に漏れない、笑点の情報統制おそるべし。

世間では「昇太、遅すぎ婚！」と話題になってる。しかも「実は奥さんは資産家令嬢！昇太、まさかの逆玉の輿婚！」だってさ。ちょっと待ってくれ！　あんな大金持ちに対して『逆玉の輿』って……。昇太師匠は楽屋で会うとけっこうな確率で鼻唄を唄っている。私が会う時だけかな。「おっかねがっほーしーいー♪　おっかねがっほーしーいー♪」

と、超一流芸人とは思えない、欲望丸出しの鼻唄を唄いながらフラフラとしている。「なんですか、その唄？（笑）十分お金持ってるじゃないですか⁉」と突っ込むと、「いやいや～、一之輔くん～♪　お金っていうのはね、『欲しい欲しい』って言ってるとほんとに来てくれるんだよ～。口に出して言わないとダメだよ～♪」だそうだ。いくら欲しくても人前で口に出して唄うのは憚《はばか》られそうなものだが、現に師匠の元には日本中の金が集まっている（あくまでイメージ）。7兆ドルくらい貯金あるはず（これもイメージ）。「一之輔くんは子供がたくさん（3人）いて、よくやってるよ～。お金かかるでしょう～（笑）。俺なんか働いた分はみ～んな自分が使っていいんだよ～♪　結婚なんてする人の気が知れないよ～♪」

笑点における『結婚できないキャラ』はあくまでキャラなのはわかっていたが、ここまでドライだとむしろ気持ちがいい。できないんじゃない、したくないのだ。「じゃあしたくないんですね？」「結婚なんてしたくな～い♪」「ほんとに？」「ほんと～に～♪」

……してるじゃないか。昇太師匠のお金理論に基づくと、「したくない」って言ってれば「しないorできない」んじゃないのか？　したくないって言いながらしてる、できてる。もう何が何だかわからない。人間不信になりそうだ……人間不信になりそうだ……と思ってたら、今度は私も日頃お世話になっている野末陳平さんが87歳にして参議院選に出馬した。「最後のご奉公」だって⁉　何にでも遅すぎってのはないのね……。
そして私も今更ながらスマホデビュー！　この原稿、何度途中で消したことか……。慣れないスマホで原稿書き書き、ようやくここまでたどり着いたよ。「フリック入力無理～♪　したくない～♪」って唄えば、フリック入力ってヤツができるようになりますかね～、昇太師匠？

（2019年8月9日号）

【遅すぎ婚】2019年夏、59歳で春風亭昇太師匠が結婚を発表した。取材会見でマスコミから問われ、自ら命名。

G20

G20が無事閉幕した。テロ対策を伝えるニュースで、大阪城のお堀の中をダイバーが潜って不審物を捜索していた。あるモノを探すんじゃなくて、本来ないモノを『あるかも！』と探すのは大変だなぁ……と思う。潜水専門の警察官なのかな？　あの人たちの人生を妄想してみた。

俺はダイバーだ。俺の親父もダイバーだった。祖父さんも。俺は代々大阪城のお堀の警備を司る家に生まれた。ご先祖様は真田家に仕えた忍びだ。今は大阪府警直属で大阪城周辺の機密任務を請け負っている。お堀の探索は謂わば「お家芸」。幼いころから鍛えられているので水の中はお手のものだ。だがこの仕事が難しいのは「ないモノを探し出す」というところ。あるモノを探して見つけるのは誰でもできる。ないモノを探し尽くし「やはりない」という『確固たる安心』を得るのが任務の完遂となる。危険物はないに越したことはない。が、果たして本当にないのか……という深みに嵌まると我々は陸には上がれない。

「行ってくる」軽く抱き寄せると妻は今生の別れのように「気をつけてね……」と囁《ささや》いた。奥の部屋では3カ月になる長男の潜《もぐる》が泣いている。「帰りはそう遅くはならないよ」

潜は堀端家の十三代目だ。妻は息子には好きな人生を歩んで欲しいと言う。一応俺も妻に同調するが、親子二代でお堀に潜るのも悪くはない（笑）。

お堀の泥をかき分け危険物を探す。梅雨時のヘドロは粘りが緩く探索も楽だ。今日はいつもより早く任務が終わった。「異常なし！」上司に報告し終えると、チームの若手・堀込が不満げな顔をしている。彼は信州・松本城の警備を任された家の三男で、1カ月前に大阪に転入してきたばかりの生真面目な男だ。

「……本当に大丈夫でしょうか？」「何か気になるか？」「丸太橋の上手から3本目の柱、底から80センチの8時の位置に3センチ弱の黒く丸いものが……」「タニシだろ」俺は即答した。俺も見たが、あれはタニシだ。「タニシにしては光沢がキツいような……」「タニシだ」「自分は疑問に感じます！」堀込は俺を睨んだ。「タニシ！」「違いますっ！」「強情だな……よし、採ってこい！　だがあれは絶対にタニシだっ！」「行ってきますっ！」お堀に飛び込むとすぐに堀込が戻ってきた。手のひらには黒いかたまり。どう見てもタニシ……。

「やっぱりタニシじゃないか（笑）」「確かめますっ！」と叫ぶと堀込はその不審物（たぶんタニシ）を口に含んだ。その瞬間、私の目の前に堀込の頭部が爆風と共に吹き飛ぶさまがよぎった。「よせっ！　早まるなっ!!」「ゴリ……」硬いものが歯で砕ける嫌な音。「おえ～！　やっぱりタニシ（笑）」一同の笑い声。だが俺は笑えない。もし爆発物だったら堀込は死んでいた。それは堀込の疑念を軽んじた俺の責任だ。「バカヤロウっ！万が一のことを考えろっ!!」「はい！　以後気をつけます！」堀込の目はまた俺を見据えていた。こいつは全てわかった上で俺を試している……。俺にもいい好敵手ができたようだ。

「すまん、みんな。もう一度潜水服を着てくれ！」俺はそう叫ぶと皆より先にお堀に飛び込んだ。すぐさま堀込が後に続く。妻よ、やっぱり今日は帰りが遅くなるだろう、許せ。

23年後のG25では長男・潜が堀込の部下として加入します!!

（2019年7月19日号）

【G20】主要国首脳会議に参加する7カ国にEU、ロシア、および新興国11カ国を足した計20カ国・地域の会議。

大統領

5月26日、訪日中のトランプ大統領が両国国技館で大相撲観戦をするという。この原稿を書いているのが25日。明日の観戦が何事もなく済んでいることを願います。

私が横須賀のアメリカンスクールにいた頃、同級生にスタンという海兵隊員の子がいた。彼とは一緒に烏骨鶏の飼育係をしていた仲だ。よく二人で産みたての卵を盗み飲みしていたせいか彼は体が大きかった。小2で175センチオーバー。相撲が大好きで高見山に憧れていた彼のあだ名は「マルハチ」だった。

中2で米国へ戻ったので音信が途絶えて30年近くになる。先日彼からエアメールが届いた。「ディア・トシカズ……」。彼はその身体を生かして現在SPをしているらしい。「聞いてくれ、トシ。今度プレジデントの警護でジャパンに行くんだよ」。スタンはなんとトランプのSPとして訪日に同行するとのこと。世界で一番命が狙われる米大統領のSPということは、世界で一番身体と心の強い男と言ってよいだろう。「竹馬之友」の私も鼻が高いぜ、マルハチ！

「初めてコクギカンにも行けるんだ!!　エキサイティングだろ⁉」。幼い頃から相撲好きの彼だが、生の観戦は未経験。トランプの訪日スケジュールに大相撲観戦が組み込まれていて、もちろん彼も警護のために念願の国技館に足を踏み入れるという。おめでとう、マルハチ！　ただそんな機密事項（当時）を私みたいな落語家に洩らしていいの？　とも思ったが嬉しさあまって、まさに勇み足マルハチ。「トシ、ただひとつ俺が残念なのは……」。ん？　ちょっと雰囲気が変わったぞ。「警護の都合上、土俵に背を向け続けなければならないんだ……こんな皮肉なことがあっていいのか‼」

なるほど、要人を守るためには観客席に目を配らねばならない。いくら相撲大好きSPだからってジーッと取組を観ていたらそれは職務放棄だ。「夢にまで見たコクギカンの正面マスセキ……。そこにステイしてるのに俺はターンすることもアイ・キャン・ノットなのか……。これじゃスネークのレアゴロシじゃないか‼」。慟哭のあまりルー風味になってきたマルハチ。

「こんなことならSPになんかなるんじゃなかった……いや相撲なんか好きになるんじゃなかった」。だんだん話が大きくなってきたな。改めて私的に観に来ればいいんじゃないかな？「でも俺はユナイテッドステーツのために職務を遂行するつもりだ」。あ、良かった。そのほうがいいよ。飛び交う座布団からトランプとメラニアを守るのはお前なんだよ。ま、当たってもびくともしなそうだけど。

「だから俺は職務中……代々の横綱を心のなかで諳《そら》んじることに決めた！」。あ、また変なこと言いだしたよ。「初代・明石志賀之助、二代目・綾川五郎次、三代目・丸山権太左衛門、四代目・谷風梶之助……」。便箋一枚ビッシリ横綱。とにかく無事に千秋楽を終えるのを祈るばかり。頑張れ、マルハチ。

まぁ、つらつらと嘘を書いてきてなんですけど、偉い人がすることに振り回される人たちにもいろんなドラマがあるかもね……って話。WWEに出てた頃のトランプの大ファンっていう相撲茶屋の従業員もいるかもしれんし。ああ、明日がいろいろ楽しみ（5月25日現在）。

（2019年6月14日号）

【大統領】２０１９年５月、令和初の国賓として米トランプ大統領夫妻が来日。

元号

4月1日午前11時、熊本市内の高速バス乗り場。前日、熊本での演芸会に出演した私。明けて1日は博多での昼夜公演のため皆でバス移動となった。メンバーは上方の月亭遊方・林家きく麿・三遊亭天どん・漫才のホンキートンク・三遊亭ふう丈（敬称略）……と私、一之輔。4月とはいえ、肌寒かった。一同、震えながらバスを待つ。

誰かが「バスの中で発表を聞くかんじですかねー」と言った。新元号の発表は今日の11時30分。「どんなんかな？」。暇をもて余した芸人たち、当然のようにそこから『新元号大喜利』が始まる。だが、みな二日酔いで出来は不調。ヘラヘラ笑いあっていると遊方師匠が「あっ！」と声をあげた。「ホテルのカードキー持ってきてもうたっ！」「チェックアウトしてましたよね？」「したよ。フロントと話したはずなのになんでカードキー渡さへんかったんやろ？……あ！　間違えてＩＣＯＣＡ渡したかも⁉」「んなバカな！　あちらも気づくでしょ‼」

すぐにホテルに電話する遊方師匠。「カードキーは破棄してええって。俺のＩＣＯＣＡは預かってないって。どういうことや？」。正直、どうでもよかったが、一応首をかしげたふりのままバスに乗り込む。「自販機で水買う時間ありますかね？」。ホンキートンクのボケ担当・利さんが運転手に尋ねた。「あと30秒で発車します」。にべもない上に細かいな。数えてみたが、バスは1分45秒後に発車した。

みなバラバラにゆったり座る。五分咲きの桜のなか、石垣を修復中の熊本城の脇を通った。桜も城も中途の美しさ。このバランスはなかなか観られない。午前中、時間があったんだから散歩でもすれば良かったな……と悔やんだ。通路を挟んで右隣、天どん兄さんはさっきからずーっとゲームをしている。お客さんがいる打ち上げでも、客そっちのけでゲームができる人だ。熊本城と桜の良さはわかるまい。

11時25分。高速道路に入る前のバス停で乗客が増えた。気がつくと、きく麿兄さんの横にお爺さんが座っていた。お爺さんがヨロヨロとスマホをいじる。お爺さん、視界にきく麿兄さんが入っていないようだ。お爺さんの肘が兄さんの突き出た腹肉にガスガス当たる。ムッとするが、なにも言わない兄さん。ガスガスするたびにブニンブニンする腹。ガスガス、ブニンブニン、ガスガス、ブニンブニン。

「そろそろですよ。見ます?」。後ろの席から利さんがスマホをかかげる。液晶の画面には『まもなく新元号発表』とスーパーが出たまま10分経過。「出てこねーな、菅」「髪とかしてんじゃね?」「分け目、逆になってたり」「書いた紙、失くしちゃってたり」「カレーうどんの汁はねちゃってたり」。バカなことを言いながら11時41分。「出てきた！いつもの分け目！」

菅「新しい元号は……『令和』であります」

二人「……ふーん。『れいわ』？……言いにくいな」

気にせずゲームを続けるもの一人。爺さんに腹を突かれ続けるもの一人。ほか、うとするもの。新元号にさほど興味のない芸人たちが博多の会場に着いたのは13時20分。「さ、高座のマイクチェックしたら弁当食おう！」「へーい！」

4月1日、振り返ればなんでもない一日だった。

（2019年5月3－10日号）

【元号】2019年4月1日、政府は、5月1日から使用される平成に代わる新元号「令和」を発表した。

流行語大賞

今年も新語・流行語大賞の発表が近づいてきた。落語家が落語の登場人物に言わせていれば、それは間違いなく流行語！と言っても過言ではない。私も『横丁のご隠居さん』に「じぇじぇじぇ」とか「今でしょ！」とか言わせた経験有り。

そもそも『一般人が生活の中においてその場のノリで口にする』くらいじゃないと流行語とは言えまい。だから〝あえて〟落語の世界の住人に言わせてみる。お客さんの反応があれば立派な流行語。それを測るために我々は〝あえて〟邪道な真似をする。安易に笑いが欲しい訳ではない。でも落語の神様がいたらとりあえず謝ります。ごめんね、ごめんねー。

寄席のお客さんは男女・年齢・職業・常連・一見さん……いろんな人が入り交じってるので、いいリトマス試験紙なのです。世の流行に敏感すぎず、かといって鈍すぎでもなく……土曜夜の新宿末廣亭のお客様を流行語大賞の審査員にしたほうがよいのではないかな。誰かユーキャンの担当者に教えてあげて。

今年の流行語大賞のノミネート語は30。そもそも30も流行った言葉ってあったっけ？　無理やりじゃないの？　じゃあこっちも無理を承知。ノミネートされた言葉をつかって、横丁の隠居さんと八っつぁんに会話させてみよう。

八「隠居さん、こんちは」
隠「またひょっこりはんと現れたな。今、私はもぐもぐタイム中でね……」
八「出た！　ご飯論法！　早く食っちゃえ！」
隠「時短ハラスメントにもほどがあるぞ」
八「でも隠居さんは働いてもないのにどうやって飯食ってんの？」
隠「まぁダークウェブで仮想通貨のやりとりをな……儲かって『ＧＡＦＡ！　ＧＡＦＡ！』と笑いが止まらないよ。お前さんの仕事はどうだ？」
八「もう高プロ制度のせいで、半端ないって！　こないだなんかブラックアウトしそうだったんで、ちょっと計画運休ですよ」
隠「君（たち）はどう生き（て）るか？」
八「基本スーパーボランティア。今年は災害級の暑さで、グレイヘアになっちゃって、あおり運転までされてもう大変……」
隠「ボーっと生きてんじゃねえよ！　ちゃんと（ドライブレコーダーの）カメラを止めるなよ」
八「当たり前ですよ。逃げる相手に、後ろから悪質タックル！」
隠「お前、ダサかっこいいなぁ。そんなところが好きだよ、八ったん！」
八「え？　ひょっとしておっさんずラブ？」

隠「いや、どちらかと言うと奈良判定だ……私のこと、どう思う?」
八「だって……隠居さん、奥さんいるじゃない?」
隠「……イッツ・ア・翔タイムだよ……」
八「隠居さん……#MeToo」

これから二人の関係はまるで金農《かなのう》旋風の勢い。アツアツな二人の様子をTikTokに載せてみると、なんと世界的テニスプレーヤーからメッセージが。読んでみると内容はやはりなおみ節全開だったとさ……。

とここまで書いたものの、『GAFA』をはじめ、よく分からない言葉をテキトーに誤魔化したのは首相案件でお願いします。またこの試みは以前一度やっていて、前著の『いちのすけのまくら』にも収録済み。よかったら買ってください。そだねー!

追記『GAFA』についてGoogleで調べてみたら、なんかそのまんますぎて恥ずかしくなったそだねー!

(2018年12月7日号)

【流行語大賞】2018年の「新語・流行語大賞」は、「そだねー」が年間大賞に。

第三者委員会

2018年、いくつの『第三者委員会』が設置されたのだろう。『第三者委員会』、もう流行語の域である。

しかし、我々世間がその調査報告・処分決定に納得することは少ない。偏りや忖度のいっさいない『第三者委員会』は難しいのか。そもそも『第三者委員会』の『第三者委員』は、渦中の当事者が選ぶのか。じゃ厳密に言えば、その時点で『第三者』じゃないよな。『第三者』を選ぶ『第四者』が要るんじゃないか？　きりがない。

利害関係も交わりもいっさいない、微塵の妥協も許さない完全無欠の『第三者』を集めればいいのだろうが、まず依頼の電話から面倒臭そう。

担当者「もしもし、実はこのたび弊社の○○問題解決のため『第三者委員会』を設置することになりまして、貴殿に委員をお願いしたく……」
委員候補「え？　なぜ私？」
担「△△様のこの分野での御見識はかねて存じております。何卒お力をお貸し頂けませんでしょうか？」
委「あと誰に頼んでいますか？」
担「（数名挙げて）……でございます」
委「それ候補者全員に同時に一斉電話しているんですか？」

担「え？ いや……□□様から順番に。△△様は5番目です」
委「5番目？ 御社はその依頼順の決定に際し、何を判断材料にされているんでしょうか？」
担「（面倒臭えな）申し訳ありません」
委「いや、別に5番目であることに怒っているワケじゃないんです。ただ1番に依頼する方と5番目の私の間にはどんな差があるのかと。もしその差が仮に〝御社との関わりの度合い〟であったとしたら、『第三者委員会』の根幹を揺るがすことになるのではないかと危惧しているのです。いや……まだ設置されていませんが、仮にされても、依頼順の理由が納得いかない限り『第三者委員』間の不信感も募り、問題解決のメスが鈍ることにもなりかねません」
担「（もういいや、切り上げよう）えー、お引き受け頂けないということで……」
委「引き受けます」
担「え⁉……てっきりお断りされるのかと……」
委「先ほどのこちらの疑問には後ほど書面にてお答えください。お待ちしています」
担「（えー、別に断ってくれていいのに……）かしこまりました。ありがとうございます。つきましては『第三者委員会』の第1回会議の日程ですが……」
委「その前に会議の場所は？」

担「弊社会議室で」

委「中立公平じゃないですね。私としては御社のトイレを使用するような一寸の借りも作りたくないので、御社社屋と委員全員の自宅からの平均距離を割り出した中間地点での会議を望みます……どこですか？」

担「……東京湾でした」

委「船上ですね。また日程ですが、こちらも先ほどの理由と同じくヨーイドンで電話して頂きまして……」

これくらいの超面倒臭い委員だけを集めてもバチは当たらないんじゃないかと思うが、当事者としてはこんな奴は絶対相手にしたくないだろう。だから、まぁ一番いいのは不祥事起こさないことでやんす。

今年は『第三者委員会』いくつ設置されるかな？　頼むよ、第三者。

（2019年1月18日号）

【第三者委員会】企業、協会など組織内で不祥事が起きたとき、外部の識者が第三者的な立場から問題を検証するための集まり。

アライアンス

なぜ「牛の糞」なのか？　『さるかに合戦』の永遠の謎。母ガニを猿に殺された子ガニのもとに集まった臼、蜂、栗、そして牛の糞。この斬新過ぎる『アライアンス（提携、同盟）』はどういうことだ。

〝牛の〟とあるが、本当は最初牛自体も仇討ちのメンバー候補だったのではないか。仇討ちの目的は『猿を殺す』。子ガニに同情した仲間が猿の殺害を計画したとあるが、果たしてそうか？　母ガニは生前、蒔いた柿の種に向かって「早く芽を出せ、柿の種。出ないとお前をチョン切るぞ！」と脅すほどの荒い気性。その血をひいた子ガニは、自ら猿殺害を謀りメンバー選定したのではないかと、私はふんでいる。仕留めるのは臼。ただ臼が落ちてくるだけって確実性に欠ける。私だったら心臓を一突きにする。やはりその時代・状況を踏まえると頼れるのは牛だ。猿を自宅に閉じ込めて牛の角で血祭りである。ここからは（ここまでも）私の妄想。

猿殺害計画実行当日の朝。子ガニに「牛と3人で7時半集合」と言われた栗と蜂の会話。ちなみに舞台は東北地方。

栗「行くべ、蜂。うすもよんでこよぅ」
蜂「誰を？」
栗「うす！」

蜂「あー、うすかね。子ガニどんはうすにも声かけたか？　あいつはえらく強えから間違いねえべ」
２人「うすよう。カニのおっかさんの仇討ちに行くべー」
臼「なんだそら？　おらそっだらこと聞いてねえぞ。おっかさんに何かあったかや？」
２人「知らねえのけ？　かくかくしかじか」
臼「なぬ⁉　とんでもねえ猿だっ！　おらが仇を‼」
３人「じゃあ、行くべ！　えいえいおーっ！」。子ガニのもとに向かう栗、蜂、臼。
牛「おまたせ、子ガニどん。栗と蜂はまだ来てねえけ？　遅えから先ぃ来ちまったよ」
子ガニ「あれ？　おかしいな……あ、来た来た……なんだ？　一緒にうすもいる……」
栗「連れてきたぞー、うすどん！」
子ガニ「（小声で）違えよっ！　おらが頼んだのはうすだ‼」
栗「だからうすだんべ？」
子ガニ「いやいや！　う、し！　う、す、でねぇの‼　臼よんでどうやって仇討ちすんだよ⁉」
牛「……子ガニどん、これどういうこった！　おらは必要ねえのけ⁉」
子ガニ「そうでねぇのす、うすどん！　いや、牛どん！（汗）」
牛「臼がいるならもうええな！　おらもよく間違われてもうこりごりなんだ！　もう帰ぇ

るから！　モウ～！」

子ガニ「……行っちゃった。なんでお前たち、『うす』と『うす』間違ぇんの⁉」

栗・蜂「子ガニどんも言えてねえでねぇかっ⁉」

ふと牛が立ち去った後を見ると、こんもりと湯気のたった牛の糞。しばらくすると、「お……ら……で……よ……け れ……ば……」。

全員「クソが口きいた（驚）」

要するに誂りが原因のダブルブッキングによる『奇跡のアライアンス』。牛の糞が猿をスリップさせて、上から臼が落ちてくるツープラトン攻撃が生まれたのも、牛の短気のおかげなのだ。そんな妄想していろいろ調べていたら、『牛の糞』じゃなくて『ヌルヌルの昆布』の文献もあってギャフン！　お伽噺の沼、深し。

（2019年2月1日号）

【アライアンス】提携、同盟の意。特に国際的な企業連合を指す。カルロス・ゴーン氏逮捕の際には、ルノー、日産、三菱3社の「アライアンス」が話題に。

働き方改革

あー、私、今年に入ってからまだ一日も休んでいないじゃないかー（3月12日現在）。4月に一門全員で温泉に行く予定でこれは完全に仕事抜き。その次の完全オフは6月末か……。はい、今がピークだと思って生きてます。

フリーの私は自分でスケジュール管理をしているので、誰にも文句は言えませんやね。落語やって、ラジオで喋って、たまにテレビ出て、原稿書いて、自分のマネージメントも。これといった売り込みはしませんが、公式HPの出演依頼フォームに来たメールが私のガラケーに転送されます。それを見て、その場で手帳を開き、すぐに先方に返信。初めてオファーする方は、その即レスっぷりと個人の携帯アドレスを見て驚くようです。ギャランティーの請求書ももちろん自分で書いてます。後日送付するのが面倒なので、常に白紙の請求書を持ち歩き、ギャラの額が確定している案件は仕事が終わったらすぐに楽屋で請求書を書いて担当者に渡します。先方は一言、「えー！　自分でやってるんですか⁉　ていうか、用意よすぎ‼」だって。別に「すぐに振り込めよ！」とがっついてるわけじゃなくて、請求書の発送作業ってホント面倒くさいので。

ただこの「マネージャー」、なかなか腕はいいんですが、「私」に対してとても厳しい。多少の無理は承知の上で、スケジュール帳に余白があればガンガン詰め込んできます。

都内の定席（上野鈴本演芸場・新宿末廣亭・浅草演芸ホール・池袋演芸場）は10日間で一プログラム。規定では10日のうち3日間だけ休めます（休んでいいのもスゴいけど）。要するに「7勝はしなければ出演できない」のです。「鬼マネージャー」は『定席には出来る限り出る！』という固い決意のもと、許されている「3敗」を駆使して地方公演を入れます。土日祝日はほぼ地方公演のため、都内の寄席は「3敗」。

その代わり、平日は寄席と都内で寄席以外の落語の仕事です。たとえば定席の昼の部に顔付けされていると……13時　浅草演芸ホール～14時30分　上野鈴本演芸場と寄席の掛け持ち。夜は19時から国立演芸場で独演会……と落語の仕事があり、その出演の合間に「鬼」が『打ち合わせ』『ラジオ・テレビ生出演ｏｒ収録』『原稿執筆』『新聞・雑誌取材』『後輩・弟子への稽古』『先輩からの稽古』……とパズルを埋めるがごとく、時間的に移動可能なギリギリのスケジュールを埋めていくのです。カチッと嵌まって仕事が上手くいったときの高揚感はランナーズハイのようで、「鬼」も「私」も意外と楽しくこのピークを過ごしています。当人に言わせると、「まるで仕事がなかったときのトラウマがそうさせる」んだそうな。おー、こわ……。

なんにせよ、フリーは仕事相手と直接やりとりするのでその人となりがよくわかる。メール・電話の応対で「おやおや？」と思う人でも、会ってみると憎めない人だったり、その逆もしかり。また自分もそういう目で見られてるかもっていうのがフリーのスリリングで良いところ。

しばらく『働き方改革』もなく生きていこうかと……あー、あったあった。「楽屋で食べるアルフォート（菓子）は一日ひとつだけ」。これが最近の私が取り組んだ『働き方改革』かな。

（2019年3月22日号）

【働き方改革】働き方改革関連法の略。長時間労働の短縮化、有給休暇の取得率の向上など、労働環境を見直すための法律。

引責辞任

高2の時。校舎内に『落語研究部』と書かれた看板を掲げた部室があった。誰も出入りしている様子はなく、10年以上も活動が途絶えているらしい。ちょうど落語を好きになったころだったので担任の先生に「誰もいないなら僕がやります」と言うと、「もう一人くらいいないとなあ」と先生。隣の席のT君を誘うと「俺が生物部の部長なの知らないのか?」と言う。知っていたが、聞くところTは生物部でずいぶん浮いた存在なんだそうな。背中を押してあげよう。「辞めちゃえよ」「……辞める理由が『周りから浮いてるから』じゃカッコ悪いなぁ」明くる月。Tが『責任』をとって辞めてきたぜっ！」と近づいてきた。「水槽の温度が変わりすぎてタニシが死滅したから責任とってきたぜっ!」「……タニシ……わざと?」「いやいや、生物部部員として生きものをわざと殺すなんて……タニシはたまたまだ。タニシには誠にすまんことした」。私に謝っても仕方ないが、Tは生物部を退部、落研に加入した。これで生物部と落研の部員数が同じ2名に。今思えば合併して『落語生物研究部』にすりゃ良かったのでは。

顧問がいないと部活動はできないらしい。二人で担任に頼みに行くと、先生は「やってもいいけど俺は何もしないぞ。お前たちは怪我をしないこと。迷惑を(俺に)かけないこと。以上、厳守な!」。どうやらOKらしい。礼を言って職員室をあとにする。「落研で怪我なんかしないよなー」「迷惑ったってなー、かけようがないよなー」

主な活動としては、私が落語を覚えてしゃべり、Tが聞く。Tは落語はやらない。聞く専門。毎日部室で寝転がってヤンマガを読んでいるTに向かって、私が落語を聞かせる。その繰り返し。ブルペンしかない野球部だと思って頂きたい。しかし、いかんせんキャッチャーがポンコツ。ミットにいい音を響かせることもなく、感想を聞いても「いいんじゃない」の一点ばり。

ある日、「『いいんじゃない』だけじゃなくて、他になんかないのか？」と私が聞くと、Tは「……あんまりおもしろくねえな」とポテトチップを頰張りながらのたまった。プツン。「……てめえに言われたくねえよっ！」。ポカッ。「なんだ、言えっつったから言ったんだろ！」。ゴチンッ。ケンカの理由としては偏差値35。隣の部室の数学研究部に引き離され顧問の前に連れていかれ、「怪我すんなって言ったろさっ！」と叱られた。どこの訛りなんだ。顔に漫画のようなアザができ、落研なのに二人とも怪我をした。

数日後。部室で使用を禁じられてた電気ポットを空焚きしてしまい発煙。学校中に火災報知機が鳴り響いた。我々は二人で近所の古本屋へエロ本を買いに行ってるところ、帰ったら黒山の人だかりだ。「迷惑かけんなっつったっさねっ!!（怒）」。先生は一体どこの生まれなんだ？

翌日、顧問のところへ行き、**私**「部長、辞めます」**顧**「反省しろ！」**私**「今日からT

が部長で」T「頑張ります！」。このラリーを2年間で何回しただろう。ほとぼりが冷めたころ、また何かやらかして頭のすげ替え。「今の世の中もそんないい加減な責任のとり方が溢れてるんじゃない？」なんてことが言いたいわけでなく、単なる思い出。秋深し。責任者でてこーい！（2018年11月16日号）

【引責辞任】社長や監督が責任をとって辞めること。

新○○

上に『新』の付く単語は若々しく生まれたばかりのイメージだ。『新人』『新婚』『新刊』『新生活』……。また、既存のなにかがあって、新しく同様の名前をつけた団体・建物・駅なども『新○○』だったりする。

ただ『新○○』も時が経てば、そんなに『新』じゃなくなってくる。「相対的に見れば……まぁ、確かに『新』だけど……だいぶトウが立っちゃったな……『新○○』と呼ばれる当人も辛かろう……」と、周りに余計な気を使われだしたりして。

物心ついたとき、すでに『新○○』があった世代には、「なにが『新』だよ！　いつまで『新』なんか付けてんだよ。あんたが若手のままだと、下が育たないんだよ！」と、自分の意思で名乗ってるわけじゃないのに、いわれの無い陰口をたたかれたりして。

すでに『新』ではない『新○○』が、いつまでも『新○○』のままなのは可哀想な気がする。そろそろ『新』から解放してあげてもよいのではないか。

たとえば新大阪駅。1964年にデビューして駅歴（？）54年。54歳といえば、働き盛りをちょっと越えたかな……いや、でもまだまだやる気みなぎり、今の駅界を背負って立つ世代だ。ただ大阪駅よりははるかに若い。1874年入門の長老・大阪駅師匠にしてみれば孫同様だ。「ワシの目の黒いうちはお前はまだまだ『新』でいろ」てなもんだ。正直、こういう先輩はホント困るなぁ。

我々、関東の人間からすれば新大阪駅は、大阪駅師匠よりはるかに知名度がある。申し訳ないけど、私はこないだまで「え？　大阪駅ってあるの？　大阪駅が新しくなって新大阪になったんじゃないの？」と思っていた。新大阪駅は新幹線を抱えて54年。もう明らかに『新』じゃない。派手に襲名披露して『二代目　大阪駅』を名乗ったらどうだろう？

では「現・大阪駅師匠はどうする？」という話だが……。でもみんな師匠のことは『梅田』って呼んでるらしいじゃないですか。同じ場所にあるのに多数派の私鉄各駅は『梅田駅』。JRのみ『大阪駅』。そもそもそれが間違いの始まりのような気がする。最初から大阪駅師匠が梅田駅勢力をちゃんと取り込んで、『一大・大阪駅一門』を形成しておけば『大阪駅』の名はもっと東にも鳴り響いたのではないか。なまじ『梅田』なんて呼ばせるからこんなことに……。

だから新大阪の二代目襲名に際し、大阪駅師匠はもう『JR梅田駅』に改名しましょう。『梅田』のほうが通りがよいのだから。もしくは『梅田横駅』『梅田そば駅』『梅田駅前駅』。なんなら「六十の本卦帰り」で、自分が『新』を付ける。前座に戻った心持ちで心機一転『新梅田駅』になるのはいかがでしょう。まぁ、まだ新大阪駅当人の意見は聞いてないのでなんとも言えないけど、襲名・改名というものは周りが言いださないとなかなか進まないのでちょっと提案してみました。名前について悩んでいる各地の駅たちも、良かったら私に相談してほしい。
『新横浜』『新神戸』に『新御徒町』『新木場』『新江古田』『新松戸』『新高円寺』……みんなけっこう頑張ってるんだから、そろそろ『新』、とっちゃいますか。それとは別に『下丸子』と『新丸子』はホント紛らわしいから、どっちか変えてくれ。

（2018年8月10日号）

○○ロス

NHKの朝ドラ『半分、青い。』を毎朝欠かさず観ている。寄席の楽屋で再放送も観る。寄席で私が13時上がりの出番のとき、出囃子《でばやし》が鳴ってもなかなか高座に現れないのはたぶん『半分、青い。』に夢中になっているから。

「松雪泰子みたいなお母さん欲しい……」と前座のたまり場でつぶやいては、後輩から気持ち悪がられる。「原田知世と谷原章介が夫婦なんて……ぐうの音も出ねえ……」などと、最前列のお客に聞こえない程度の小声で呟きながら袖から座布団まで歩いていく。どうかすると、落語の最中に「中村雅俊の仙吉爺ちゃんにはギターのレパートリーに『ふれあい』はあるのだろうか?」とか「やっぱり、つくし食堂は全労済に加入してるのか?」とか、考えたりして。もはや私の頭のなかの全部が『半分、青い。』。家内は初め「今回はそれほどでもないなー」などとバカにしていた。だが今ではほぼ2日に1回のペースで目に涙を浮かべている。少し前のツイッターの検索履歴には『りつまさ』『まさりつ』と謎の単語が残っていた。ヒロイン・スズメの幼なじみ・リツくん(佐藤健)と、その友人のまさとくん(中村倫也)のボーイズラブな関係を期待した同好の士のツイートを探ろうと、彼奴が検索をかけたようだ。いろんな見方があるものだ。後からハマったくせになんかズルい。

7月から物語は新シーズンに入った。漫画家を断念したスズメは100円ショップ大納言で働き始めた。新しい恋が始まった。新しいキャラクターがバシバシ出てくる。キムラ緑子や斎藤工をここまで温存するなんて。麻生祐未が謎の野鳥大好きオバさん役なんて。『帝都物語』の加藤保憲が100円ショップでレジ打っているなんて。まるでオールスター戦。観てない人には申し訳ないが、今回はズーッとこんなかんじです。すいません。

『半分、青い。』は半分終わり、残り半分になったわけだが、朝ドラに付きものの『ロス』が早くも私にやってきた。それは『「半分、青い。」の前半分ロス』。もう、前半分がかなり良すぎたので後半分が始まっているのに、なかなか気持ちが入っていかない。スズメが漫画家を続けていれば、どんな作品を描いたろう。本当に続けることはできなかったのか？　いや、私もあのとき「諦めろ！　道は一つじゃない」と画面に向かって諭したが、果たして良かったのか……。

たしか、去年の今頃は『ひよっこ』にハマっていた。『ひよっこ』も最高だった。主人公はたしか……みね子だ。有村架純だったよね？　最終回のあとに『ひよっこロス』なんてあったかな……？　すぐに『わろてんか』に切り替えて……たしか文句ばっか言いつつ観ていたな、『わろてんか』……松坂桃李の旦那役、なんて名前だったっけ……？　この分だと私は『半分、青い。』のことも忘れ去ってしまうのか？　いや、そんなことはない！　絶対に『「半分、青い。」ロス』がくるはず！　ん？　秋からは『まんぷく』？　安藤サクラ？　あー、楽しみ……いやいや！　誰だ！　余計なことを吹き込むのはっ⁉　『半分、青い。』に集中させろ‼おそらくこんな人間が朝ドラを支えているのだろう。まー、いいじゃないか！　朝ドラ万歳だ！　秋まで頑張れ、スズメ‼

（2018年8月3日号）

追記　『半分、青い。』は「後半分、ぐだぐだ」だった。

【○○ロス】テレビドラマ、マンガの連載などが終わった際の空虚感を指す。また、贔屓の芸能人が結婚した際にも使うことがある。使用例：「半沢ロス」「（福山）ましゃロス」など。

新しい地図

先日、TBS系の深夜番組『ゴロウ・デラックス』に出演しました。稲垣吾郎さんに拙著『いちのすけのまくら』を紹介して頂いたのです。だからこのテーマ？　ザ・忖度？　では私の「新しい地図」噺。

4月に「GWは高尾山に登る！」と宣言しました（※本書185ページ参照）が、4月30日に行って参りました高尾山。家族では唯一、次男（小4）だけが「パピコ（アイス）を買ってやる！」というエサにつられて付き合ってくれました。出発前に家の前で記念撮影。最寄り駅までの間、早くもパピコの催促。「着いたらなっ！」と私。

高尾山着。「パピコはまだか？　なければ帰る」攻撃に折れ、駅前のコンビニで購入。即完食。空の容器をくわえたまま、地図の前で二人立ち尽くす。ルートがたくさんあるのです。私「ケーブルカーで楽に行く？」。次男「嫌だ！　キツい山道がいい！」。パピコの空容器を吹き込み吸い込み、ペコペコさせながら駆け出す次男。その勢い、ましらのごとく。私はすぐに完全な普段着で来てしまったことを後悔することに。高尾山舐めてた……。　3時間ほどで息を切らせて山頂へ。

次男が空パピコをペコペコさせながら私を待ち構えています。「ソフトクリーム！」。拒否する元気もなく購入。食べ終えると「夕方からプールだから早く帰りたいっ！」と猿が駆け下りていきます。アホか。「置き去りにしようか」。一瞬頭をよぎりましたが、すぐに追いかけると、中腹で立ち止まってこちらを見ている次男。「こんなとこに、僕の靴下かたっぽ落ちてたー!」。汚い靴下をつまんで叫んでます。「お前の? 今、靴下はいてるんだろ?」「うん」「じゃ、お前のじゃないだろ!」「これ絶対僕のだよ!」「なんで高尾山にお前の靴下が落ちてるんだよ⁉」しばし口論に。「僕のだ!」と譲らない次男は、パピコの空き袋に靴下を入れ、リュックにしまい込みました。「なんで高尾山まで来て他人の靴下拾って帰んなきゃいかんのだ!(怒)」「……(涙目)……下りたら、アイス‼」「なんでだよっ! にしても、タイミング違うだろっ‼」。なんとか下山。ワーワー言いながら夕方前に帰宅。次男は「じゃあ、プール行ってきまーすっ‼」と飛び出していきます。なんなんだ、あの元気は……。

放心状態で次男が撮りためたデジカメを見ていると、草やら木やら鳥やら小川やら吊り橋やら……。なるほど、たまには自然に身を置くのも悪くない。また出掛けてみようかな……。

出発前に二人で撮った写真。よく見ると次男の右ポケットから垂れ下がった物体が……。あれ? さっきの靴下? ということは、どういうわけかポケットに靴下を引っ掛けた次男が……そのままの状態で高尾山まで登り……下山途中でとうとう落下……それに気づかず次男が拾い自分のものだと主張した……ということか。靴下……心細かったろうなぁ。ごめんよ、靴下。

次男がこの日書いた日記は「お父さんと高尾山に登りました。途中、山の中で僕の靴下を拾いました。とても楽しかったです」。横に先生の感想が赤ペンで、「『僕は靴下を』の間違いですね。山でゴミを拾うのは素晴らしいです。自然を大切に！」と添えられてましたとさ。

（２０１８年６月15日号）


【新しい地図】２０１７年９月に元ＳＭＡＰのメンバーの３人、稲垣吾郎、香取慎吾、草彅剛が立ち上げた公式ファンサイト（集いの場）の名称。

ノーミス

先日、地方の落語会にて開演前の主催者の挨拶。50がらみの品のいいご婦人です。

「本日ご出演の一之輔師匠は朝日新聞出版から『いちのすけのまくら』というエッセイ集を出されまして、これがたいへんに面白く……」

挨拶の中で新刊本の紹介までしてくれてるではありませんか。終演後は本の物販もあるのでなによりです。舞台袖で独り恐縮していると、「ではちょっとお時間を拝借しまして、その一節をわたくし朗読させて頂きます……」。お前が読むんかーい⁉ 観客からはまばらな拍手。

私は思わずその場にしゃがみこみましたよ。耳をパカパカしながら、「あーあーあー！聞こえナーイ！ 聞こえナーイっ！」ってやっちゃった。

どんな文豪でも、さほど興味を持っていない聴衆を目の前に、自分がごく軽い気持ちで書いたエッセイを、自分がその場にいるのに、他人（一般人）に朗読されるのは、「いや、ちょ、まっ、勘弁してくださいよーっ‼（汗）」と言うはず。つーか、あの本は私の「日記」みたいなもんですから。「日記」を朗読されるのはつらいよ。してみりゃ、年端もいかない子供たちに、無闇に大声でつっかえつっかえ『智恵子抄』を音読されている高村光太郎って、あの世でどんな気分なんでしょう……？

ましてやこの本は爆笑するほど面白いものじゃないからね。かといって、やっぱり「クスクス……」ぐらいはきてほしい。はたして音読で文のニュアンスが伝わるか……。ましてや読むのは素人のおばさん。たどたどしく読まれては全てが台なしだ。袖で「せめてつっかえたりはしないでくれー」と祈ってたら、非常に流暢な語り口でまさかの『ノーミス』で読了。しかし聴衆は老亀のごとく沈黙……。枯山水の庭を眺めてる団体さんのほうがまだ騒々しいくらいである。主催者「というような、面白コラムが100篇載っています。ぜひ書店で」。絶対買わないよ!!　そんな満座を静まらせる本っ!!　余計なコトを！

……と、思っていたら終演後、完売しました。失礼しました。販売も手伝ってくれたお姉さまに「朗読お上手ですねー」と言ったら、「普段、地域で子供たちに絵本の読み聞かせをしていますので……」とのこと。「作者がお書きになった通り読まなければ失礼に当たるので何度も家で練習してきました」「練習したんですか？　ご家族はなにも？」「聞かれないように、家族の居ない昼間に練習しました。大きな声で練習しないとミスしますから、本番さながらに1日10回5日間みっちりと！」

生田悦子さん似のお姉さまが、私の駄文を本息で、家族の目を盗んで、計50回も読み上げてくださったのか。苦労あっての『ノーミス』に感涙だ。観客の反応など、どうでもよくなった。

しかし、ひとつ気になるのはなぜお姉さまは１００篇あるエッセイの中から「社長」を選んだのか。そしてタイのホステスさんが「シャッチョーサーン、シャッチョーサーン」と繰り返すテキストを流麗に朗読する生田悦子を見て、なぜ聴衆はクスリともしないのか……。そして、なぜ本がけっこう売れたのか……。私同様、気になる読者の皆さん。ぜひ『いちのすけのまくら』を買って確かめてみてください。（２０１８年2月16日号）

【ノーミス】一切のミスなく演技や仕事を終えること。２０１８年平昌五輪の際、フィギュアスケートの浅田真央が自身の目指す演技を「ノーミス」と表現した。

レジェンド

最近、テレビなどのメディアでやたらと元・棋士の加藤一二三九段をお見かけします。引退されても引っ張りダコです。ユニークすぎるキャラクターに、見る人が見るとかわいいらしいルックス……かわいい！

もしガチャピンが劇画調にシフトして、おじいさんになったなら、まごうことなき「ひふみん」。ちなみにムックは鈴木ヒロミツさんでしょう。

私が地方に仕事に行くと、ホールのロビーに『将棋界のレジェンド・ひふみんこと加藤一二三さん来《きた》る!!』と講演会のポスターが貼ってあることがよくあります。

『レジェンド』という言葉は、何かを成し遂げ周囲に多大な影響を与えて、お亡くなりになったか、もしくは第一線を退かれた方へ敬意を込めた呼称。

しかし、ひふみんは現在進行形の超売れっ子『レジェンド』。聞けば何カ月か前に芸能事務所のワタナベエンターテインメント所属になったらしい。『レジェンド』でさえも事務所に入ると、なお一層露出が増える。レジェンドバンバン大売り出し中。この先、ひふみんは『レジェンド』以上の「なにか」になるはず。

バラエティーのゲスト、ワイドショーのコメンテーターはすでにお手のものです。「オールスター感謝祭」の解答者はもう済んだかな？　ドラマ・映画の出演ときて、もちろんかねてからの夢だったCDデビュー。写真集・イメージビデオ・週刊誌の巻末袋とじ。朝ドラのヒロインの相手役・大河ドラマの主役のモデル。熱湯風呂や逆バンジーなどに果敢に挑戦、リアクション芸にも幅を広げ、自転車で日本中を旅して地元のおばあちゃんたちを虜にするひふみん。

そうなると政界も放っておかない。次の選挙は某党の比例名簿1位。「将棋を五輪種目に」が公約です。選挙に落ちたら心機一転メジャーリーグに挑戦。帰国したらR－1に出て、なんだかんだでプロレス参戦。プロレスも7、8回、引退・復帰を繰り返し、その間に代官山にカフェを開いて、オリジナルのジュエリーブランドを立ち上げる。

前人未到・八面六臂《はちめんろっぴ》・縦横無尽のスーパーおじいちゃん。それもガチャピンの血をひくがためになせるワザです。

ある日、きっと巨大化したひふみんがスカイツリーに寄りかかり、口から糸を吹くでしょう。ひふみんの身体を包みはじめ、一つの巨大な繭玉ができあがる。日本国中大騒ぎです。

自衛隊が出動。その攻撃にもびくともしないひふみんの繭玉。全世界が注目する中、とうとう羽化して、鱗粉をまきちらしながら東京上空を飛翔するひふみんモスラ。天から降ってくる鱗粉がおでこに当たり、何かと思ってよく見ると鱗粉じゃなくて将棋の駒!!

「やっぱりひふみんは将棋が一番だったんだ……それを我々人間たちに知らせようとして……ひふみん、ありがとう!!　決して忘れないっ!!」

空を舞うひふみんに手を振る私たち。それに微笑み返すかのように南の空へと飛んでいくひふみん。長めのネクタイを太平洋の水面に引きずり、その潮路は遠くインファント島まで続くのでした……。

暮れが近づいてくると、毎年とるに足らない妄想を書きがち。去年の今ごろもこんな文を書いていたような。

（２０１７年11月10日号）

【レジェンド】伝説の意。将棋界の加藤一二三、スポーツ界の長嶋茂雄、王貞治、イチロー、マラドーナなど、伝説に残るような偉業を成し遂げた超一流の人物を指す。

ブラック

浅草演芸ホールの出番前。楽屋でお茶をすすっていると、客席から大歓声が聞こえてきた。

高座ではバービー人形みたいなフリフリのドレスを着たメスゴリラが暴れている。……と思いきや、骨太色黒の小柄なお姉さん（年齢不詳）がゴリラの真似をして舞台狭しと歩き回り、酒ヤケハスキーボイスのニューハーフ風お姉さま（同じく年齢不詳）が髪を振り乱してつっこんでいた。そしてその光景を見て、気がふれたように笑い続ける日曜日のお客さん。これを「平和」というんだな。

ご存じ、東京漫才のすず風にゃん子・金魚のお二人だ。え？ そんなに「ご存じ」じゃない？ だったら寄席に来てみて。一度見たら頭蓋骨の内側にこびりついて忘れられなくなるから。

我々後輩からは「にゃん金先生」と慕われているお二方。ボケの金魚先生の十八番は「ゴリラ」。漫才の最中に前触れもなく、急にゴリラの真似で舞台を行ったり来たり。慣れないお客さんは「マズいもの見ちゃった……」という顔で曖昧な笑顔。常連さんはわざわざ持参したバナナを手渡し、舞台でそれを頬張る金魚先生（元・保育士）。「そんなことしてて恥ずかしくないのっ⁉」というにゃん子先生のツッコミに、金魚先生の「仕事ですからっ‼」の返しで落とす。そう、「仕事」なのだ。

金魚先生、近くで見ると褐色の肌が白いドレスに映える。地黒なうえにゴルフ焼け。「必ず『沖縄出身？』って聞かれるの！」とこぼす金魚先生は北海道・恵庭出身。数年前、恵庭の落語会の楽屋に「いつも娘がお世話になってます……」と老夫婦が訪ねてきたが、金魚先生のご両親だった。あの折は食べきれないほどのトウモロコシとゆで卵、ありがとうございました。

ツッコミのにゃん子先生のマスカラも白い肌によく目立つ。まばたきすると大風が起きるくらいのまつ毛。「どんなに飲んでも二日酔いをしたことがない」ほどの酒豪。

漫才師になる前は女優、歌手デビューもしている。女優時代は今村昌平監督の映画『楢山節考』の「松やん」役。元・カンヌ女優である。濡れ場もあるというので一度観てみた。真っ暗い映画で重い気分になったが、「猛獣使い」になる前のにゃん子先生（高田順子）は美しかった。いや、今も美しい。「日本一2リットル入りの甲類焼酎ボトルの似合う美女」である。

にゃん金先生の後のホコリっぽい高座に上がると、お客さんのざわつきがなかなか収まらない。最前列の子供がゴリラの顔真似をしながら私の落語を聴いていた。ゴリラは伝染るらしい。

高座をおりて、楽屋のテレビでワイドショー。ブラック企業に勤める匿名サラリーマンのインタビューが流れていた。

「仕事だから仕方がない。いま辞めるわけにはいかない……」重苦しい閉塞感。「仕事」だから辞められない？　「仕事」だから辞められるんじゃないかね？　金魚先生のゴリラ、こんな人にはぜひ見てほしい。どうにもならないと思ってたコトがホントにどうでもよくなってくる。「仕事ですからっ‼」の絶対的な軽さ。癒やされるよ。

『上野のパンダ』より『金魚のゴリラ』。金魚先生、もう何年も前から「年金もらってる」という話だから、いつまで見られるかわからない。本当かなー。（２０１７年7月14日号）

【ブラック】不法行為、脱法行為などを社員に強いる会社を「ブラック」企業と呼ぶ。

連戦連勝

この原稿を書いている時点で、将棋の藤井聡太四段は28連勝中だ。オリジナル扇子もバカ売れだそうで。

対局中の「チョレーイッ！」の雄叫びはもはやお馴染み。あ、これ違う人？「喝だーっ!!」の人？　それも違う人？

藤井くんに負けずに私も『連戦連勝』したいと思う。噺家の場合、勝ち負けがわかりにくい。だから、生活のはしばしに「勝ち負け」をつけることにした。

つい先日、『連戦連勝』な一日があった。私の某月某日の連勝記録はこんなかんじ。


1勝目……朝から晴天だ。傘差さなくていい雨なら私の勝ち。

2勝目……目覚まし時計より30分早く起きて二度寝。しめしめ。

3勝目……二度寝から目覚めてもまだ余裕があるじゃないか。

4勝目……習慣の体重測定、昨夜より500グラム以上減。

5勝目……朝ご飯のアジの身、骨ばなれがよく綺麗に完食。

6勝目……しらす干しに小さいカニが3匹入ってる。得した。

7勝目……コーヒーを美味しく淹れられてカミさんも満足。夫婦円満。

8勝目……NHK「ひよっこ」をオンタイムで視聴できた。今日も泣けた。いいね、ひよっこ。

9勝目……テレビ朝日「じゅん散歩」を観たら高田純次が近所に来ててちょっと嬉しい。

10勝目……お気に入りのTシャツが部屋干しで乾いてた。

11勝目……洗濯物の量と物干しピンチの数がぴったり。

12勝目……ペヤングソースやきそば、湯切りしたあとフタにキャベツくっつかなかった。滅多にないこと。

13勝目……トイレでお尻拭いてもペーパーが全く汚れない。

14勝目……週刊誌の壇蜜の袋とじ、ボールペンの先でも綺麗に切れた。

15勝目……駅の改札通ったら、『1192』と年号みたいなSuicaの残額。イイクニ！

16勝目……ホームに着いたらすぐ電車きた。

17〜21勝目……紙幅の都合で省略します。

22勝目……某寄席の楽屋。おっかない某師匠はすでに帰っていた。ホッと一息。

23勝目……寄席のあと。行きつけの喫茶店空いてて、ナポリタン頼んだらすぐきた。

24勝目……ナポリタンのケチャップ、シャツに飛んだけどオレンジのシャツでセーフ。

25勝目……喫茶店のテレビで「ひよっこ」の再放送やってる。2度目は泣かない。私の勝ちだ。

26勝目……喫茶店の週刊誌の壇蜜の未開封の袋とじ。誰かの名刺使ったら、また綺麗に切れた。

27勝目……上野の街を歩いてたら『パンダ誕生』の記念品もらった。パンダ好きだ。

28勝目……上野鈴本の高座へ。思いのほか、満員御礼！

朝、起床してから寄席の高座に上がるまでで早くも藤井四段に並ぶ28連勝。勝利は思わぬところに転がっていて、見つけようとすれば案外と見つかるもの。

でもこの後、上野の高座で意外とスべって、その日は28連勝でストップ。本日、初黒星。

いつか負けるんだから気にしない気にしない。あんなに人気者のパンダだって、白黒並んだ配色なのだから。

パンダの子育ても藤井くんの将棋も、周りの声など気にせず、出来ることだけ頑張ろうじゃないの。なるようにしかならないのだもの。私も高座、頑張ろう。


（２０１7年7月7日号）

【連戦連勝】14歳（２０１7年7月当時）の藤井聡太四段が、将棋界の公式戦最多連勝29を記録した。

第四章　スポーツのまくら

オールスター

鬱陶しい梅雨が明けるのを待ちながら徒然なるままに、『なんでもオールスター』を考えてみました。オール独断と偏見。

まずは「オールスター☆西武池袋線の駅」──！　え、知らない？　東京の池袋と埼玉県飯能あたりを結ぶ日本の大動脈ですよ!!　ちなみに豊島園駅は西武豊島線だから除外！

1（二）椎名町
2（遊）秋津
3（左）石神井公園
4（一）所沢
5（三）練馬
6（DH）飯能
7（中）江古田
8（右）稲荷山公園
9（捕）小手指
投手　池袋

エースはやっぱりこの人！　飯能先輩は打率は低いが当たれば飛びそう。

次はわかりやすいところで「オールスター☆味噌汁の具」などはいかが？

1（三）わかめ
2（二）なめこ
3（DH）玉子（生のまま落としてフタする）
4（捕）豆腐
5（左）じゃがいも
6（一）玉ネギ
7（右）ほうれん草
8（中）モロヘイヤ
9（遊）しじみ
投手　長ネギ

玉子とモロヘイヤは助っ人外国人的位置。ベテラン・大根はケガでただいま2軍にいます。カムバック、ラディッシュ！

続いて「オールスター☆征夷大将軍」。

1（中）足利尊氏
2（遊）徳川綱吉
3（一）坂上田村麻呂

4（右）源頼朝
5（三）徳川家康
6（DH）足利義満
7（左）徳川吉宗
8（二）足利義詮《よしあきら》
9（捕）徳川慶喜
投手　徳川家光

義詮は足利の2代目。名前以外は地味だなあ。「さかのうえのたむらまろ」も声に出して言いたい選手名ですね。

「みんなのクセ☆オールスター」なんてどうでしょう？

1（三）指をポキポキ鳴らす
2（遊）過度なまばたき
3（一）貧乏ゆすり
4（捕）爪を噛む
5（中）鼻をほじる
6（左）「ですよねー！」
7（DH）万引き

8 (右) 首をコキコキさせる
9 (二) 不倫
投手　脱臼

最後は「噺家がスベって楽屋に戻って来たときの言い訳☆オールスター」!!

こんなピッチャーは嫌ですね。

1 (中)「今日の客層、若いな」
2 (右)「ネタ選び、間違えたかな」
3 (一)「お客、疲れてないか?」
4 (三)「やっぱ稽古しないとダメだな」
5 (DH)「○○(他の噺家)目当ての客?」
6 (左)「客席、空調強すぎないか?」
7 (捕)「顔は笑ってるんですけどね……」
8 (二)「笑いに来てない、聴きに来てるな」
9 (遊)「マイク入ってる?」
投手「今日の客、ダメだな!」

なんて芸人は自分勝手! 4番は「俺は稽古すれば大丈夫!」みたいな空気出してるし。よくないよな!

私？　私は「今週の読者、ダメだな！」なんて言いませんよ。ただ、今週、紙質悪いかな……。

（2017年7月21日号）

【オールスター】ファン投票により選ばれたスター選手が出場する試合。

スポ根

『スポ根』とは無縁の人生を過ごしてきた。『スポーツ』はしてきたが、『根性』はまるでない。汗はかいてきたが、気持ちのよい汗だったかは甚だ疑問。

小学1年で町内の少年野球チームに入った。近所の友達がみんな入っていたから。6年間、ライトか補欠。フライをキャッチした記憶一切なし。ヒットもエラーがらみのみ。なにが楽しかったのだろう？　5年生で学校の陸上部に。千メートル走の選手になった。とりあえず持久力はほどほどにあった。我慢強いだけかもしれない。

中学でバスケ部。ちょうど『スラムダンク』が始まった頃だったが、いまだに読んだことがない。登場人物がみんな同じ人に見えるのだ。レギュラーにはなったがチームは弱かった。市内で6チーム中5、6番目。女子バスケ部の練習を見るのが楽しみだった。

高校でラグビー部に入ってしまう。つらくて1年で退部。辞めたときはホントせいせいした。なんで入っちゃったんだ？

一昨年、ジムに入会した。初日。かわいいインストラクターがいて、張り切り過ぎた私は靭帯を伸ばした。それ以来、そのジムには行っていない。

以上が私のスポーツ遍歴。基本、スポーツとは意見が合わないです。お正月に『ニューイヤー駅伝』を観てると「この人たち、元日からなにやってんだ」と思う。そう言うお前は元日から落語やってんじゃないか？　はい、ごもっともです。
大学は落語研究会。『大声稽古』というのがあった。新入生が校舎の屋上へ連れていかれる。私が唯一の1年生。コンクリートの上に正座するように言われ、上級生はどんどん距離をとって離れていく。50メートルもあったかな。「その距離でも届くような大声を腹から出せよ！」という原始的な訓練だ。初めに覚えた『道具屋』を大声で怒鳴る。
A先輩「かわかみーっ（私の本名）！　道具屋、はじめーっ！」。極端に声の小さい先輩が担当教官だった。
私「？　なんすかーっ⁉」
A先輩「……はじめーっ‼」
私「（聞こえねーな……始めりゃいいのか？）えー、落語に出てくる人物といえば、相場が決まっておりまして……」
A先輩「聞こえなーい！　初めからやれー！」
私「（続けりゃいいの？）……熊さん、八っつぁん……」
A先輩「違う！　初めから」
私「？？？……聞こえないんすよーっ！！」
A先輩「口ごたえすんな！」
私「なんすかーっ⁉（怒）」

A先輩が近づいてきた。怒ってる。「初めからやれって言ってんだろっ⁉」

このやりとりが4回繰り返された。またまた近づいてくる泣きそうな顔のA先輩。

「……どうしたんすか？」

「お前も向こう行って『道具屋』やれって、Bさんが……」。50メートル先を見ると、3年生のB先輩がこちらを睨んでいた。A先輩が汗まみれになって『道具屋』をわめいているそのうちに、B先輩が「川上もこっち来てAのはなし聴けーっ‼　お前よりそいつのほうが問題！」と怒鳴った。A先輩はボソッと「行っちゃうのかよ」とつぶやく。

「あっちで、待ってます」と返す私。私の歴史で唯一『スポ根』っぽかったワンシーン。

スポ根偏差値は32くらいか。

（2017年10月20日号）

【スポ根】スポーツ根性ものの略。練習がどんなにつらくても勝利を目指してがんばること。

4年

平昌五輪が閉幕して1週間以上たちますが、『平尾昌晃』という字面を見てもいまだに『平昌五輪』と空目をしてしまいます。『カナダから～』ならぬ『韓国からの良い便り』が届きまくるせいで、私も何を言うにも語尾に「そだねー」をつけまくり、かみさんがイライラしていますそだねー。さぁ、ここらでイチゴでもつまもうかねー。もぐもぐ。

2月12日。上野で私の後援会の新年会がありました。4年前のこの会の当日は記録的な大雪。晴れ着で長靴の女性会員さんが、上野の山を鬼の形相で雪中行軍する……というなかなかにカオスな状況でしたが、無事に今年は晴天。

「4年前、日本は大雪で、たしかそのときのソチ五輪は雪不足でしたねー」。お客様にそんな挨拶をしている私の左足の甲を、急な激痛が襲ったのです……。

2月17日。この日は横須賀・汐入の劇場で私、春風亭一之輔の独演会。その日は自分でもナーバスになっているのがわかりました。12日から続く謎の激痛で歩くのもままならず、開演時間が迫っても椅子に座ったままの私。楽屋のテレビでは男子フィギュアスケート・フリーの生中継が流れています。すきま風さえも響く原因不明の痛みのために、身動きひとつ取れません。そのとき、私は羽生結弦選手に自分を重ねていました……。

あ……「お前みたいな破戒僧ヅラの噺家とアタシのユヅを一緒にすんなや！（怒）

このドテチンッ!!」と乙女たちのぶちギレた金切り声が、今遠くで聴こえた気がします。いやいや……ちょっと待ってもらいたい、レディたち。基本的に『落語家＝フィギュアスケーター』ですよ。大勢の観衆が注視し続けるなか、プレーヤーはたった一人でパフォーマンスをするのだから……。ほら、ほぼほぼ一緒です。

そして「羽生選手・金メダル」。その日、私が無事に高座をつとめることができたのは、リンクで舞う彼を観ていたおかげでしょう。お互い痛みに耐えて、持てる限りの力をぶつけることができたのです。『ユヅは金メダル、イチ（一之輔）は笑い』を勝ち取ったのです。平昌と汐入がつながった瞬間です。

「右足に感謝しかない」。記者会見でユヅはそう語りました。奇遇。ちょうど私も帰りの京急電車のなかで「チクショウ！　痛くてしょうがねーよっ！　なんとか落語できたけど！　あー腹立つ！　この左足のバカッ！」と弟子にぶちまけてたのです。意味はほぼほぼ一緒と思って頂いてよいでしょう。

その翌日、病院に行くと、私の左足痛の原因は痛風の発作でした。

医師から「ホント反省しないね～」の言葉に「へへ、すいません～、気をつけます～」と返す私。ちょうどユヅも「怪我を完治させて、まだ滑っていくと思う」と語っていました。これもほぼほぼ同じ意味なので驚いたな。

「『滑ったら滑りっぱなし』なのは、落語もスケートも一緒だね」と言ったお客がいましたが、ひっぱたくぞ、おい。

4年後の北京五輪の年には私もユヅもどうなっているのでしょう。遠くはない未来を夢想しながら、魚卵も干物も控えてプリン体カットの日々です。今日もノンアルで我慢だな。アスリートはマジつらいなー。

（2018年3月16日号）

【4年】オリンピックが開催されるのは、「4年」に1回……のはずだった。

リフレッシュ

日頃の疲れが溜まると、私の脳内で『一之輔リフレッシュ対策・緊急会議』が開かれる。一之輔師匠をリフレッシュさせるためにどうするべきか、を雑居ビルの貸し会議室で話し合うのだ。あくまで脳内のはなし。

議長「現在、①地方公演への移動疲れ②春休みのため日中も子供たちが家にいるストレス……これらの要因により師匠に過度な負担がかかっています。リフレッシュが必要です。何かご意見を！」。委員から挙げられた「リフレッシュ案」を板書していく書記。

意見は以下のとおり。

・耳かきをする
・足の爪の垢とりをする
・デンタルフロスで歯垢をとる
・小鼻の黒ずみをとる
・ヘソのゴマをとる……。

議長「……たしかにみな師匠のルーティンですが、これはリフレッシュというより現実逃避ですね。何かに追われてる時にやりがち。しかし、この人、垢とるの好きですねえ……。汚いな。他に何かないですか？」。再び書き連ねる書記。

・スポーツジムに通う

議長「『スポーツジム』はいかんな。いや、この人は4年前に入会はしてるんだけど、初日に頑張りすぎて靭帯伸ばしちゃって……それ以来会費だけ払い続けて一度も行ってないんですよ」。ざわつく評議委員たち。

議長「『スポーツジム』って聞いただけで気が重くなるらしい。そっとしておこう」。委員からは「退会しろよ！」という意見もチラホラ。もっともなご意見。

・飲酒

議長「飲んでますよ、この人！　毎日飲み疲れです！　痛風持ちだし！」

・カラオケ

議長「一緒に行く人がいない。無理に後輩連れていっても気を使い合うだけ。第一、曲を選んでるうちにこの人疲れちゃうんだよ。向いてないんですね」

・YouTube鑑賞

議長「だ・か・ら！　いつも酔っ払って夜中まで観てるでしょ⁉　無為に時間が過ぎていって、翌日罪悪感しか残らないんだから！」。イラつく議長。

・スチール・パンを叩く

議長「？　なんだそれ？　……あー、一時期やってみたいって言ってた？　デカイ鍋みたいな、ティンパニみたいな打楽器？　叩くと『ピャァ〜ん』っていい音するけど、防音設備もないし置く場所がないか」
・ブーメランを投げる
議長「これもこないだブーメラン販売店のサイトとか見てたけどなぁ。ブーメランってキャッチできるとめちゃめちゃ気持ちいいらしい……けど同じく投げる場所がない！」
A委員が「あのー……山登りとかどうでしょう？」と遠慮がちに切り出す。とたんに「バカ言うな！」「やるわけない！」「休みがない！」の集中砲火だ。
議長「まぁ、落ち着いて！　わけを聞きましょう。Aさん、何ゆえ山登りなどと？」
A「高尾山くらいならこの人でも大丈夫だと思うんです。半日あれば十分ですし。スケジュール的にもほら、この日なら……」。カレンダーを見て納得する一同。なかには「高尾山など山ではない！」という過激な意見も出たが、なんと賛成多数で次のリフレッシュは『高尾山』に決まった。
GW中に私は高尾山に登ります。何故かって？　理由は上記のとおりですよ。その次は『ブーメラン』と内々に決まってるそうです。レッツ・リフレ！（2018年4月27日号）

掌返し

今、新幹線のこだま車内。私は沼津の独演会に向かっているところ。世間はサッカーW杯で盛り上がっています。1週間ほど前、期待されていなかった日本代表がコロンビアに勝ち、セネガルに2－2で引き分けて、「やるじゃん！　ニッポンっ！」という空気のなかで、この『掌返し』というお題を担当K氏から命じられたのです。そのまましばらく放置してしまいました。時は経ち、イケイケの雰囲気のなか日本はポーランドに0－1で負け、「フェアプレーポイント」でなんとか決勝トーナメントへ。ただ後半の消極的なパス回し、その勝ち上がり方に日本代表は世界からけっこう叩かれ中……。

原稿を書き始めた6月30日の現時点、世の中はそんなかんじです。時事ネタって難しいですね。お題をもらってすぐに原稿にとりかかったら、『好調な日本代表にみんな掌返しして！　まったく調子いいねぇ……』みたいな内容になるところでした。あぶね。締め切り粘ってよかった。まぁ、掲載されるのは締め切りの1週間ちょい先なので、そのころには日本代表も何度目かの掌返しをされて、果たしてどっちが表だったかわからなくなっているかもしれません。

今日は沼津で初めての独演会なんですが、地方の独演会はお客の期待値が高いと掌返しされることがあります。

不出来な高座だった場合、迎え手（高座に上がる時の拍手）より明らかに送り手（幕が閉まる時の拍手）が少ない。お客様も「まー、こんなもんかな……」という顔。当然物販も売れません。見送りの現地スタッフの数も減ってます。寂しく逃げ帰ります。

逆に、落語好きな先生が一人だけいて、たまたまその先生が芸術鑑賞会の担当者。他の先生はまるで他人事な学校公演。なおかつ生徒はまるで落語に興味のない……そんな状況で想定外にウケたりすると、また掌返しです。終演後、校長室ではサイン色紙を持った校長が、お茶とケーキを用意して待ち構えています。「昔はよく末廣亭に通ったものです」などといまさらな打ち明け話まで。もちろんこちらも「またよんでくださいねー」と笑顔で応対です。

それはいいんですが、あまりに他の先生が掌返しでキャッキャッすると、今度は落語好きな担当先生が「俺は前から面白さに気づいてたのに……」的な……ヤキモチを焼くのがめんどくさい。

「一之輔さんの他にも○○師匠とか面白い人もたくさんいましてね！　校長っ！」……みたいに、私に冷たい態度をとり始め、また掌返しを食らいます。一体どうしろと言うのでしょうか？

掌返しといえば、この連載をまとめた『いちのすけのまくら』を「地方の独演会で物販したい」と担当K氏に申し出たら、「なんやらかんやらで、全ての会では難しい」という回答。しばらくして重版したら「販売しましょう！　その代わりサイン会も！　そのほうが売れるので！」みたいなかんじになりました。なんかわかりやすい掌返し。とはいえ、締め切りを待ってもらってる手前、表立って文句も言えません。これから原稿を送信して沼津へ。ちゃんとサイン会もやります。落語も頑張ります。明日からいい子になります。さぁ、来週のお題はなんだろな⁉　楽しみっす！

（2018年7月20日号）

100回

初めて夏の高校野球・甲子園大会に行ってきました。

今年が100回の記念大会。その日は運良く猛暑も影をひそめ、絶好の観戦日和。満員の観客席もたいへん盛り上がり、高校球児の熱いプレーにこちらの魂も揺さぶられ、本当に行ってよかった甲子園！　……ん？　あ……まだ行ってなかった。ここまでは希望的観測。この原稿を書いている時点で7月30日。私は8月6、7日に甲子園へ行く予定でした。だからこれから行くのだな、これから……。

今年の酷暑、ましてやすり鉢状の球場内はメチャクチャな体感温度でしょう。行く前からちょっとゲンナリ。そもそも私にとって夏の高校野球とは「寄席の楽屋のテレビで、高座前のちょっとの空き時間に、チアガールを目当てに、真打ちのお爺さんたちと、麦茶を飲みながらぼんやりと眺める環境番組」。正直、熱心さの欠片もない私。甲子園に行くことになったきっかけは3カ月前のことです。

飲み屋で「俺、無趣味なんだよな。なんか楽しい趣味はないかなー？」と弟弟子の春風亭一蔵に相談すると「兄サーンっ！　甲子園、どーっすかーっ⁉　もう、最高っ！　絶対生で観といたほうがいいですよっ！　よかったらこの夏、オレと行きませんかーっ⁉」とのこと。

私「んー。行ったことないけどなぁ……暑いんだろ？」

一蔵「なに言ってんすか⁉　そりゃ、半端なく暑いですよっ！　特に外野なんか日陰がないから、もう灼熱地獄です‼　ハハハッ‼」
私「何で笑ってんの？　……基本『地獄』って楽しい所じゃないよね？　お前は俺を地獄に連れていくのかよ？」
一蔵「大丈夫。内野席なら日陰になる所もあるんです。だから、常に日陰がどこにあるかを気にしながら、他人より早く先へ先へ移動して席を確保しつつ、忘れずに水分を摂取して、塩分もとりつつ、首筋を冷やしながら、気を確かに持って、歯をくいしばって観れば、あんなに楽しい空間はありませんよっ‼」
楽しむための条件が多すぎて、一度じゃ覚えきれねぇ……。しかも、この一蔵くんは「100キロオーバーの巨漢」「いつも身体がベタついている体質」「夏は常に水垢離《みずごり》をとっているかのような水浸しな発汗」「ムダな地声の大きさ」「かりん糖のような色黒さ」「いつもワーワー叫んでいる（基本、見え透いたヨイショ）」等の特異体質の持ち主で、彼が隣に居るだけで体感温度が7、8度上がりそう。
「何しろ今年は100回目ですよっ‼」。一蔵は唾液を撒き散らしながらプレゼンしてきました。「100回ってことは楽しさも100乗ってことですよっ‼」。その理屈はおかしい。決して「乗」にはならないだろうが。酔った勢いもあり「あ、6日7日なら空いてる」とスケジュール帳を開いてしまったのが運のつき。とにかく初めての甲子園に行ってきます。百聞は一見にしかず、生で観てからなんか言うことにしましょう。「兄さん！　細かいことは気にしないで、パーッと行きましょうっ！　パーッと!!」と、一蔵からさっきメールがきました。気になるに決まってるだろう……あの暑さだよ。今、地方大会のテレビ中継を観てますが、『高温注意情報』のテロップ出てる下で、バット振ってます。選手のみんなご自愛あれ。あ、俺も。

（2018年8月31日号）

【100回】夏の甲子園、全国高校野球選手権大会は、2018年が100回の記念大会だった。

松坂世代

　ある日の仕事先でのこと。担当者は落語のイベントに慣れていない私と同年代の男性。3畳ほどの狭い楽屋で二人きり。打ち合わせも一通り終わり、話すことがなくなってしまい気まずい空気が流れだした。Nさん、落語にも落語家にもあまり興味がないようだ。

「ではまた後ほど」と、どこかに行ってくれればよいものを、Nさんは私のはす向かいに所在無げに座ったままだ。仕方なく「……失礼ですが、お年はおいくつですか？」と聞いてみた。同性だからさほど失礼でもないだろう。Nさんは「わたくし、見た目よりいってまして……実は『松坂世代』なんですよ（笑）」と、はにかむ。私は「知るか！」という言葉をのみ込む。

『松坂世代』という四字熟語、実際に使う人を目の前で見たのは初めてだ。『Number』の世界だけの単語じゃないのか。弱った。これを手がかりに座を持たせねばならないのか。松坂大輔はもちろん知っている。が、他の『世代』って誰がいるんだ？　とりあえず本丸からいくしかないか。

私「……松坂ってまだ現役でしたっけ？」

N「たしかメジャーですよね？　奥さんが里田まい」

　この会話のキャッチボールで、この二人は野球にまるで興味がないことがお分かり頂けると思う。松坂は今シーズン、中日。だが、私もさすがに里田まいの間違いには気がついた。

私「里田まいは、まーくんのカミさんでしたよね？」

N「……でしたね。誰でしたっけ？　松坂の奥さんて？」

私「たしかアナウンサーだったような気がしますね……」

N「女子アナですよね？」。当たり前だ。

私「イチローの奥さんも女子アナでしたよね？　同じ局だったような……」

N「同じ人……？」

私「んなわけないですよね（笑）」

N「中井美穂は……」

私「古田ですね。確実に。その辺までは私、野球大好きだったんですよ。毎日フジテレビの『プロ野球ニュース』観てたんで。可愛かったなぁ、中井美穂……」。中井美穂、好きだ。

N「あ、私も観てました！　逸見さんの！」。どうもこの人は記憶がゴチャゴチャである。

私「それは『スーパータイム』ですよ。幸田シャーミンがやってた夕方のニュース！（笑）」。なんかだんだん面白くなってきた。

N「……で、松坂の奥さんは誰かって話ですよね？」。いや、別にそんな話ではない。

あなたが『松坂世代』なんて言うからそうなったのだ。ついには我慢できなくなってスマホで調べようとするNさん。

私「調べちゃいますか？　いーんですか？（ニヤリ）」。我ながら意地悪だ。無視して調べるNさん。堪え性がない人だ。

N「……柴田倫世、元日テレ……」。なんかピンときてない様子。

N「イチローの奥さんは福島弓子、元TBSか」。同じ局じゃなかった。ごめんなさい。

N「で……今、調べて分かったんですが……」。半笑いのNさん。

N「わたくし、今年40なので『松坂世代』ではありませんでした」

私「なんじゃそりゃ⁉」。自然に口から飛び出した、かなり純度の高い「なんじゃそりゃ」だった。

落語会開演までの30分で、同い年の二人の距離はかなり近づいたようだ。「もう我々は『松坂世代』でいーんじゃないかな」ということで、なぁNさん。

（2018年10月26日号）

【松坂世代】　松坂大輔投手と同学年にあたる1980年4月2日から1981年4月1日生まれのプロ野球選手を指す。

駅伝

子供のころの私には『駅伝』も『マラソン』も退屈なスポーツだった。でも日曜の昼間、なぜか両親は嬉しそうに『○○駅伝』や『△△マラソン』の中継に手に汗を握っている。特に母親。テレビに向かって全力で声援を送る。どうかすると手拍子までする。「ホラッ！　頑張ってっ!!（手拍子）」。言われなくても頑張っている。「抜かれちゃうよっ!!　速く走れっ!!」。言われなくても彼はとても速く走っている。「わーっ！　抜いたっ!!　やったーっ!!」。どっちの味方……？

駅伝の実況中継は、昼寝にはいいBGM。こたつでうつらうつらしていると、母親の嬌声《きょうせい》で目が覚める。私は居間から立ち去り、和室のテレビで独り『新婚さんいらっしゃい！』を観る。「YES・NOマクラ」ってなんのイエス・ノーなのか？　子供の私にはわからない。駅伝の良さもわからない。

東京で独り暮らしを始め、実家に帰らない正月。布団に入ったまま、二日酔いでテレビをつけると箱根駅伝。同世代の若者が白い息をはきながら走っている。私も白くて酒臭い息をはきながら、台所で水を飲む。一応、母校を応援してみようかと思ったりもするが、下位過ぎて中継にはまるで映らない。

「ダメだなぁ～」。ダメなのはお前だ。「……ったく、あんな格好で寒くないのかよ……」。走ってるからそんなに寒くないんだよ（寒いかもしれない）。「だいたい正月からなにやってんだよ……」。お前が言うな。二度寝して起きたら、テレビで『かくし芸大会』をやっていた。「マチャアキ、正月から働くなぁ……」。バカ、録画だよ。
落語家になると元日、師匠の家で『ニューイヤー駅伝』を観ることになった。おせちが並ぶ居間で、一門でなんとなくテレビを眺める。「群馬は○○落語会っていう地域寄席があったなぁ……」「△△師匠、この辺りの生まれですよね？」「たしか□□兄さんも上州だろ？」「それにしても正月からよく走るな、こいつら」「噺家で良かったですね」「ホントホント！」。自分たちも正月から寄席に出てバカッ話してることには自覚がない。

2日の朝、家を出るときテレビで箱根駅伝。上野鈴本演芸場の楽屋のテレビで箱根駅伝。出番が終わり、ふらふら歩いているとヨドバシカメラの店頭のテレビで箱根駅伝。つなぎに入った喫茶店のテレビで箱根駅伝。電車で隣に座ったオジさんがスマホで箱根駅伝。浅草の楽屋の師匠がラジオでまたまた箱根駅伝……。正月は行くさきざきで箱根駅伝。よく考えたら、私も寄席でたすきをつないでいる。前の演者からたすきを受け取り、自分の持ち時間で全力を尽くし後につなぐ。林家ペー先生からたすきを受け取ると客席は「焼け野原」のようになっているが、私はなんとか荒れ地を耕し、次につなぐ。知らず知らずのうちに『駅伝』していたのだ。

正月3日。浅草の寄席の高座で「優勝は○○大でしたよ！」と、つい仕入れたばかりの速報を喋ったら大歓声。なんだか後がやりづらくなっちゃった。「なんで言っちゃうのよ‼」とふくれるおばさんも1名。あんたたち、そんなに箱根駅伝が気になるなら家で観なさいよ。とも思ったが、まあいいか。寄席に来てくれているんだから。また正月がやってくる。

（2019年1月4－11日号）

【駅伝】新年1月2日、3日に大手町・読売新聞本社前―箱根間で行われる箱根駅伝は、お正月の風物詩。

おめでとう

「引退、おめでとうございます」。記者が引退会見でイチロー選手に投げかけて話題になった言葉です。「惜しまれて引退するのにおめでたいとは何事か！　それを言うならお疲れ様だろ!?」と、ネット上でやたらとプンプンした人もけっこういたみたい。

日本人には馴染みのない『おめでとう』の使い方ですが、外国ではよくあるそうな。途中で力尽きたわけでなく、あそこまで偉業を成し遂げたうえでの引退はまさに「コングラチュレーション」じゃないですか？　……ということです。一段落つける感じの『お疲れ様』より、次の舞台へのはなむけみたいな『おめでとう』……なるほど、いいと思います。賛成。

日本人もお葬式で故人が大往生の場合、「おめでたい」って言ってたみたいですね。引退と葬式を一緒にしちゃってすいません。でも『強飯《こわめし》の女郎買い』という落語では97歳で亡くなったご隠居さんの弔いで職人の熊さんが「あぁ、めでてえ、めでてえ！」ってわめいても、周りも咎めずに「ホントだねぇ」と返す。おまけに喪主も粋。香典返しの強飯は小豆の入ったお赤飯です。ご隠居さんは『めでたく』ネクストステージへ大往生、いいです。これまた、賛成。

イチロー選手の引退会見は東京ドームでの試合中に決定したそうです。私も引退のときはそうしてみようか。上野鈴本演芸場の高座を降りたら、すぐに演芸記者に連絡して引退会見。近場の御徒町・吉池食堂がいいかな。贅沢して焼肉の太昌園がいいか。急に来てくれるのは寄席演芸専門誌『東京かわら版』の佐藤編集長くらいかもしれないけど、芋焼酎のソーダ割りでも呑みながらインタビューに答えよう。ご機嫌になって「やっぱ、明日も寄席出ちゃおっかなーっ！」とか言いだしたらごめんなさい。「ただの打ち上げじゃねえか‼」と怒ってください、佐藤編集長。

イチロー引退会見以来、「亭主がイチローならおにぎりの3千個くらいどうってことないわ‼」という女性に何人も会いましたが、弓子の気もしらずに何を言うか！（何故か呼び捨て）。イチローは細かいよ、たぶん。無論厳選された材料。おにぎりの「大きさ」「硬さ」「米の炊き加減・密度」「米と具材の比率」「海苔の大きさ・巻き方・巻く面積」「塩の原産地」はもちろんのこと、「手を湿らす水の質」「握るとき使うラップのメーカー」「入れるのは竹の皮かプラスチックの容器か？」「どちらの方角を向いて握るか」「握ったおにぎりにはどんな音楽を聴かせるか」……常にルーティンを求めるイチローの厳しいチェックが入るんですよ。「今日は趣向を変えて〝トリュフ塩〟」なんて絶対許されない。ヒット打てなくなったらどうしてくれる、トリュフ塩‼

以上、完全に妄想ですがイチローがいなかったらおにぎり3千個なんて軽い懲役です。弓子夫人にも『おめでとう』、そして『おつとめご苦労様でしたっ！』と言いたい。弓子夫人はおにぎりのプロと言っていいでしょう。恐らく弓子夫人、これからは「草おにぎり」を握ると思いますが、やはり「草おにぎり」は「プロおにぎり」で苦労した人間しか楽しんで握れないのではないか……と思うのです。恐るべき「草」。私も引退したら「草落語」を楽しめるかしらん。もっと苦労せねば。……いや、引退しないし。

（2019年4月19日号）

【おめでとう】2019年3月に引退会見をしたイチローに、記者が「おめでとうございます」と声掛けをしたことが物議を醸した。

チケット

先日、2020年東京五輪のチケットの抽選販売申し込みが私の知らないうちに開始され、そして知らないうちに締め切られた……らしい。

完全に出遅れた。いや、行く気はまるでないのだけれど、「ちぇっ！　せっかく申し込んだのにー。やっぱ外れたよっ！　さすが五輪っ！」くらい言いたいじゃないか。

抽選に外れてもこれから随時チケットの販売はされるそうだ。転売も多いのだろうと思ったら五輪はチケット転売絶対NO！　非公式にチケットを手に入れても入場は不可能らしい。けっこうなことだ。落語会のチケットもかなり転売されている。不肖わたくしめの独演会チケットも、転売サイトをみると定価より高値で売買されていて驚く。

最初はちょっと嬉しいようなくすぐったいような気がしたのが正直なところだ。ある意味評価されてるってことかなと。バカだね。でもある日の独演会で、完売なはずなのに幕が開くと最前列がほぼ空席なのを見てふつふつと怒りがわいてきた。チケットが売れているのにお客がいない、買いたいのに買えない人がいて、押さえられたチケットは宙に浮いたまま……。万歩譲ってだな、買い占めた奴！　お前が来いやっ!!である。

17年前、前座になって1年目。初めての勉強会は上野黒門町の落語協会の座敷だった。講釈師の一龍斎貞橘と前座同士の二人会。キャパ40人。彼は大学の同期なので、必死でかき集めた20名ほどのお客さんはほぼ学生時代の友達だった。隔月で2年やった。前座の会だし満員になることはなかったが、先輩をゲストによんでいい勉強になった。先輩のなかにはギャラを受け取らずお小遣いまでくださる方もいた。

二つ目に昇進して同じ会場で「月一・ネタおろし二席」の勉強会を一人で始めた。20回やって毎回30人くらいは集まるようになり、思いきって会場をキャパ100人のホールに変えた。チケットなぞ刷らず、チラシに自宅（！）の電話番号と携帯のアドレスを載せて予約を受け付ける。木戸銭は全て当日精算。後輩に手伝ってもらい会場設営、自分も受付に立つ。新規のお客さんも増えてきた。予約したのに当日来られなくなった人は「ごめんなさい！　行けなくなっちゃったけど頑張ってください！」と事前に電話をくれた。

２０１２年に真打ち昇進が決まり、50日間の披露興行のチケットおよそ5千枚を私が預かった。常に持ち歩きいたるところで直売。ご祝儀をつけて買ってくれる人もいれば、「1枚しか買えないけど必ず行きます」と言ってくれる人もいる。終演後に出待ちしてくれて「半券にサインしてください！」というお客さんも。自分で手売りしたチケットにサイン。チケットを通じてお客さんのありがたみがよくわかった。

今、自分の会のチケットは全てサイトや会場窓口など他人に委ねている。私は売れ行きの心配をせず当日落語をするだけ。こんな幸せなことはない。ただ転売によるであろう空席を見るとホントにつらい。神よ、転売ヤーに天罰を。

翻って、私ももうチラシに電話番号載せてた頃には戻れないけども、チケットを買ってくれた人の顔を思い浮かべて高座に上がらないと罰が当たるな、と思います。

（2019年6月21日号）

【チケット】2019年5月に2020年の東京オリンピックの入場券「チケット」の抽選申し込みが行われた。

交流戦

先日、西武線車内で『プロ野球交流戦』の中吊り広告を見た。ツバメと鯉とウサギがライオンと相対している写真がドーン。全て実物の動物の写真だ。「ライオンズが本拠地でセ・リーグのチームを迎え討つ！」というメッセージか。ツバメ＝スワローズ。鯉＝カープ。ウサギ＝……ん？　セ・リーグにラビッツなんてチームはなかったよな。可愛いウサギが鼻をヒクヒクさせている横に『西武vs.巨人』とある。え？　ウサギ＝巨人なの？　あーそういやジャビットがいたな。読売ジャイアンツの『YG』をウサギの顔に模したキャラ。それでウサギか。にしても、ツバメ・鯉・ウサギの実写とライオンの実写じゃセ・リーグは束になっても勝てそうもない。西武のイメージ戦略、なかなか上手い。読売も抗議してウサギ→アンドレ・ザ・ジャイアントに変えてもらえばいいのに。エル・ヒガンテでもいい。

てなことを思いながら電車を乗り継いで浅草の寄席へ。繋ぎに初めて入った喫茶店。8人掛けのテーブルで老若男女7人がワイワイしていた。店内にはその7人と私のみ。みな初対面なのか、死神博士のような白髪のお爺さんが「こちらは演歌歌手の◯◯さん、今売れっ子で巷でアイドル的人気……」と、かれたカスカス声で皆に紹介。見たことない厚化粧のモンチッチがペコリと頭を下げる。

「その隣はバックでギターを弾いてる△△さん。テクは抜群」。オールバックの前歯のないおじさんが「いやぁ（笑）」と謙遜。金のネックレスが眩しい。

死神博士の紹介は続く。「その隣は棋士の……」。へー、将棋指しの人？　「□□さん、名家の方で……」。□□さんは「父が騎士号を頂いただけで私はなんでもないんです」。え？　棋士じゃなくて騎士!?　ナイト!!

死神博士「そちらの女性はＦＭでラジオジョッキーをされて……」
女性「パーソナリティですね」
博士「そうそう、パーソナル……」
女性「パーソナリティですね」

「……ですね」。死神博士が早々に諦めた。なんでもいいじゃないか。それが個性だよ、パーソナリティ。

「こちらは私のビジネスパートナーで……」。今度はパーソナリティがイカツイ男性を紹介。「格闘技をやってますで、こわぐみられまずが、そんだこどないんでず」。絶望的に滑舌の悪いマンモス西、笑顔が可愛い。

「私はその家内で」。西の隣の女性が挨拶。西はパーソナリティとデキテルわけじゃないのか。「また使ってくださいね」とおじぎして西の家内は厨房に消えた。え？　この店はマンモス西の店なのか？　居座る西。

「遅くなりましたっ！」と飛び込んできた金髪の外国人男性。「お土産です。これギネスに載ったんですよ」と福岡銘菓・博多通りもんをみんなに配り始めた。西夫人もカウンター越しにお礼を言う。何の集まり？
「ところで……私が先の大戦で家族をなくし、裸一貫で東京に出てきて数十年。ここまでやってこられたのも、みな☆☆先生のおかげっ‼」。死神博士が熱を込めて語り出す。手には一冊の本。私が耳をそばだててメモを取ってると、西夫人が私のテーブルにそっと通りもんを置いた。「誰でもお仲間です」
この『交流戦』からは早々に離脱。こんなステキな喫茶店、寄席の近所にはいくつかある。

（2019年7月5日号）

【交流戦】2005年から開始されたプロ野球のセ、パ両リーグの各球団が、垣根を越えて対戦する公式試合。

MGCは『マラソングランドチャンピオンシップ』略してMGC。「次回のお題なお私、夏休みをとらせて頂きますので、締切厳守でお願い致します」と編集K氏から圧キツめのメール。安心して欲しい。MGCとくればもうグウとも言わせせないよ。ホントによく知ってるから。大丈夫、K氏にはゆっくり休んでもらいましょう。

で、MSGだけど、そもそもMS……。ん？　MGCはMSGと似ているね。似ているがまるで異なるのがMSG。皆さんご存じ「マジソンスクエアガーデン」はニューヨークにあるスポーツの殿堂ですな。またその昔、日本の青少年にはマジソンバッグというものが流行っていたそうだ。私の姉も持っていた。このバッグは本場NY生まれではなく、台東区のエース株式会社というバリバリ下町企業が製造販売したらしい。で、バッタモンも出るくらい大ヒット。でも台東区製。またその頃、新日本プロレスの「MSGシリーズ」という興行があったのだが、これも本場NYで開催する訳でなく決勝は台東区の蔵前国技館。台東区≠NY。新日が米国のプロレス団体WWF（現WWE）の許可を得てMSGの名称を使用したらしい。MSGという響きは人々の心を摑むんだね……へ？　なんの話だっけ？　そうそうMGC、MGC。

しかし来年の五輪の暑さは大丈夫なんだろか。MGCは9月15日に開催。五輪のマラソンは8月上旬だ。日程を本番の暑い時期に合わせたほうが良かったんじゃないですかね。競歩の選手が余りの暑さに「コースを変更して欲しい」と訴えていたので、本番と同じコースであるなら、やはり同じ暑さでやらないと参考にならないんじゃなかろうか。

競歩といえば……競歩の選手は何故競歩を始めようと思ったのだろう？という疑問が常々あります。だって走ったほうが速いよ。フォームにも決まりがあるなんて、あんなに制限のある競技をやりたいという想いはどこからくるのでしょう？「競歩」で検索すると、『「マラソンでは厳しいが、競歩ならなんとかなるんじゃないか』と始めるのでは？」とか憶測で言ってる人がいたけどそれは失礼なはなしでね。子供のころからの夢だったとか、代々競歩の家系の生まれとか、いろんな理由があるだろう！たとえ始めるきっかけはそうだとしても、みなプライドを持って歩いてるはず……。

プライドといえば「山形の芋煮」ね。このコラムでも書きましたが、山形人の芋煮にかける情熱は「おらが村の芋煮談議」でケンカがおこるくらいだもの。去年、落語会の前に芋煮会を開いてもらいましたが、まぁ青空の下でワイワイ食べる芋煮は美味かった！今年もその芋煮会……いや、一之輔独演会が山形・川西町であるのです。場所は地元出身の井上ひさしさんの蔵書を収めた遅筆堂文庫も併設された、まさに「山形のマジソンスクエアガーデン」ことKFP（川西町フレンドリープラザ）！楽しみだ、芋煮！あ、独演会もね……えーと、あーMGCね。MGCはたしか9月15日に……あら？芋煮会

（独演会）と同じ日じゃないか⁉

　ということでＭＧＣ出場者には当日山形からエールを送ることにします！　頑張れ！

負けられない戦い（芋煮）がそこにある！

（２０１９年９月20日号）

【ＭＧＣ】マラソングランドチャンピオンシップの略。オリンピックのマラソン日本代表選考会。東京オリンピックの代表選考のため、２０１９年９月に初開催。

競走

読者の皆さん、いよいよスポーツの秋到来ですよ！と言いつつ、私は普段から運動とは無縁の生活だ。ジムにもここ数年通っていない。会員になったその日にハリキリすぎて靭帯を伸ばしてしまい、それっきり会費だけを払い続けている。「幽霊会員が今更退会手続きに来たよ」と思われるのも恥ずかしい。すでにジムに行くのすらかったるい。そもそも身体を鍛えるのがむいていない。でも世間は言う。「身体を動かすと精神が前向きに」と。ほんと？　なんか私向けのスポーツはないかなー？

パン食い競走がしたい。今、急にそう思ったな。何年やっていないだろう、パン食い競走。略して「ＰＫＫ」。いいよ、ＰＫＫ。あんな長閑《のどか》な競技はそうそうない。どんなに足が速くてもパンに食らいついて我が物としなくては負け。逆に鈍足でも一発でパンを仕留めれば大逆転の可能性もあるのだ。「徒競走」と「パン食い」を掛け合わせるという斬新さ。走りながらモノを食う、という親から絶対にしてはならないと言われたはずの行為を一斉に大勢でやる背徳感。またそのスピードを競うという意味のなさ。

私が最後にＰＫＫをしたのは確か30年ほど前か。地元の町内運動会での「ＰＫＫ・小学校高学年の部」に出て以来だと思う。４年生から6年生、出場希望者10名でＰＫＫ。たった一人の6年生だった私は、パンが上手く口に入らず惨敗したのだ。次々とゴールする年下たちを横目に、のらりくらりと揺れるパンに翻弄される情けなさは忘れられない。

大人になった今ならもっと上手くＰＫＫが出来ると思う。だが町内の運動会はもうない。それならばもう自主的にＰＫＫイベントを開催するしかない。と思い立ち、検索してみるとＰＫＫ用のパンつりロープがネット通販で売られているではないか。横に一本長いロープ、それに等間隔でパンをつるす紐が何本か垂れ下がっている。「パンはご自分でご用意ください」の注意書き。需要がまだあるんだな、ＰＫＫ。

自分主催のＰＫＫはどんなかんじにしようかと、妄想が膨らむね。仲の良い者同士でもよし、ただＰＫＫに惹かれた見知らぬ同士でもよし。やはりパンはアンパンか。いや、パンが10個ぶら下がってるならみな違う種類でもいいな。早い者順で好みのパンを選べるとか。クロワッサンやチョココロネは形状がくわえやすくて有利かな？　ピザで顔中油まみれになるのもいいね。フランスパンに歯が立たない人もいたり、レーズン苦手なのにブドウパンしか残ってなかったり。

たいていＰＫＫのパンはビニール袋で包装されてるけどあれは趣がないですよ。だって袋の端をくわえれば取れちゃうもの。袋なしで直にパンを下げたいな。どうせなら出来たてホヤホヤの湯気が立ち上るようなパンでやりたい。美味しくなければやる意味がない。グラウンドまでパン屋さんに出張願うか……いや、もういっそのこと自分たちでパンを生地からこねて、寝かして、焼きたてをつるして、よーいドン。アツアツをハフハフいいながらＰＫＫ。秋空の下、こんなステキなスポーツはないね。さぁ、今年の秋は30年ぶりにＰＫＫだ！と意気込んでいたら、ネット通販で「ムカデ競走用の五人履きゲタ」なるものが⁉……ムカデ競走……ＭＫＤＫ‼

（２０１９年10月11日号）

eスポーツ

私はファミコン直撃世代だ。任天堂の『スーパーマリオブラザーズ』が発売されたのは1985年の9月。私は小学2年。当時、ファミコンの「本体」が1万5千円くらいか。子供のおもちゃとしては破格である。また『スーパーマリオ』のヒットがきっかけで、この年から本体の売り上げが爆発的に伸びたらしい。私はソフト（「カセット」と呼んでたなあ）だけを小遣いで買い、友達の家に行き、よそ様の本体で遊ばせてもらっていた。しかもジュースとお菓子をご馳走になりながら。肩身が狭すぎる。「みんな持ってる」と泣いて親に頼んでも「よそはよそ、うちはうち！」と本体を買ってくれない。「欲しけりゃ自分でカネ貯めろ」だって。

明くる年の正月。無駄に親戚が多いのが幸い。年始の集まりに顔を出しまくり、お年玉が1万5千円貯まった。街のおもちゃ屋へ行き、「本体くださいっ！」と言うと、ハゲの店主が吐き棄てるように「いま品切れっ!!」。「本体が入荷するのは3月だね」。呆然としていると、店主が「カセット4本付けて、2万円なら売ってもいいよ」。今考えると、小2の幼子にやるか！と思うくらいのあこぎな商売だ。勿論金は足りないが、一応「どんなカセットですか？」と聞いてみた。「えーと、『バンゲリングベイ』と……」。クソゲーだ。当時はそんな言葉は無かったが、つまらなくて売れないゲームを抱き合わせて一掃しようというハゲ店主。「あとは『テニス』『ベースボール』『ゴルフ』かな」。ファミコン草創期のスポーツもの。これも売れ残りだろう。この中にあってやはり『バンゲリングベイ』のクソっぷりは一際目立つ。

泣きそうになりながらふとショーケースを見ると、コナミの『ハイパーオリンピック』が専用コントローラー付きで並んでいた。「手ぶらで帰れるかよ！」「いや、キミは3月に本体買うんでしょ⁉」「でもせっかくのお正月にお年玉で何も買わないのは……」「バカっ！　目先の『ハイパーオリンピック』に惑わされるな！　本体がなきゃ出来ないんだぞ！」。私の頭の中で天使と悪魔が揉め出した。結果、悪魔の勝利。その日から『ハイパーオリンピック』を友達の家でやるのだが「お前、本体持ってないんだから自分のうちで出来ないだろ？　貸してくれよ！」と押し切られ、持ち主の私より、やり込むだけやり込んだ友達が上達する……という哀しいパターンに陥った。

次の正月が来た。いよいよ本体が手に入る。本体の爆発的な売れ行きも一段落した様子だ。小3の私はお年玉を財布に入れ、おもちゃ屋にむかう。ハゲ店主はもっとハゲていた。毅然と「本体を……」と言おうとしたその時、昨秋に発売された『ファミリートレーナー』が目に入った。専用マットを本体に接続して、その上で実際に走ったり跳んだり「室内でスポーツが出来る」新型機器‼　「『ファミトレ』ください」……俺は馬鹿か。友達の家で『ファミリートレーナー』をやっていると、友達のお母さんが「ホコリが立つから、これからそれは持ってこないでね」。
「eスポーツ」ってこういうことじゃないんでしょ？　わかってますよ、わかってるけどさ。聞いてもらいたかったんだよ、おじさんは。今なら本体、余裕で買えるのに、おじさんは……。

（2019年10月18日号）

【eスポーツ】エレクトロニック・スポーツの略。コンピューターゲームをスポーツとして行う、または電子機器を用いて行う競技、スポーツ。

ラグビー

いろんな媒体で話したり書いたりしているのですが、私は高校の1年間だけラグビー部にいました。そのおかげ?か、今年のW杯のナビ番組のナレーションまでやらせて頂くことに。依頼してきた担当者も「1年間だけやってらしたそうで」と承知の上。どうなんでしょう、それ? 他に適任いるだろーよー。たったの1年だけで「やっていた」というのは恥ずかしく、ちゃんとやっていた方には申し訳ないのですが、その1年間は意外と「ちゃんと」やっていました。なんでラグビー部に入ったんだろう? 中学ではバスケ部。3年間在籍しました。強い学校ではなかったけども、まぁ真面目に取り組んで、一応レギュラーだったな。あ、副部長でしたわ。

高校に入ってから運動部に入るのは決めていました。持久力はあるほうで、どちらかというとガッチリした体格。「バスケはもうこれ以上どうにもならないだろう。高校でゼロから始めるなら、なるべくみんながヨーイドンで高校から始めるスポーツがいいな」とも思ったような気がします。現にラグビー部の新入部員で中学からの経験者は二十数名中1人で、背の高い神田くん……だったかな?

新入部員は日ごとに減りました。初日の練習後に退部を願い出る人。しばらく経ってから体力的についていけない、と申し出る人。辞めてすぐ軽音楽部に入る、よくわからない人。辞める理由はいろいろ。先輩が理不尽なコトをするわけじゃありません。優しい人が多かった。プレー中は厳しいけど。先生は怖かったな。先生の視線を感じると、思うように身体が動かなくなるくらい。

特に夏場の練習はキツかった。熱中症にもたびたびなりました。そのころはそんな言葉使ってなかったですが。1時間に1回くらい顧問の先生が「水入れやー！」（なぜか関西弁）と言うと休憩の合図。バケツにくまれた砂利まじりの水道水が最高に美味い。ハン体力的にはついていけたと思うんですが、私はどうにもヘタクソで仕方なかった。ハンドリングが悪い。パスがとれずノックオンばかりします。せっかくボールがつながっても私が落とすとそこで水の泡。チームに迷惑がかかる。ドンドン気が滅入って練習が憂《ゆう》鬱《うつ》になっていく。ああ、思い出してきた。

正月ごろには1年生が8人になっていました。ここまで残った仲間、という意識はみな強かったと思います。チームメイトの宮田くんとは毎日一緒の電車で学校通ってたし、帰りも一緒。でも「辞めたいんだよね」とは言えなかった。仲間に相談しないまま、春休み明けの昼休み。先生に「辞めさせてください」と言いに行きました。「そうか」と先生。引き留められもしなかったので、その日から練習行かなくなっちゃった。翌日、7人が電車乗り継いで我が家まで来てくれて「辞めんなよ！」と言ってくれたんですが、「いや、辞めます」とだけ返したら、みなしょんぼりと帰っていきました。以来、校舎で会っても気まずくなってきてそのまんま卒業。

友達の名前もまだ覚えているものです。名前で検索してみると、ラグビーに関わる仕事に就いていたり、趣味でラグビーやっている画像が出てきたりと元気なようで何よりです。W杯を観ていたら、ちょっと切ない気持ちになってしまいました。みんな、あの時はごめん。

（2019年11月15日号）

【ラグビー】 2019年秋、ラグビーW杯が日本で開催される。日本代表はベスト8に進出。ラグビーブームが起こる。

第五章　おしごとのまくら

紅白

11月11〜20日に落語協会の一行で『寄席普及公演』に行ってきた。地方の皆さんにも『寄席』ってこんなところですよー、というのを知ってもらおうと、落語だけでなく、太神楽曲芸や紙切り芸もセットになった出張出前寄席だ。入場料を頂く一般公演もあれば、学校公演もある。お客様の多い少ないにかかわらずいろんなとこでやらせてもらった。

島根→岡山→高知→佐賀→沖縄→長崎→福岡。飛行機とワゴンを乗り継ぎ、19日は某少年院での公演。私は初・少年院。門をくぐると奥に白色の巨大な塀、その上部には内側に傾けてワイヤーが何本も張ってある。やっぱり学校とは違うなあ。院長先生に挨拶。「昔はよく脱走騒ぎがありましたが、今はまるでありません。ここの生徒は比較的いい子ばかりなんですよ」。いい子ならこんな所には来ないのでは？とも思ったが少年院にもランクがあるらしい。九州でちょっと（？）悪いことをするとまず呼ばれるのがここ、だそうな。

会場は体育館だった。壁には紅白の幕が張り巡らされていて、さながら入学式か卒業式のおめでたい雰囲気。少年院にも紅白幕があるのね。先生方が一生懸命に高座のセッティングをしてくれている。ある先生が「この幕で良かったですかね？」。「バッチリですよ！」。会場にあるものでそれなりに笑い易い雰囲気を作っていくのが大切だ。紅白幕、いいじゃないか。

移動中、廊下で面会の家族とすれ違う。向こうは、なんだ？　この騒々しい一団は⁉と思ったことだろう。「ちょっとお静かに」と先生にたしなめられた。面会に来てくれる親族がある生徒もいれば、なかなか難しい子もいるという。よしきた、笑ってもらいましょう。

「今日はおおいに楽しんでください！　それでは開演です！」という先生の合図で出囃子が鳴ると14〜20歳の総勢60名が割れんばかりの拍手で迎えてくれた。開口一番は二つ目の柳亭市弥くん。舞台袖の紅白幕の隙間から覗いてみると、みな背筋をピンと張って両手を膝に置き、前のめりになって聴いている。「初めて落語聴く人？」という市弥の問いに全員がピッと手を挙げた。まだあどけない顔立ちの子も緊張気味に挙手。市弥がほぐし、紙切りの林家正楽師匠からケラケラと転がるように笑いが止まらなくなる。「切って欲しいご注文は？」に「ランボルギーニっ！」という元気な声。うん、どこか少年院らしい。車、大好きか？　外に出たら安全運転で頼むよ。

袖からじっと客席を見ているとたいがい誰かと目が合うものだが、みな真っ直ぐに集中してるのでそんなこともなく自分の出番。演目は「子ほめ」。腹抱えて笑ってくれた。こないだ行った岡山のまるで笑わない某高校の生徒、いっぺんここに来い。笑えるようになるから！

生徒代表のしっかりした御礼の言葉のあと、私の挨拶。「身体に気をつけてね」くらいしか言えなかったけど、慰問のエキスパート・桂才賀師匠は以前「今度はお互い精進して……刑務所でお会いしましょう！」とやったんだって。そしたら生徒も先生も爆笑。笑わないよ、普通。そこを笑わせちゃうシャレっ気が本当の慰問なんだな。

窓に鉄格子のある体育館で紅白幕がやけに映えた一日でしたとさ。

（2019年12月20日号）

【紅白】 2019年の大晦日に放送された第70回「NHK紅白歌合戦」は、「AI美空ひばり」の出演なども話題に。

神様

私が前座のとき。某寄席で働いていると、扉をガンガン叩く音がしました。おそるおそる「どちらさまですか？」と開けると、50歳くらいの眼鏡をかけた、もたいまさこ風のご婦人が、

「さっき落語やってたTさん、まだいらっしゃるっ⁉」

と飛び込んできました。

怒ってました。冬なのに水をかぶったように汗だくでした。人間ってメチャクチャに怒ると大量に発汗するんですかね？　怒りあまって血の気が引くってのはウソ。

「……まだいますけど、失礼ですがどちらさまですか？」

と聞けば、

「名前なんかどーでもいーんですっ‼」

私「師匠、『名前なんかどーでもいーんですっ‼』と言いながらメチャクチャ怒ってる、ビショビショのおばさんが『出てこい！』って言ってますけど……」

T師匠「……嫌な予感しかしないな。『いない』って言っ……え？　『いる』って言った？　バカっ‼　そういうときは『もう帰りました』って言えよ‼」

私「師匠のファンかもしれないと思って（半笑）」

T「……ファンが怒るか？」

T師匠はその後、楽屋口でビショビショのご婦人に怒鳴られ続けました。師匠のネタは『宗論』(浄土真宗を信仰する親父とキリスト教徒の息子の言い争いの噺)。内容に腹を立てた敬虔なクリスチャンのお客様だったようです。

T「『あなたのファンだったのに、ガッカリです！』だって……」

私「やっぱりファンでしたか！」

T「『明烏とか紺屋高尾が聴きたかった』って言われたよ」

私「女郎買いの噺はいいんですね、あの人」

しかし、噺家を16年やってますが、『宗論』でここまで怒る人と怒られてる人を見たのは初めて。「もう二度とやらないように!!」とまで言われて、ちょっと気の毒な師匠でした。

「あそこまで言われたら、悔しいけどちょっと控えるわ」

とうなだれてました。仲間内にもその噂が広がり「Tは災難だったな」が大方の楽屋の意見。

それから1年半。「ひさびさに解禁しよーかな」とT師匠。本当に1年半ぶりに『宗論』をやったら、楽屋の戸を叩く音が。あのご婦人でした。まじで。やはりビショビショです。

ご婦人「あなた、まだやってるんですかーっ!!　久しぶりに寄席に来たら、またこんな思いさせられて、私はどーしたらいーんですかっ‼」

T「えーっ‼　今日、久しぶりにやったら、またあなたがおみえに……」

ご婦人「言い訳はいいんです‼　もっと明烏とか……」

T「昨日やりましたよ！　昨日来てくださいよっ！」

ご婦人「知りませんよ！　私だってあなたのファンだから、毎日来たいのに（泣）！」

T「ありがとうございます！　私だってあなたに他の噺も聴いてほしいんです（泣）！」

二人は手を取り合ってました。『宗論』でここまで泣く人（しかも二人も）を見たのは初めて。

これもすぐに楽屋内に広まり、楽屋の意見は、「神様はいるんだな」と「神も仏もないものか」と、もう一つ……「めんどくさいからお前たち、付き合っちゃえよ……」の三つに分かれましたとさ。

（2017年9月8日号）

昇進

21日から3名の新しい真打ちが誕生します。みな私と同時期に前座修業をした仲間。今回はそのお三方を紹介したいと思います。

まず三木男改め五代目・桂三木助さん。あの『芝浜』を十八番にした名人三代目・三木助の孫で、四代目の甥。趣味はモデルガン収集とアップルパイを焼くこと……という不思議な彼ですが、物腰の柔らかい穏やかな、そして芸に真面目な男です。

真面目なんですが、大変な偏食家で「なまもの」が食べられません。

「おい、五代目！ そんなことでお家芸の『芝浜』ができるのか⁉ 主人公は魚屋だぞっ‼」と思わなくもありませんが、一生懸命に取り組んでいます。独演会のゲストによんでもらった時、袖で聴いた『芝浜』。真っ直ぐな熱演で良かったです。いや、ホント。頑張れー、三木助ー。立派になって俺に仕事いっぱいくれー。頼むー。

次に柳亭こみちさん。2人のお子さんを抱えるこみちさんはママさん真打ち。一人はまだ乳飲み子です。彼女、よく楽屋の片隅で搾乳しています。お乳を出しきってスッキリするからでしょうか。彼女の落語はそこらの男の噺家よりよほど歯切れがいいのです。女性が男を演じる違和感を、全く感じさせません。

唄も踊りもうまいし、華やかな芸風で同性のお客さんからの人気も大！

ご主人は漫才師の宮田昇さん。漫才師と噺家の夫婦というのも珍しい。将来は2人のお子さんに芸を仕込んで、一家で営業に回るのでしょうか。仕事場にかみさんがいるのもキツいでしょうが、頑張れ旦那さん!!

そして、こみちー。その営業に俺も一枚かませてくれー。頼むよー。

最後は志ん八改め二代目・古今亭志ん五さん。

亡き初代の師匠の名を継ぐことになりました。

彼は私より年上の後輩なんですが、人懐っこいがんもどきのような童顔。基本的にいつもヘラヘラしています。「飲みに行く?」と誘って断られたためしがありません。「いっすねー、ヘラヘラ～」「あざっすー、ヘラヘラ～」「ごちそうさまっすー、ヘラヘラ～」

生涯独り者かと思いきや、いつの間にか郊外に土地付き・家付きの娘さんを見つけて転がり込みました。かみさんを紹介しろ、と言っても「いやいや、ヘラヘラ～」「まぁまぁ、ヘラヘラ～」と摑み所がありません。

落語は古典・新作の両刀遣い。噺も人柄のとおり肩の力の抜けた軽やかな落語を聴かせてくれます。

そういえば二つ目のとき、私は彼と二人会をしてました。彼が会場を押さえるのを忘れてて、結局自然消滅したのだった……。「あちゃー、忘れてましたー、じゃまたあらためてー、ヘラヘラ～」。そういう男です。

おーい、志ん五。今まで俺がおごった分返さなくていいから、継いだ師匠の名前、大きくしろー。ヘラヘラ～。

この3人が日替わりでトリをつとめる『真打昇進襲名披露興行』。お時間ございましたらぜひお運びください!! 詳しくは落語協会HPをチェック!!

これだけ宣伝したのだから、昔の悪さは水に流してくれ。お三方。ヘラヘラ～。

（2017年9月22日号）

内輪揉め

今、寄席の高座では「ビール瓶」が大流行中です。古典落語にちょっと「ビール瓶」出してみたり、芸人は目先の笑いに釣られてついつい『悪魔の誘惑』に乗ってしまいます。いけないね。ニュース的にはちょっと遅いくらいですが、寄席の時事ネタ事情は大河のようにゆるやかに流れております。おじいさんが沐浴してたり、死体が流れてきたり、牛が鳴いていたり母なるガンジスのごとし。油断してるといまだに「じぇじぇじぇ！」とか「バッチグー」とかがプカプカと川上から流れてきます。「ビール瓶」は向こう半年は流れ続けることでしょう。

相撲界はざわついてますが、最近の我々落語界はとりたてて大きな揉め事はありません。私が知らない30年以上前に落語協会が分裂して、それ以降穏やかみたいです。分裂騒動について知りたい方は三遊亭円丈師匠の『御乱心』と故・立川談志師匠の『あなたも落語家になれる～現代落語論其二～』を読んでみてください。野次馬的にもとても面白いですが、いや、あの時代に落語家じゃなくてホント良かった。揉め事はごめんです。

小さな揉め事はいくらもあります。落語界も相撲界と同じで、若いころは先輩にゲンコツで殴られることも。一日でも早く入門したほうが先輩で、年齢は関係ありません。上下関係がはっきりしてますので、たとえ理不尽なことをされても表立って文句は言えない。周囲にアピールしても、かえってくるのは「我慢しろー」の一言です。もっとも、落語家にケンカが強い人はあまりいませんし、非力ですから、ゲンコツが飛んできても大ケガしたり、命の危険に陥ったりすることはありません。力士じゃなくてホント良かった。

前座のころのこと。ある先輩に飲みに連れていってもらってご機嫌に酩酊《めいてい》。いざ勘定、という時になって、財布を覗いた先輩いわく「あー、俺今日金ないわ。お前、5千円な」。落語界の不文律として、「勘定は全て先輩持ち、割り勘はあり得ない」のです。私は完全に先輩にご馳走になるつもり。なおかつへべれけ状態での5千円要求に完全に理性を失いました。

「はー⁉ 誰が払うがぁー！ ほげーぇっっ‼ そんな金あるわけねーだろーっ‼‼」

ゴチンッ‼ 瞬間、目から火花。酔っ払いのマッハパンチが私の顔面をとらえました。

「てめー‼ 先輩に向かって何だ、その口のききかたはーっ‼」

「割り勘を要求する先輩は先輩にあらずーっ‼」と私。

また、ゴチンッ‼

（礼節のない私）と（金のない先輩）はくんずほぐれつしながら、馬乗りになったりなられたり。しばらく殴り合いをしていたようですが「警察呼ぶよ‼」の店員さんの一喝で、3人でなんとか代金をかき集め、店を追い出されたようです（同行者談。つうか止めろよ)。

翌日、寄席の楽屋で2人。「……おはよう……ございます」「おう……お疲れ様……」。痣と生傷の顔を見て、大御所の師匠が「いいねぇ〜(笑)。若いねぇ〜(笑)。並べ並べ!」と写真に収めてくれました。その日の夜は先輩にちゃんとご馳走になり、私も後輩としてペコペコヨイショ。こんな酷いエピソードのあとに、とりあえず取って付けたような言葉でメますが、暴力はダメ、絶対。

(2017年12月22日号)

【内輪揉め】2017年10月、モンゴル出身の大相撲の横綱・日馬富士が、酒席で同じモンゴル出身の貴乃花部屋の貴ノ岩をビール瓶で殴打。責任を取って11月、日馬富士は引退。

初仕事

今年の『初仕事』は、元日に都内の某ホテルでの落語会。ほんと言うと、暮れの年末進行中にこの原稿を書いてるので、この初仕事がうまくいったかどーか現時点ではわかりません。

私、日頃から高座で皮肉やら嫌みやら悪態をついて笑って頂くスタイルなので、お上品なお客様のご機嫌を新春早々損ねることのないように気をつけねば、と身の引き締まる思いです。チクショウ、待ってろよ。小金持ちども！　何を言ってもシャレだから怒るなよ！　ついでにお年玉くれ‼

私、噺家になって17年。平成13年5月1日に春風亭一朝に入門を許され、翌日から師匠のカバン持ちを始め、２カ月と10日の見習い期間を経て、7月11日から晴れて前座になりました。

11～20日までは新宿末廣亭の夜の部で働きましたが、高座には上がれませんでした。普通、初高座はそのへんで済ますんですけどね。理由は私のメクリ（名前を書いた札）がまだできてなかったから。えー、なんだかなー。

ただ前座は落語を話すのがメインの仕事ではありません。あくまで楽屋働きが大切。それをまず最初の10日間でみっちり仕込まれます。

私担当の教育係はK兄さんでした。独り言の多い、挙動不審の変わった人。何か聞いても下を見てぶつぶつぶつぶつ……。

他の兄さんからは「あいつに言われたことの逆をやればいい」とのアドバイス。なるほど、本当でした。……だったら初めから教育係にすんなよなー。そのK兄さん、しばらくしたら辞めちゃいました。自分の師匠とうまくいかなかったようです。「お疲れさまでした」も言えずにフェイドアウトでした。

20日の千秋楽、寄席がはねてからF兄さんにもんじゃをご馳走になりました。「食べな、食べな」「ありがとうございます」「実は俺、辞めようと思ってんだ」。「なんでですか!? 頑張りましょうよ!!」なんて励ますほどまだ親しくもありません。「辞めたら何するんですか?」なんて踏み込んだことなども聞けず、「……はぁ、美味いですね……もんじゃ……」と、ただヘラを動かすだけでした。

その翌日から兄さんは楽屋に現れず『どうやら21日の朝、辞めたらしい』という噂でそれっきりです。

7月21日からの10日間は上野鈴本演芸場の夜の部の前座になりました。

初日、前座のたまり場で着替えていると立前座のS兄さんが「君まだ高座上がったことないんでしょ〜。今日上がっていいよ〜」。そんな感じで初高座は突然やってきました。「お先に勉強させて頂きますっ！」。先輩たちが「ごくろうさまっ！」と送り出してくれます。唯一の持ちネタ『子ほめ』をとにかくデカイ声でやるだけ。たった4人のお客様。無我夢中のまま高座を降りる。でもなんかものすごい爽快感。「良かったよー」と笑顔で声をかけてくれたH兄さんも、その半年後には辞めてしまいました。

今、楽屋で前座さんを見てると「辞めるなら早いほうがいいよー」とも思うし、「辞めたくなったら初高座を思い出してみなー」とも思うし。

みんな、今なにやってんだろう。元気ならそれでよし、ですが。（2018年1月19日号）

待った！

「話題になってる落語界の襲名騒動ってどーなんですか？　一之輔さんの視点で鋭く斬り込んでくださいよ！」みたいなニュアンスで、担当編集さんから今回のテーマが送られてきました。あのね、私ゃ波風立てたくないんだよ。双方ともにお世話になってるんだから。けっこう楽屋で会うんだから。基本的に私は風見鶏で生きていきたいのです。

……仕方がない。逃げたと思われるとシャクだからちょっとだけ。ざっくり言うと、三遊亭好楽師匠の三番弟子・好の助さんが真打ち昇進にあたり、師匠の前名・林家九蔵を襲名する予定が林家正蔵師匠から『待った！』がかかった……と。そういうことみたいです。興味ある人はおのおの調べてください。スポーツ報知・芸能面の関係者一覧表の片隅に私の名前が載ってましたけど、私は関係者じゃないからね！

もう事態は収まった様子で、三遊亭好の助の名前のまま昇進するみたいです。で、世間的にはどうなのかネットを覗くと、匿名の方々いわく『こぶ平（現・正蔵師匠）のくせに偉そう』とか『落語もしないくせに生意気』とか……そんなのばっかでした。なんだそらー。全く関係ないじゃんか。正蔵師匠は今、高座数の多さでは落語界でトップ10には入ると思いますよ。地方の落語会・独演会、都内の寄席にも掛け持ちで出演して、この人が「落語やってない！」って言うなら、一体誰がやってんのよ？ってはなしです。

寄席の代演まで行くからね。落語やって映画出てテレビ出て、いつ休んでんだろ？あと無関心な人に限って「下手」だって言いますね。全く下手じゃないよ。正蔵師匠の噺、ちゃんと聴けー。毎日寄席出てっから!!

私は今回のことに関しては正蔵師匠のほうに理があると思うなぁ。「待った！」を言ったのが正蔵師匠だったから目立っただけで、それ以前に誰も「それ大丈夫？」って言わなかったのかなぁ……とちょっと不思議。それを認めると亭号・屋号がそのうちドガチャガになっちゃうかもですよ。「堅いこと言うなよ」の『堅いこと』がかなり後々重要になってくると思うのです。弟子に名前を継がせたいという好楽師匠のお気持ちもわかりますけど……。

でも一番大変なのは当人の好の助さん。真打ち昇進ってお金がかかります。「林家九蔵」で支度してたのが、手拭いを染め直したり、扇子を作り直したり……けっこうな支出でしょう……。先日、二つ目の春風亭昇也さんに聞いたら、若手のなかで「好の助さんを盛り上げていこう！」という機運が高まっているそうです。仲間がそう言ってくれるってことは、好の助さんに人望があるんだな。ゴタゴタしましたが名前が売れるチャンスだと前向きに考えちゃったほうがいいね。

落語界も相撲界ほど物騒じゃありませんが、こういう出来事がたまにあります。多少のゴタゴタがあるほうが健全な気がするなぁ。個性の強い人間が集まった古い社会ですからね。今回は落語家の『名前』について改めて考えさせられました。楽屋でいろんな先輩・後輩の意見を聴けて勉強になったなぁ。字数に限りがあるので続きはライブでしゃべります。書けねえこともあるんす。最後に言わせてもらうと、好楽師匠は親分肌のめちゃめちゃいい師匠だからねっ‼

（2018年3月30日号）

【待った！】2018年3月、三遊亭好の助が真打ち昇進にあたり、師匠の前名・林家九蔵を襲名する予定だったが、林家正蔵が「待った」をかけた。

会談

私が前座の頃、とある地域寄席の打ち上げでの出来事。地域寄席とは落語好きな一般の方が催す、その地域に根付いた落語会のことです。わかりやすく言うと、地方在住の極端にポジティブな落語好きが「俺らの街にも落語家呼ぼうぜ！　お前らも聴いてみろよ！　めっちゃおもろいからよ！　一緒に呑めるし！」というようなアンダーグラウンドな秘密組織。

某県のA落語会は30年以上続く老舗地域寄席。70代の席亭は元・落研で「本寸法の噺家しか認めん！」というゴリゴリの古典落語原理主義者です。

そのA落語会の打ち上げに、隣町でやっているB寄席の席亭が現れたのです。B席亭は50代後半、古典だけでなく新作、色物さんも呼び、ここ10年ばかり落語会を催しています。B席亭は元々A落語会の会員だったのですが、引っ越しに伴いA落語会を抜け隣町にB寄席を起こした、いわば新興勢力。地方においてライバルの出現は、たとえ隣町でもお客さんの取り合いにつながります。AとBはここのところバチバチでした。

打ち上げ場所に現れたB席亭に驚く会員たち。「私が呼んだんだよ」。A席亭は穏やかな口調で会員に説明しました。「修羅場だ……」。私の隣にいた会員さんがつぶやきます。そうか、それを察して出演者の師匠方は打ち上げに出ず帰っていったのか……。前座の私を置いて……。

どちらの会にも出演したことがあり、なんとなくお互いのことを快く思っていないことも知っていた私。気まずい。B席亭は私に「去年はありがとうございました！ またよろしくね！ こないだも話したけど、やっぱり開口一番は本職の前座さんだと会が締まるよね！」と明るく言い放ちます。A落語会は開口一番に素人さんが一席披露します。と言っても主にA席亭が、いきなり二つ目クラスのネタをやり時間オーバーで下りてきて我々前座が尻拭いをするという……。酔っぱらってB寄席の打ち上げで私が愚痴ったことをばらすB席亭。余計なことを……。

A席亭「朝左久さん（私の前座名）はB寄席にもよく出られてるけど、率直に言ってどちらの会がやりやすいですか？」

率直すぎるだろ。A落語会の打ち上げは前座に説教に近いダメ出しをする会員がいて殺意を覚える。B寄席は2次会、3次会まで続き前座をこきつかう。打ち上げに関してはどっこいどっこいで最悪だ。それは言うまい。「どちらも最高ですよ。勉強の場を頂きありがとうございます……」と模範解答。

B席亭「そんなこと聞かれても困るよね！ まぁ、とりあえず呑みましょうよ」

他の会員は我々3人を遠巻きに見るばかり。3時間が経ちました、いや経ったらしい。話によると最終的に3人で泣いていたそうです。私が断片的に覚えている会話は、

A「私は志ん生・文楽を生で聴いている！」

B「あんたの落語みんなの迷惑なんだ！」
私「正直、あんたたちどっちも噺家からの評判はよくないよ！」
3人「やっぱ落語って最高だよね！」。そして涙、涙……。
三者会談の結果、私の二つ目昇進の御披露目会をA・B合同でやるという決議でお開きになったはずなのに、10年以上経った今も約束は果たされていません。どうなってんだ、あれ⁉　約束守れよー、両首脳‼
（2018年4月6日号）

日本代表

太田家元九郎《おおたやがんくろう》という津軽三味線の師匠がいた。寄席では三味線漫談の色物さん。元海上自衛官・大柄・角刈り・赤ら顔・黒紋付きに袴姿で津軽訛り。決め台詞は「断ることができねぇんだ。な～にしろ『にっぽんだいひょう』だからねぇ～！」。

［国際旅行博覧会（ホントにあるのか？）に『日本代表』として招かれ、各国の代表から「我が国の曲を津軽三味線で弾いてくれないか？」と頼まれた」……というネタふりからの、さきほどの決め台詞。「アリラン」「パイプライン」「コンドルは飛んでいく」「ラ・クンパルシータ」「イエスタデイ」（イエスタデイだけ、ちょっとズル）という曲を太棹《ふとざお》三味線で華麗に弾きわけて、トリネタは「津軽じょんがら節」。満場拍手喝采。ポーカーフェイスで一礼、袖に引っ込む形が実にかっこいい。

そんな元九郎師匠、たいてい酔っぱらっていた。素面のときも酔っぱらってるように見える。境目が不明瞭。前座が「おはようございます！」と挨拶をすると、師匠は「ねぃ～ん」か「おわぃ～ん」か「ぶえぃ～ん」と謎の擬音で返事をする。下唇を突き出して、右手の親指・人さし指・中指を下から緩やかに差し出す。何時なんどきでもご機嫌な挨拶に和む楽屋。

高座を下りると大抵、「これから一杯どうだい？ 軽くねぃ～ん！」「いいんですか？」

「お約束よぅ〜！　ねぃ〜ん！」。何が『お約束』なのかはわからないが、後輩は誘われるがままに付いていく。陽気な酒。分け隔てなく誰とでも楽しく飲む師匠。でも『軽く』ではない。まぁ、寄席芸人の言う『軽く』一杯は『気の済むまでとことん』を意味するのだ。

浅草の寄席がはねると、すしや通りの末廣寿司でよく飲んでいた。仕事を終えた前座やお囃子さんが前を通り掛かると「寄ってかない〜ん！」と店の中から元九郎師匠が手招きをしている。終電まで飲ませてもらい、「ねぃ〜ん！　また明日〜！」となるが、師匠は「お約束よぉ〜ん！」と河岸を変えて飲み歩く。

旅先でもよく飲んだ。落語会が終わって打ち上げ。閉店すると店を変え、そのうち「じゃ、宿に戻っておわぃ〜ん！」と部屋飲み。なんとなく寝て、翌朝は朝食で「ねぃ〜ん！」と朝酒。

帰りの空港のレストランでまた「どうぃ〜ん！」と飲む。飛行機に乗り込み、まだまだ飲む。隣り合わせじゃないからやれ助かったと思ったら、前のほうから声が聞こえる。「あのねぇ〜ん！　お姉さんっ！　わたしの後輩で一之輔ってぇのが飲み足りないみたいでぇ〜ん！　もし良かったらお席を替わってねぃ〜ん！　もらぇ〜ますかぃ〜ん！」。お姉さんが私のほうへ飛んできて「早く替わってくれ！」という目をしていた。まさかのウィンウィン状態。羽田に着くまでワインの小瓶を何本空けたか……。「小腹がすいてなぃ〜ん？」と、羽田のレストランでまた一杯。「そろそろ行くかぃ〜ん？」と帰るのかと思いきや、「浅草付き合わない？　ねぃ〜ん？」。師匠は年がら年中そんなかんじだったから、もちろん身体にいいはずがない。4年前に60歳の若さでお亡くなりになった。そんな『日本代表』。機会があれば、動画でその芸をご覧頂きたい。まさに『日本代表』だから。『日本代表』はもっと生きてくれなきゃダメですよ、師匠。ねぃ〜ん。

（2018年7月6日号）

【日本代表】2018年6月に開催されたサッカーW杯ロシア大会。日本代表はフェアプレーポイントの差で1次リーグを突破、決勝トーナメントに進出した。

クビ

こないだ、新たに弟子入り志願者がきました。春です。春の季語に「弟子入り」はあったか、なかったか。

その弟子入り志願者に「落語家にむいてない、と思ったらすぐ辞めてもらう！　ダメなら早く違う道を歩んだほうがいいのだ！」……なんてことを、偉そうに言ってみました。相手は神妙な顔で「……わかりました！」と頭を下げます。そりゃそうだ。「嫌です！　僕は絶対辞めません！」とはなかなか言いづらい。要するに「何時なんどき、クビを宣告されても驚くなよ。そういう世界だからな！」という脅しみたいなもんで……落語家にむいてるかどうかなんて入りたて早々の若者を見てもわかるもんじゃないのがホントのところ。

私はまだ弟子をクビにしたことはありません。私が仕方なく弟子をクビにするのはどんな場合だろう。

『弟子が警察のお世話になったとき』？　でも、罪状によるかな。殺人は当然クビ。未遂もNG。寸借詐欺とかセコイのはやだな。知能犯はちゃんと罪を認めて刑に服せば「また戻ってこいよ！」と言うかも。

女性子供老人など自分より弱い者相手に手を上げるのは言語道断。もちろんクビ。酔って酒場で喧嘩……ならまぁ、一晩ブタ箱に入って、先方と折り合いがついてりゃいい。

窃盗。理由と状況によるな。「どうしてもセロリが食べたいのにお金がなくて、無意識の内に店先のセロリをかじってた」……なんてのは許す。「ATMをパワーショベルで根こそぎ持ってった」……みたいなのは、バイタリティーは買いますが残念ながらクビかもな。

『師匠に逆らったとき』。基本的に『師匠に逆らう』なんてあり得ないのだけど、どうしても許せない事情の末……てのはあるかもしれないし、私だって間違うこともあるし。ただ逆らったあとに、師匠を立てず、シレーッとしてたら「なんかかんじ悪い」のでクビ！

この「なんかかんじ悪い」ってのはかなり重要で、例えばいつも口癖で語尾が「ですよね〜」のヤツは、私のなかでは十分クビに値すると思います。

舌打ちが多いヤツも勘弁です。一緒に居たくない。基本表情が半笑いのヤツもそれが直らなきゃクビにしたい。一番弟子は小言言われてるときに、照れ隠しなのか笑みを浮かべる癖があったので口酸っぱく言ったら直りました。惜しいな、直らなきゃクビにできたのに……。気に障る「なんかかんじ悪い」は意外と直るのですが、一番直りにくい「とてもかんじ悪い」のは『とりあえず、落語やってる』とか『落語に飽きちゃってる』とか『落語なんてこんなもんでいいだろ』ってスタンスのヤツ。

入門したときは落語を好きだったはずなのに、「自分はこんなもんだ、頭打ちだ」と決めちゃって諦めちゃった人はよーくわかります。弟子たちにそんなふうになってもらいたくはないですから、どうするかというと口で言う前に『背中で見せる』しかない。「師匠がこんなにやってんのに、俺たちはこんなもんか……なにくそ！」とか「師匠に認めてもらえるにはどうしたらいいか？」と弟子に思わせる師匠にならにゃいかんという……。あー、大変。弟子なぞとるんじゃなかった。師匠を「育てる」のは弟子なのかもね。

（2018年5月25日号）

ツアー

私の全国ツアー『一之輔のドッサリまわるぜ』が始まった。通称『ドサまわり』。今年で6年目だが、よくこのタイトルで苦情が来ないものだ。お客さん、怒ったほうがいいよ。ツアーといっても土日の日帰りか1泊。同行者は舞台監督・物販を一人でこなす男性スタッフA氏のみ。これホントにツアー？　どれだけロンリーなツアーか。先日の大阪公演を日記風に記します。

AM7時　起床　いつもの朝。

AM8時半　東京駅　A氏と新幹線ホームでおちあう。眠気で言葉かずは少ない。水だけ買って乗車。ネタをさらおうと思うも居眠り……気づいたら三河安城を過ぎていた。隣席は外国人。C・W・ニコル似のオジさんがずーっとなんか食っている。体臭が過多。ネタは決まらず。

AM11時　新大阪駅着　地元のイベンターさん（60代・男性）が一人でお出迎え。タクシーにオジさん3人。会話はないが天気は抜群に良い。

AM11時15分　府立労働センター「エル・おおさか」へ。キャパ700人。舞台チェック。とにかく古い。「ゴー！」という過剰な冷房音。バネが飛び出しそうな椅子席。舞台番のオジさんが「ほんま松井知事に言うてくださいよ！　建て直せぇよって！」。知らんわい（笑）。

AM11時45分　楽屋で弁当。ハンバーグ・揚げ物・煮物……。茶色ハイカロリー。この日の前座・露の眞さん到着。古田敦也似の30代女子。「美人は性格がもれなく最悪です」などと、言うことがひねてて素晴らしい。

PM0時半　客入れ　下着姿で楽屋をふらふらする私。ネタ決まらず。今日はなりゆきだ。

PM1時　開演　舞台袖にあった、労働組合が忘れていったであろう「団結」と書かれたヘルメットを被ってオープニングトーク。「ギャラ上げろーっ‼」とお客さんとシュプレヒコール。一席目「夏どろ」、二席目「ひなつば」は完全に予定外。しゃべりながら冷や汗。なんとかオチまでたどり着き、仲入り休憩。休憩中は楽屋でひとりぼっちだ。私にセコンドはいない。

PM2時20分　後半開演　廓噺《くるわばなし》の「明烏」に入ろうとするも、最前列に子供が居ることに気づく。「まー、いいか！　今のうちに吉原の勉強しとけよ！」と強行。喜んでもらえたかな。

PM3時　終演後、ロビーにてサイン会。腱鞘炎《けんしようえん》寸前。終わったらすぐに着替え。眞さん・他スタッフに見送られ、A氏とタクシーで新大阪駅へ。

PM4時半　新幹線の時間まで駅ビルの明石焼き屋でA氏とビール1杯・ハイボール2杯。その後、ビールと「さばサンド」を購入。これが大阪の楽しみ。

ＰＭ５時10分　のぞみ発車　さばサンド一切れ、ビールを半分飲んだところで爆睡。気づけば新横浜。えー⁉

ＰＭ７時45分　東京駅着　タクシーの列に並び、さばサンドの余韻にひたる。さばサンド最高。考えた人に勲章をあげたい。ホント偉いよ、さばサンド。

ＰＭ８時半　帰宅　日常に戻る。これがツアーといえるのか？　さばサンドがなければどうなっていたことか。あと19公演、やったろうじゃないか！　さばサンドなくても頑張るし。

追記　大阪のお客さま　さばサンドの差し入れは要りません。帰りに自分で買うのが好きなんで。可愛いよ、さばサンド。好きだ、さばサンド。

（２０１８年６月29日号）

米朝

は　落語家、いや演芸好きにとって、『米朝』と聞けば、まず脳内に浮かぶの『桂米朝』師匠なのである。言わずと知れた「上方落語・中興の祖」。『米朝会談』『米朝対立』とあれば、当然「え？　米朝師匠が誰と？」となり、『米朝膠着状態』とあれば、「師匠、大丈夫ですか⁉」とこちらもドキドキし、『米朝緊張ほぐれる』とあれば、「師匠、なによりです！」と胸を撫で下ろす。アメリカとか北朝鮮の前に、まず尼崎・武庫之荘（師匠の地元）。

私が米朝師匠にお会いしたのはたった一度だけだ。入門して1年経ったころ、先輩から国立名人会の前座の代わりを頼まれた。国立名人会の楽屋で働く前座はレギュラー制だが、その先輩は自分の師匠の用事で行けなくなったらしい。「米朝師匠がトリだから！」。私はちゃんと聞いていなかった。「○朝」という名前は落語家にけっこう多いので、頻繁に会う東京の○朝師匠だと思い込んでいた。当日、楽屋の木札を見て「米」。思わず絶句。一緒に務めるA兄さんはピリピリしている。前日急に代わりを頼まれたらしい。「お前、米朝師匠に会ったこと……」「……ないです。兄さんは？」「ないよ……どうしよう」

ペーペー二人が、上方の超重鎮のお世話をするという重圧。前座の楽屋での仕事は「お茶を出す・着替えの手伝い・出囃子の太鼓を叩く・着物を畳む」などなど。

「米朝師匠のお茶の好みは?」「知りませんよ」「着替えの手順は?」「……知りませんよ」「出囃子の太鼓叩ける?」「出囃子は文蔵師匠と同じですね?」「叩ける?」「太鼓は兄さんの係じゃないですか!」。太鼓は先輩前座が叩くのだ。「俺、太鼓苦手」「……使えねーなー」「俺、先輩だよ!」「着物は?」「畳み方がわかればできますけど……」。落語家の着物の畳み方は一門により異なったりと、ややこしいのだ。

『とにかく一生懸命!』というスローガンを掲げる二人。正直、この日に限って他の出演者は眼中にない。米朝師匠、マンマークだ。まさにトランプと金正恩をむかえるシンガポールの心持ち。

開演して1時間。ついにトリの米朝師匠が楽屋入りされた。お付きの方が5、6人!「おはようございます!」。二人で大きな声でご挨拶。「はい、ご苦労様」と師匠。これで終了……というのも、お付きのお弟子さんが師匠に関わる全てのことをやってくれたから。挨拶以外やることがない。何もやらせてもらえなかったというほうが正しいか。「こちらでやりますんでお気遣いなく」＝「わしらの国宝に触るなや」。決してそんなことは言ってないのだが、卑屈な野良犬2匹にはそう聞こえた。寂しい1割、でもホッとしたの9割。遠巻きに指をくわえて国宝を見つめるのみ。ただ、その佇まいの品が半端ない……。かっこいい。うっとりしすぎて、その日の米朝師匠のネタさえ記憶にない。どうしようもない。はねてから野良犬2人で「やっぱり噺家は品だな!　品!」と言いながら立ち呑み屋で5時間。しこたま飲んで、マーライオン……我ながら酷いオチなのはわかっている。時は流れて、今、私は米朝師匠の孫弟子の吉坊兄さん・佐ん吉さんと二人会をさせてもらっている。米朝師匠の遺伝子から『品』を盗まねば。落語もコラムも品は大事。

（２０１８年7月13日号）

【米朝】２０１８年6月12日、アメリカ合衆国のトランプ大統領と北朝鮮のキム・ジョンウン（金正恩）朝鮮労働党委員長は、シンガポールで史上初となる米朝首脳会談を行った。

世代交代

桂歌丸師匠がお亡くなりになった。たぶん、日本で、否、世界で一番有名な噺家が亡くなった……で間違いないのではないか。落語に興味がない人でも顔と名前が一致する噺家はそうそういない。行きつけの喫茶店・床屋さん・居酒屋で、挨拶代わりに「歌丸さん、亡くなっちゃいましたね……」と声を掛けられ、私は「ですねぇ……早かったですね……」と曖昧に応える。師匠とは所属している協会が違うのでお会いした絶対数が少ない。私が噺家になって17年間で通算20回会っただろうか。ちゃんとお話しさせて頂いたことは残念ながらなかった。ご挨拶程度のはるか遠い存在だ。

世間の人はそんなこと知らないから、同じ職業ならなんかエピソードが出てくるか……と期待されているのかもしれないが、申し訳ない。「昔からお爺さんでしたね……」とか、ありふれたコトしか言えないのだ。

亡くなった翌日、ワイドショーを見ていると歌丸師匠が会長を務めていた落語芸術協会の師匠方が会見をしていた。ご覧になった人も多いと思うが、笑顔の多い会見だった。亡くなった「翌日」の会見で、こんな和やかな雰囲気を出せるのは噺家だけではないか。普通もっと悲痛な空気が流れるもの。やはり噺家はいいなぁ……と思う。もちろん皆さん、心のなかでは泣いているのだ。でもつとめて明るく、いや無理に明るくしているのでなく、「噺家は故人を明るくお送りするもの」というのが、身体に染みついている。噺家はメソメソしないのがいい。

生前の歌丸師匠、後輩の噺家からはよく「間もなくご臨終」的にネタにされていた。仮だとしても「死」をネタにして、それをお客さんが笑うなんて、一般的にはどうかしているコトだ。でも、普通なら聴いた人が眉をひそめるようなネタも、噺家のフィルターを通すと笑いになる。

なぜだろうかと考えてみたのだが、噺家は若いうちから同業者が亡くなるのを身近に見てるからじゃないだろうか。噺家は「定年のない職業」だ。定年＝死。だから現役の先輩が亡くなるたびに、前座のころから通夜・葬儀の手伝いを年に何度もするのだ。仲間の死が身近だから、極端な話、「そのうちみんな死ぬ」という真理が知らず知らずに肌に染み込んでいる。だから不謹慎なコトを口にしても、あっけらかんとして笑いに繋がるのではないか。落語に人が死ぬ噺が多いのもその理由かもしれない。落語世界の住人の死も、リアルな噺家の死も極めて身近ですぐそこにある。

話を戻すと、知名度抜群の歌丸師匠に対し、若手がちょっと乱暴なコトを言えばお客さんは笑いやすい。安易といえば安易だけど、落語に不慣れなお客様を前に、私も恐縮ながら師匠をネタにさせて頂いたことがある。案の定ウケるのだが、反応の良さと裏腹になにかモヤモヤしたものが……。「歌丸師匠」の大きさばかりがのしかかり、己の無力さを痛感。「これじゃいかんなぁ……」と思いつつ、ついつい手が伸びる麻薬のような師匠の知名度。自分がネタにされる側にならなきゃならんのだが……いつのことやら。『世代交代』なんてくるのだろうか。だって歌丸師匠の師匠・桂米丸師匠が93歳で現役バリバリなのだから。なんか凄い世界に入ってしまったものだ。

（２０１８年7月27日号）

反旗

東京の落語家は、上から「真打ち」「二つ目」「前座」と身分制度がある。上の者には決して逆らってはいけない。『反旗』を翻すなんてとんでもねぇですだ、お代官さま。

「いいか！　前座は虫ケラなんだからな！」と、私が前座のとき、同じ前座の先輩から言われた。「じゃぁ、お前も虫ケラじゃねえか」と思ったが、根が利口なので「えぇ⁉︎じゃ、兄さんみたいに噺も上手くて、気の利く前座も虫ケラなんですか⁉︎」とヨイショ。すると先輩はちょっと嬉しそうに、「……いやいや（ニヤリ）、俺だって同じ虫ケラだよ。でもな、もうすぐ二つ目だからよ。あと半年したら地上に出て、大空に羽ばたいてやるんだよ！」と宙を見つめた。

「なるほど……兄さんはまるでセミですね！」と私。「そうなんだよ！　セミなんだよ！もうすぐギラギラ輝く太陽の下で、俺はミンミン鳴くんだよ!!」と拳を握ったセミ人間。横で聞いてた二つ目の先輩が「セミか……じゃ、お前二つ目になったら1週間で死んじゃうなー」と冷静な分析。そのあとは、みんなで『羽化した後も長生きする虫』を調べ合った。なんて平和な職場だろう。ちなみにカブト虫も羽化後は1カ月程度しか生きないらしい。結論として人間が一番だ。

ある大師匠は寄席の楽屋で前座が出したお茶を絶対に飲まなかった。

私が地方の落語会でその師匠と一緒になったときのこと。師匠は楽屋でケータリング担当のバイトのお姉さんがいれたお茶を旨そうに飲んでいた。おかしいじゃないか？
私は思いきって聞いてみることに……。
私「師匠、お茶お飲みになるんですね？」
某師匠「好きだよ、お茶」
私「なんで寄席の楽屋ではお茶を飲まないんですか？」
某師匠「お前らのいれるお茶は不味いから」
私「……すいません。美味しくいれるよう稽古します……」
某師匠「美味しくても飲まない」
私「え？　どうしてですか？」
某師匠「……実は俺な、前座の頃、嫌いな真打ちや意地悪な二つ目のお茶にゴミとか唾とか、その辺の綿ボコリとか入れて出してたんだよ（笑）」
私「……マジですか？」
某師匠「しょうがないだろ！　嫌いなんだから！」
私「（しょうがなくはないだろう）……ですよね」
某師匠「お前らもそんなことしてるんだろう⁉」
私「いやいやいやいやいや‼」

某師匠「してるだろ！　『いやいや』じゃなくて、してるだろ！　してるんだっ！　絶対にしてる!!　な！　してるな!!」

私「（してないよ）たまに……」

某師匠「なっ!!（嬉しそうに）だから俺は絶対に楽屋のお茶は飲まないの！　わかるっ!?（笑顔）」

私「わかりました……でも師匠のお茶にそんなことしませんよ」

某師匠「（満面の笑みで）あのな……俺も昔、大嫌いな真打ちに今お前が言ったのと同じこと言ってたの（笑）。……そういうことだから!!」

この話を思い出して、寄席の楽屋に行くと前座が全員テロリストに見えてきた。美味しくお茶を飲める真打ちになるために、下の者には優しくしよう。ただ嫌いな人に自分の唾を飲まれるのはかなり嫌だけどなぁ。

（２０１８年９月28日号）

シーズンオフ

先日10月27日、五夜連続の独演会が無事に千秋楽を迎えました。4年前から始まった、題して『落語一之輔』。2012年の秋に「14年からスタートして初年度は一夜、2年目は二夜と1日ずつ増やして5年目に五夜で大団円……ということでどーでしょう!!」というありがたくも無責任なお声がけを頂きました。よみうり大手町ホールのこけら落とし的イベントです。噺家冥利につきます。

「ついては初年度は大きな『目玉』が欲しいですね」とのこと。何も考えず能天気に「じゃ『文七元結』のネタおろし（初演）はいかがでしょう」と応えた私。『文七元結』は人情噺の大ネタ。まだ手掛けてなかったのでちょうどいいか、と気軽に提案したのが果たしてよかったのか。初年度は何とか終わり、2年目。

担当者「今年はどーしましょう？　去年は初演の『文七元結』でしたからお客様は期待してますよ」

私「やってみます？」

ということで、二夜連続でネタおろし。こちらも大ネタ中の大ネタ、『百年目』と『三軒長屋』。無謀。会の前の1カ月はイライラしてしょうがなかった。で、まぁ何とか無事すんだのか……。

2年目で初演はやめときゃよかったんだな……。「2年できて、3年できないわけはない!!」なんて言葉にのせられました。経年による自分の体力の衰えを計算しとくべきでした。ネタは『睨み返し』『三井の大黒』『柳田格之進』のちょい渋い三席。三つの噺を同時期に稽古していると頭のなかで常に登場人物が絡み合って、違う噺に異なる噺の主人公が出てきそうになります。「柳田格之進が左甚五郎が彫った大黒様を一刀両断にして、借金とりを睨んでる……暮れの夜」みたいな。わけわからん。ストーリーは各々調べるように。

4年目、もうしょうがないよね……。ただ4年目ともなると、やりたい噺が残ってないのです。落語事典をペラペラめくりながら選んだのが『猫の災難』『二番煎じ』『文違い』『心眼』。こんな事態にならなきゃ『文違い』『心眼』なんか絶対やらない。でもやってみたら案外面白かった。そんな発見もあります。

そして今年、5年目は『ねずみ』『付き馬』『帯久』『意地くらべ』『中村仲蔵』。くたびれた。もう一度言います。くたびれまくった……。初演といえど無様な高座は見せられないですから、ひたすら毎日歩きまくって稽古。職質もされました。「わたし、五夜なんです！」「は？　い－から身分証出して！」というやりとりを何度したことか……。

ようやく5年で完結……と思ってたら、担当者から「来年はサプライズで七夜！」と提示されました。え？　なに勝手にサプライズってんの？　それに六は？　「新元号になりますし、キリよく七で！」。意味わからない！　「さすがに初演はきついですから、今までの集大成でいきましょう」という趣旨でお互いまとまってたのですが、五夜千秋楽、トリネタの『中村仲蔵』が終わってカーテンコール。「えー……来年は七夜で、初演はなし……のつもりでしたが……ちょっと考えてみます！」と、笑っている私。お客様は無責任に拍手喝采……。俺のバカ！　なに調子乗ってんだよ‼

一体、来年はどうなるのでしょう？　そして私の『シーズンオフ』はいつ訪れるのか？今は、泥のように眠りたい。

（2018年11月23日号）

盛る

ライブの世界はまだまだ紙チラシ文化。お芝居に行くとぶ厚いチラシの束をもらいます。演劇のチラシは総じてセンスがいい。ただチラシに釣られて実際に芝居を観に行くと、内容が明らかに『チラシ負け』……みたいなことがあるので世の中難しいものです。

落語会のチラシもオシャレなものが増えてきましたが、いまだに筆ペンで必要事項を殴り書きしただけ……という果たし状みたいなチラシも見受けられます。ヤル気だけは伝わる。行ってみるとやっぱりヤル気だけだった……なんてね。

また一落語ファンが「落語会を開こう！　でも予算がないので自らパソコンで作りました！」みたいなチラシ。これが一番たちが悪……いや、個性的だったりします。とにかく主催者の言いたいことを盛り込みすぎて訳のわからなくなってる『メガ盛りチラシ』が多い。例えばこんなかんじ。

一、タイトルが無駄に長い。『第○回　爆笑年忘れ　△△落語会プレゼンツ　春風亭一之輔独演会　～師走の饗宴～　ｓｕｐｐｏｒｔｅｄ　ｂｙ　□□工務店』みたいな。一瞥しただけで胸焼け。『寿限無』かよ。スポンサー名も実は主催者の実家。

一、煽り文句も長い。「２０１２年に21人抜きで真打ち昇進を果たした一之輔がこの師走におくる粋な世界に浸りながら年の瀬を迎える喜びを感じつつ、我々はこれからの落語界に思いを馳せる夕べになるであろうことはまさに必然」みたいな。ゴシック体で縦書き。『日刊ゲンダイ』の1面か。

一、演者の写真をたくさん使いたがる。それも素人がデジカメで撮ったような粗い画像の。どうかすると撮影時期が違うものを交ぜるので、同一人物なのに顔が痩せてたり太ってたり、髪形が違ってたり。

一、会場への地図が異様にデカい。最寄り駅だけ載せればいいのに、なぜか左右両隣の駅まで広範囲に描いてある。チラシの2分の1が地図！

一、演者のプロフィールまでチラシに載せる。本名・生年月日・出身地・出身校・趣味・受賞歴・得意ネタ……高座のまくらでの『つかみのフレーズ』まで書いてあったり。その横に「爆笑確実！　必聴！」としてある。営業妨害で訴えるよ。

一、なぜか主催者自身のプロフィールまで載せてしまう。『……小生、大学時代は落語研究会。噺家を志すも家業を継ぎ現在、社会人落語サークルに所属。得意ネタは……』いやいや、あなたの得意ネタはいらないから！　チラシで『小生』って⁉

一、早くも次回予告がドーンッと載っている。とにかく一歩一歩着実にいくべきではないですかね？　気が早！　しかも出演者、私じゃなくて違う人だし。

　そんな情報過多のカオスなチラシはホントにあるんだな。「あちゃー……」とは思いつつ、私は主催者には何も言いません。理由はそんなメガ盛りチラシが、けっこう好きだから。タイトルに『江戸前』とか付いてたらもうゾクゾクします。「どこがっ⁉」と心で突っ込んで。

……省みれば、出演する私の落語も盛り込みまくって訳わからないんですけどね。ホテルの朝食バイキングも盛りすぎていつも後悔するしなぁ……。でも『盛る』のって、なんか楽しい。楽しいの。『引き算』なんてまだまだ私には早いのよ。

（2018年12月14日号）

【盛る】「より良く見せようと、大げさに、多少デフォルメして」表現すること。SNSの隆盛により、若者の間で頻繁に使われるようになった。

名作

ここんところ、「『名作』を書きたい！」という力みがまるでないです。コラムに『名作』という表現が合ってるかわかりませんけども。「力み」というか、「色気」「やまっ気」と言ってもいいかもしれない。

だってもう自分が先週書いた内容すらも覚えてないですもん。連載200回を過ぎたころから、「あれ？　前にも同じコト書いたかも？」……なんてのがたびたびです。でも、「まぁいいか……読んでない人もいるだろうし……」と。早い話、肩の力が抜けてきたのです。よく言えば。

ところで『名作』と『傑作』って違うもの？　どっちも「優れた作品」なのはわかるけど、どこが違うのか？　『名作落語』とは言うけど『傑作落語』とはあまり言わないなぁ。『名』のほうが、一般的認知度が高い作品か。わかりやすく言うと、三遊亭圓朝・作『芝浜』は『名作』。林家きく麿・作『パンチラ倶楽部』は『傑作』。余計わかりにくいかな？『傑作』は、それを推す評者の主観が濃いですかね。まぁとにかく、きく麿兄さんは天才です。ちなみに顔は安美錦に似てますよ。

横浜にぎわい座という寄席では、毎月『名作落語の夕べ』というタイトルの落語会が開かれています。私が前座のころは司会者の玉置宏さんがにぎわい座の館長でした。『名作落語』というからには厳選された落語が演じられるイメージですが、そんなこともなく……古典落語なら何でもかかってるかんじです。もっとも古今の噺家が口伝で残してきた古典落語は、今残っている時点ですでに『名作』なんだね。

『名作落語の夕べ』の私的見所は、玉置さんがその日演じられる予定の『名作落語』を解説するオープニングトーク。落語大好き玉置さんは、舞台袖にいる時から超ゴキゲンです。私たち前座にも積極的にバンバン話しかけてきます。

「○○師匠はどんな人？　なにか面白いエピソードとかあります？」とか。私も玉置さんと話せるのは嬉しいから「実はですね……」なんてあることないことご注進すると、舞台でそのまんま見てきたように話す玉置さん。これが自分が教えた話のはずなのに袖で聴いてて面白い。長年培ってきた話術だなぁ……と改めて感心。

そのうち落語愛が過ぎてトークが止まらなくなり、これからやる落語のネタバレをしてしまうこともたびたびでした。「ダメだよー、玉置さん！　そこまで言っちゃ!!」と、舞台袖で頭を抱える演者。

でも『名作落語』ですからね、あらすじを知ってても面白いんです。その聞きどころを玉置さんがあの調子で語ってくれるんですから、お客様にとっては贅沢の極みでしょう。例えば『寿限無』なんて落語も、玉置さんにかかれば「これから名作が聴ける！」と思わせてくれる、みたいな。

なぜ玉置さんの話になったかというと、先日夢に玉置さんが現れたのです。『名作落語の夕べ』で玉置さんがご案内。あの名調子で「……これからお聴き頂くお噺は、女の子のパンツを覗き見る、いわゆるパンチラを生き甲斐にしている男達の物語……」。わたしゃ、名作『パンチラ倶楽部』で泣きました。やっぱりきく麿兄さんは夢の中でも天才でした。

（2018年12月21日号）

肩書

初めて行く仕事先で、たまに聞かれること。

「プロフィールの一之輔師匠の肩書は『落語家』と『噺家』。どちらにしましょうか?」

たまにです。こんなこと聞かれるのは、ごくたまに。こちらから指定しなければ98%は『落語家・春風亭一之輔』と紹介されます。聞いてくる2%の人は、たいがい落語が好きな人orちょっと知っている人で、『噺家』という呼称に若干の思い入れがある人or覚えたばかりでちょっと使ってみたくてしょうがない人でしょうか。そんな人に「普通に『落語家』でいいですよ」と応えると、「あ、そうですか」と少し残念そうなのね。

こちらが頼んでもないのに「肩書は『噺家』にしておきました!」という人もいます。『噺家』の響きの良さがわかる俺、どうよ!」という自意識がちと鬱陶しい。

私も意地悪なので、そういうときは「あー、なじみのないお客様にはわかりにくいんで『落語家』でお願いしますー」と返します。ある人は「え……そうですか……でも○○師匠は『噺家』がいい、とおっしゃっていましたが……」というアサッテの方角から〝判例〟を突きつけてきました。知らんがな。

めんどくせーな、と思いつつ、「あー、○○師匠は言いそうですよね。でもお客様のなかには『噺家』って読めない人もいると思うんですよねー。『落語家』のほうがわかりやすいですし……」と言えば、しばらく考えて、「じゃあ、いっそ『咄家』はどうでしょうか！」と、どこか嬉しそうだったりして。『咄家』なんて普通の人はもっとわかんないよ。

ま、私は正直『落語家』でも『噺家』でも『咄家』でも、どれでもいいです。『正座しておしゃべりおじさん』でも『着物で左右首振りストーリーテラー』でもよし。肩書なくても「春風亭一之輔」って書いてあれば、「あぁ、あーいうかんじね」ってわかりそうなもんですから。

過去に地方の落語会でのプログラムには、「落語家で4人の子の父・春風亭一之輔」と書いてあったことがありました。べつにいいけどさ。余計な肩書のせいでグッと所帯染みた感と、私が頼んだわけじゃないのに「俺、イクメン」アピール臭が漂っていてかなり恥ずかしかった。それに順番が違うだろう。百歩譲って書くとしたら、「4人の子の父で落語家」でしょう。それじゃ、父がメインになっているし。でも、なにより一番の問題は子供の数が1人多いこと！　うちは3人だって！　どこからの情報なんだよ。近しいお客さんから「また生まれたんですかっ⁉　おめでとうございますっ‼」とメールが来て、初めて気づいた自分もどうかと思うけど。お祝いもらっちゃうところだったよ。勝手に1人増やすなよなー。

私の師匠・春風亭一朝は「『今日はイッチョウけんめいやります』でおなじみ……」

と書かれていたことがありました。芸人の高座のツカミのギャグを肩書に書いちゃダメです。師匠もそれに気づかずやってしまい、いつもよりお客の反応が薄く「おかしいなぁ」と首をひねってました。余計な肩書は芸人殺し。

三味線漫談で売れに売れた名人、初代・柳家三亀松師匠は芸種なども書かず、ただ『ご存じ』とだけしてあったそうです。すげえ肩書だ……。

（2019年1月25日号）

新米

　昔の刑事ドラマを観ていると、『新米』は「おい！　新米っ！　張り込み行くゾッ！」とか「新米っ！　モタモタすんなっ！」なんて、先輩から声をかけられている。昭和の『新米』は名前でなく『新米』と呼ばれがち。子供ながらそのやりとりにちょっと憧れた。新参者はぞんざいに扱われる風なやつ、昔ながらの厳しいプロの世界ってかんじで、いいね！と思っていた。

　落語家になってみると、前座の時は「おい！　前座！　お茶くれ！」とか「前座っ！　くっちゃべってんじゃねぇっ！」なんて、先輩から名前でなく『前座』と呼ばれまくり。正直、名前で呼ばれないのはイラッとしなくもない。個として扱われてないじゃないか。ドラマの新米刑事も素直に返事していたが、内心ムカッとしていたに違いない。私もいつも上の人に対して「名前くらい覚えろよ……」と思っていた。だが、まぁ自分が先輩になってみると気づくことがある。「これはなかなか覚えられねえな……」と。

　後から後から前座が入ってくる。入門から4年もするとあっという間に二つ目に昇進して「○○改め、△△になりました」なんつって改名したりしやがって、せっかく覚えたのにまた最初からやり直し。私はまだ若いからなんとかなるが、寄席の楽屋にはおじいさんが多いから酷だろう。

　だからある時から偉い人が「前座が多すぎて名前が覚えられねえから、みんな名札をつけろ！」と言いだした。私が前座の頃は入ってから3カ月は名札をつけるきまりだった。幼稚園児じゃあるまいし、みっともない。名札をつけても「前座！」としか呼んでくれない人もいる。第一、あちらさんは名札見てないし。早く外したくて仕方ない。だからほとんどつけてなかった。

ふた月くらいした時、おじいさんたちはどうせ覚えないいんだから……といって、ふざけて仲間と名札を入れ替えて働いてたら「お前たちは名前変わったのかい？」と言われた。なんだ、覚えてるのかよ。だったら名前で呼んだらどうなんだ。『前座』と呼ばれるのに慣れた頃、そのうちに「あんちゃんさぁ～」と『あんちゃん』と呼ぶ人もいるのに気づいた。私はあなたのお兄さんじゃない。寄席の楽屋には『そっち』という二人称もあった。「そっちはさぁ～」と初めて話しかけられた時、キョロキョロして「どっちでしょう？」と応えたら「もういいや」と言われた。人によっては「そっちの生まれはどっち？ 言葉の様子だと、やっぱりあっちか？」みたいな応用編な問題も出されたりする。もうよくわからない。

そんななか、すぐに名前を覚えて呼んでくださる大師匠もいる。小言を言われるのでもそのほうが効き目はあるし、当人の心にも響くはず。第一覚えてもらえるのは本当に嬉しいんだな。だから私もなるべく前座さんは名前で呼ばねばな、とは思ってるんだがなんともかんとも。

今は前座全員が名札着用の義務制だ。お前の名前はもう知ってるよ、というくらいの古参前座まで名札をつけている。二つ目になるまでつけなくてはならないらしい。「もう覚えたから外したら?」と言うと「いやいや、きまりですので」だそうで。杓子定規。名札があるとそれに頼っちゃうんだよな。そっちもこっちをあまり甘やかさないでほしいんだけどね。

（2019年11月1日号）

レギュラー

そろそろ来年の手帳にスケジュールを書き込まねばな。簡易なメモ帳に控えた来年のスケジュールを、フリクションの青インク、0・38ミリボールペンでシコシコ書き写す作業はけっこう好き。

自分の落語の持ちネタも毎年新規に書き換えている。ネタを年に何回口演したかを「正の字」をつけて数えるために、新しい手帳にネタを書き出すのだ。案外とマメなのです。数えたら200超あった。多いほうだとは思うが「今、やってください」と言われて、すぐできるのは30くらいか。いや、1時間の猶予をもらえればできるのがそれくらいかな。「今すぐ」なら15くらいかもしれん。年間通して一回もやらなかったネタもたくさんある。覚えて一回やったきりでお蔵入りになったネタも20くらいある。そんなネタを作らないために回数をチェックしてるのだが、どうにも口慣れたネタばかりに偏ってしまう。だから読者の皆さん、たいてい「ネタ数の多い噺家」=「やったことのあるネタが多い噺家」なので過度な期待はしないように。

不特定多数のお客様が対象の寄席では、「最大公約数にウケるネタ」を選びがちだ。自然『レギュラー』ネタが固定してしまうのはしょうがないかな。一之輔のとっさにできる口慣れたウケる（ウケない時もあります）ネタのスターティングラインアップはこんなかんじ。2019年バージョン。おじさんはなんでも野球に例えがち。

①（中）　鈴ケ森　泥棒の滑稽噺。かなりハイテンポなのでお客を置いていきがちだが、爆発的にウケることもあるパンチ力を秘めた超俊足の中距離砲。
②（二）　加賀の千代　甚兵衛さんという「落語国のゆるゆるおじさん」が活躍。ちょっとBL気味な隠居さんとの仲良し噺。顔技小技を使う卑怯な寝業師。
③（右）　普段の袴　元々は地味な噺だが、手を加えたらいい味が出てきた。侍に憧れるバカが主役。真似して失敗する「オウム返し」のアベレージヒッター。
④（三）　初天神　縁日でおねだりするクソ憎らしい子供と抜けたオヤジのバトル。NHKで賞ももらった、地方でも地力を発揮する頼れる大ベテラン。
⑤（一）　粗忽の釘　そそっかしいを超越した、シベリアンハスキーと同じ眼をしたヤバいヤツが隣に越してくるという「怪奇譚」。伸縮自在の長距離バッター。
⑥（捕）　短命　八っつぁん、隠居さんにものを聞く。隠居それに答える。ただそれだけの噺。おじさん同士のジャレ合い。呑みながら話せるあぶさん的選手。
⑦（遊）　真田小僧　小遣いを親からゆすりとるクソ憎らしい子供噺、第2弾。浅草の寄席でよくやる。手堅い守りでバントも上手い。いぶし銀のつなぎ役。
⑧（左）　噺家の夢　ハイテンションかつコンパクトで5分でできる。田舎者がデカい声でワーワーうるさい、元気がとりえの新人王。でも夢オチ。
⑨（投）　あくび指南　これまた渋い噺のはずが「肩にメスを入れたら」やたらにスピー

ドが出るようになったが、時々ビックリするほど滑るコントロールに難ありな剛腕エース。

来年はレギュラーをおびやかす新人の台頭があるのか？　選手の皆さん、オフに気を抜いたら「喝ですよっ!!　走り込みを忘れないようにっ!!」（サンデーモーニングの張本風）。

（２０１９年12月27日号）

最年長vs.最年少

将棋の王位戦が話題ですな。最年長で初めてタイトルを手に入れた47歳の木村王位に対するは、最年少17歳で王位戦に挑む藤井七段。世間はかなり最年少贔屓のようです。一方、我々の世界では47歳などぺーぺーもいいとこで、寄席のプログラムによっては、私（42）が最年少ということはザラ。現在、落語協会の最年長は三遊亭金馬師匠（91）。昭和4年生まれ、芸歴80年になろうかというレジェンド中のレジェンド。太平洋戦争開戦の年に12歳で落語家になってるんですよ。一体どういうこと？　めちゃくちゃ複雑な事情があるか、ものすごいノーテンキなのか、どちらかでしょう。師匠とは正月の上野鈴本演芸場の第1部で毎年出番がつながっていて、金馬師匠のあとに私が高座に上がります。第1部に出演する落語家のなかでは私が最年少。ここ何年かそんなかんじのプログラムなのです。

今年のお正月のこと。昨年、師匠はご病気で寄席から遠ざかっていて、この正月が復帰戦。ご高齢な上に半年近くのブランクですから、お目にかかる前にはちょっとドキドキしました。金馬師匠、大丈夫かな、と。

杞憂でした。師匠は身長が185センチくらいになってました。長い黒髪に、褐色に焼けた肌、お召しになったタンクトップの表には○に「金」の文字。腰から下は、なんとサラブレッドでした。3メートルはある二本のツノの間には電流が走り、放電しては森を焼き尽くす。両脇腹に5本ずつ生えるトゲには猛毒を含み、右手にピストル、左手に花束、唇には火の酒、背中に人生を。嘘。いや、それくらいのハツラツっつーことです。血色サイコー。声も出てるし、なによりお正月の楽屋にいるだけで全身から醸し出すその「おめでたオーラ」が凄い。

私「あけましておめでとうございます、師匠。お元気そうでなによりです!」

金馬師匠「はい、おめでとうございます。元気かどうか、わからないけどね! 戻ってこれましたっ! カカカカっ!(笑)」

元気じゃない人は歯をむき出しにして「カカカカっ!」とは笑わないのです。「こないだね……」。師匠が続けます。「いっちゃん(なぜか師匠は私のことをいっちゃんと呼ぶ)の出てたテレビを拝見しましたよ」

私「(汗)拝見だなんて! 恐れ入りますっ!」

師匠「あの、背の高いイイ男とやってる『落語』のやつね」

私「東出さんとの『落語ディーパー!』(Eテレの落語を語る番組)ですね?」

師匠「そう、それ。いろいろ話してたね。『鼠穴』(人情噺、師匠の得意ネタの一つ)についてさ」

私「いやはや……すいません」

師匠「いや、謝ることはないですよ。まぁ、いろいろ考えるのは……いいことだぁね……カカカカっ！」

『……』のときの師匠の全身から出る「殺気のようなもの」。「お前みたいな『赤子』に何がわかる？」と言ってるような……。師匠は笑いながら高座へ向かっていきました。

この秋、師匠は名前をご子息の金時師匠に譲り、なんと自らは「金翁」を襲名されます。その頃、師匠にはきっと翼が生えてることでしょう。金馬師匠、いつまでもお元気で！　師匠の背中に乗って飛んでいきたい！

（2020年7月24日号）

【最年長vs.最年少】２０２０年7月、王位戦でタイトル史上最年長保持者の木村一基王位と、史上最年少タイトル挑戦者の藤井聡太七段が対戦。8月、藤井七段が勝利し新王位に。三遊亭金翁師匠は２０２２年、逝去されました。

移籍

思わず「あれ？　なんであなたがここにいるの？」って言ってしまいました。

相手は某落語会の楽屋で会った前座さん。以前は○○師匠のところにいて、故あって破門に。「どこかの一門に入って復帰したらしい」と噂には聞いてました。半年前より顔色もよさげ。

「今は△△師匠のところにおります」「……なるほど、そうですかー。頑張ってねー」「ありがとうございます！　今後ともよろしくお願いいたします！」

なんて当たり障りのないやりとりをして、周りも事情には深くは立ち入らない。どうやら旧・師匠も新・師匠も双方納得していることらしく、お互い挨拶も済ませ仁義は通したそうです。それならなにより。誰も文句を言えるこっちゃないです。

落語家が「師匠を変える」ことは、なさそうで、意外とあるのです。戦前の落語界ではかなりあったらしい。

東京の芸人が師匠をしくじって上方へ逃げたり。師匠が存命でも、ケツをまくってよそへ行っちゃったり。でもほとぼりが冷めたら、また元の鞘に戻ってみたり。話だけ聞くとけっこうおおらか。『移籍』という表現で合ってるかわからないけど、そんなライトな感覚だったのかもしれませんね。

現在の落語界では、「師匠を変える」なんて相当な一大事です。たとえ前座であれ、楽屋でもちょっとしたゴシップネタとしてあることないこと言われたり、『移籍』という言葉のイメージよりはるかに重たい十字架であることは確かです。

破門になり、いろんな師匠に再入門を願うもみな断られ、そのままこの世界から去る、という人ももちろんいます。

入門を乞われた側の師匠も、たやすく引き受ければ元の師匠との関係が悪化することも考えられるわけで、ましてや「破門になる、もしくは自ら辞める」ということは多かれ少なかれ何かしら当人にも問題があったのかもしれない。それを当人の口から聞いて、受け止めた上で、元の師匠への筋も通して、その「子」の新たな「親」になるというのは……想像しただけでかなりの重圧です。間に入るエージェントなしにこれをやるんですからねえ……。師匠って大変。

ある二つ目さんの昇進披露の会のチラシに、「なぜこの師匠が？」というゲストの名前が載っていました。「そいつ、もともとA師匠の弟子で、破門になってB師匠に拾われたんです。自分の会のゲストに破門になった師匠を呼ぶってなかなかないですよねー」と後輩。

いや、ゲストの依頼を快諾して出演してくれる元の師匠ってホントにカッコいい。それを許可する今の師匠も素敵です。無下に断られてもおかしくないものを、勇気を出して頼み、口上で現・師匠と旧・師匠に挟まれお祝いの言葉を頂く当人もなかなかのもの。落語家にとって本来あるべきではない『移籍』も、結果的に師弟がお互い幸せになるカタチがあるようです。

それにしても頼んだわけでなく勝手にきた弟子を無償で育ててくれる師匠っていうのはホントにありがたい。弟子を持つようになって改めて思いましたよ。オイ‼ ウチの弟子、わかってんのかよ‼

……いや、今のは独り言ですわ。

（2019年3月1日号）

第六章 季節のまくら

春なのに

3月某日。岡山へ独演会に行った。午前中に岡山駅近くのホテルにチェックイン。開演時間まで6時間半ある。出無精な私は、普段ならホテルの部屋で有料チャンネルを片っぱしからチェックするところだが、「『春なのに』そんなことしてていーの?」と、頭のなかで柏原芳恵が囁いた。フロントに聞くと「倉敷はいかがですか?」。電車で20分、綺麗な街らしい。行ったことない! 春なんだから、それくらいの小旅行はしてみよう。サンキュー芳恵! さらばVOD!

倉敷に着いた。駅前のデッキを降りると『barber 毛美刈』の看板。毛美刈(ケミカル)。理髪店の名前としては効きすぎたパンチ。倉敷、俄然楽しくなってきた。古い蔵を利用したお洒落なギャラリー・甘味処・レストランが軒を並べている。人力車や川舟には女子率高し。「THE・観光地だなぁ……」。おじさんにはちょっと居心地が悪い。

路地に入ると『星野仙一記念館』の看板が! おじさん、テンションがあがる。500円払って迷わず入館。私以外には外国人の親子しかいない。10歳くらいの金髪の女の子は不機嫌そうに「ワット?」「フー?」「ソー・タイヤード!」を繰り返していた。そらそうだろう。私は『仙一の半生VTR』3回観た。元は取ったぞ。

デニムストリートという藍染めショップで『デニムまん』というアバター色の肉まんを見つけた。「いっさい食欲のわかない色!!」という手書きのポップ。店員さんに「売れますか?」と聞くとただ笑うのみ。いろんな「?」が頭にわき上がるが、食欲はわかない。試食。味は普通の肉まんだ。ただうまく感じない。「人間は見た目より中身」とよく言うが、肉まんは「見た目が大事」。忘れた頃に真っ青な歯クソがとれて驚愕した。

大原美術館へ。地元の資産家・大原さんが集めた絵画・彫刻の数々が展示されている。ただ私は芸術鑑賞の素養がまるでない。スタスタ歩くと「こいつわかっとらんな(笑)」と思われるのも癪《しゃく》だ。一展示物につき最低1分鑑賞を自分に義務づける。結果めちゃくちゃソー・タイヤードだった。

喫茶店へ。20代のカップルがこちらをチラ見している。「間違ってたらすいません……一之輔さんですか?」「はい」「キャー!!　ファンなんですっ!」。テンションMAXの彼女。店内は「なんだ・どうした・誰だ?」な空気でいっぱい。手足をバタつかせながら「私、岡山なんですけど一之輔さんの落語会は何度も行ってるんです!」「ありがとう。これから市内で独演会……」「あ、行けません」。即答だった。ファンじゃないじゃん。半年前から告知されてるのに……当日券もけっこうあるのに……。「……デートじゃしょうがないよね」「すいません、次は必ず行きます!」。なんで俺フラれたかんじになってるんだ。

会計を済ませるとレジの女の子が我慢できなかったんだろう。「……失礼ですが……有名な方なんですか？」。失礼だよ！　その質問が生じた時点で有名じゃないし。倉敷。なかなか思い出深い土地になった。しばらくは来ないだろうな……と帰りの電車で手帳を開くと、3月にまた落語会の予定が入ってた。ギャフン。

（2018年3月23日号）

【春なのに】1983年に柏原芳恵が歌った、中島みゆき作詞・作曲の卒業ソング。

新生活

1997年4月。19歳で独り暮らしを始めた。豊島区の築30年くらいのアパートだ。

引っ越しも済み、独り6畳一間に寝転んで、両手両足を伸ばして屁をひとつ。流し台の窓からこちらを覗いてる男がいる。前歯のない加藤鷹似。

「引っ越しのご挨拶に来ました！　近所の者です！」。普通、引っ越しの挨拶って引っ越してきたほうがご近所を回るんじゃないのか？「今日、越してきたんでしょ？　よろしくね！　学生さん？　俺すぐそこに住んでるんで不安なことがあったら何でも聞いてね！　これからは『おはよう』『こんちは』の仲だから！」。この状況がかなり不安だ。

手には見たこともないパッケージの洗剤を持っている。

「あの……ことによると新聞の勧誘ですか？」

「え？　あー、たまたまね。近くに住んでて、○○新聞に勤めてるんでね。とるでしょ、新聞？　よかったら、はい！」

洗剤を差し出され、思わず受け取ってしまった私。

「とるよね、新聞!?」

「……いや、けっこうです……」

「だってご近所なんだよ、俺……。ここで断られたらさ……俺たち『おはよう』『こんちは』の挨拶もできなくなっちゃうと思わないっ（怒）⁉」

歯なしの鷹さんは完全に猛禽類の目をしていた。豊島区はなんて怖いところなのだ。ゴッサムシティ・トシマ。あっという間に○○新聞を半年契約。「ありがとねー！」。鼻唄まじりで鷹は帰っていった。

無性に悔しくて、○○新聞のお客様センターに苦情の電話をしたが、要領を得ない謝り方で無力感が増した。「結局自分が子供なのだ……」

夕方、近所の銭湯へ。実家の周辺には銭湯がなかったので、生まれて初めて入る街の銭湯だ。湯銭は370円だったか。脱衣場のオジさんたちのチンチンは自分より遥かに巨大に見える。まだ勧誘のショックが癒えてないところにいちご牛乳がしみた。

夜、商店街の古びた食堂へ。男性の独り客ばかり。みなビールを飲んでナイターを観ている。「ビールは勝手にとってねー」と店主が顎をつき出す。とりあえずサービス定食390円とビール中瓶を。山盛りご飯・味噌汁・豚カツ・目玉焼き・切り干し大根・冷や奴・お新香。食いきれないほどのサービスっぷり。ビールは苦くてほとんど残したが、大人になれた気がした。

近くのレンタルビデオ店へ。入会前に品揃えをチェック。小さな店だったが、なかなかの充実感。店の奥の18禁スペースも視察する。今日から独り暮らしなのだ。何も恐れることはない。俺は大人だ。

ビデオを2本借りて帰宅すると、ドアをたたく音がした。「お届けものです！」。開けると「△△新聞でーす！」。またか⁉

かかってこいよ。俺はもう大人だよ。その手は桑名の焼きハマグリ。大人なことを呟く。

泣き落とされた。とってもらえないと社長に酷い目にあわされるらしい。すぐに3カ月契約完了。「まぁ、いいか。人助けだからな……。銭湯は週1回にしておこうかな……」

その17年後、△△新聞の系列雑誌でコラムを書かせて頂けるとは思わなかった。この連載ももう丸4年だ。銭湯もレンタルビデオ店もすでになくなり、食堂も去年閉店したが、私はまだその街に住んでいる。


（2018年4月20日号）

デビュー戦

大学時代を江古田という街で過ごした。初めて酒を飲んだのも江古田。落語研究会に入り、その日に先輩のなじみの居酒屋へ。何杯飲んでも緊張で酔わない。「いけるね！」と先輩たち。「OBに紹介するよ」と翌日同じ店に7、8人が集まった。OBはみな25～30過ぎの立派な大人だ。唯一の新入部員の私は、たいそうチヤホヤされた。

いざお開きの段、一番上のOBが「じゃぁ、皆さん。川上くん（私の本名）の入部を祝して……北北西はあちらでよいかな……」と促し、私以外の全員が同じ方角を向いてうつむき、胸の前で両手を組んだ。

「マー・バンドラー・カンテナー・サンダーナー・ハンテーナー……」

大声で謎の経文のようなものを唱え始める。白目を剝いて、声を一際張り上げる先導者。ざわつく店内。その間、2分。私には2分が2時間にも感じられた。どうやら大変にマズイ団体に入ってしまったようだ。穏便に退部するにはどうしよう……。

「ウーデナー・マハラーダー・サッポン！　ウーハー・コーレハー・ホンーノー・ワールーイー・ジョーダーンヨーン……」

全員で声を合わせて「ジョーダーンダヨーンダヨーンダヨーンダヨヨヨヨーン！」。その後は脱力した勢いで、初めて二日酔いになるほど飲んだ。

4月末に新入生歓迎コンパがあった。もちろん新入生は私だけ。また「新入生による一発芸披露」という誰も得をしない伝統があるらしい。前日は先輩と飲んでいた。帰り際に「川上、明日は緊張をほぐしてから来い」と一升瓶を渡された。

翌日、昼過ぎから自宅でなんとなく湯呑みでやり始める。初めて飲んだが、日本酒美味いな。つまみはカールがあればいい。炙ったイカなぞなくていい。しばらくしたらチューハイが飲みたくなってきたので酒屋に買いに。チューハイ日本酒ビール日本酒チューハイ。ビールとチューハイをチェイサーに日本酒。一番やってはならないパターンだ。15時を回ったあたりから知り合いに電話をかけまくって、笑いながら意味不明の経文を唱えていたらしい。気づいたらPHSがガンガン鳴っている。台所に倒れている私。コンパの開始時間はとっくに過ぎている。

「いったん落ち着こう……」。先輩からの着信は無視。家を出た。ほぼパジャマの格好でアパートから徒歩10分の居酒屋を這うように目指す、路肩に吐き散らしながら。職質に遭うこと2回。警官から「今日はもう帰りなさい」と諭された気がする。

ドロドロの寝巻き1年生が1時間遅れてやってきても先輩たち「おー！　待ってたぞー！」と優しかった。一発芸は飲みながら考えた『『太陽のＫｏｍａｃｈｉ　Ａｎｇｅｌ』を唄いながら自分の身体に張り手をして真っ赤に染まったら、太陽のものまねをして座敷を悠然と練り歩く」というもの。『太陽のものまね』ってなんだ？　水を打ったような沈黙のなか、ヘロヘロで完遂すると「気持ちは買う！」という評価を頂いた。
先日、所用があって江古田のその居酒屋の前を通りかかった。店の戸には『45年のご愛顧ありがとうございました』との貼り紙が。「こちらこそ『デビュー戦』をありがとう!!」と心の中で平伏したのだ。『引退試合』も、そこと決めていたのにな。

（2018年6月8日号）

花見

お花見時分の上野公園。ふらふら散歩しながら、花見の場所取りをしている（させられている）人たちを眺めるのが好き。

休日よりも平日がうれしい。陽が傾くとまだまだ肌寒いウィークデーの夕刻に、自分の属するグループの花見のために、独り（ないしは数人）ブルーシートの上でたたずんでいる姿は、なんていとおしいのでしょう。もしそのヒトコマを収めた写真集があれば、絶対手にとって立ち読みしちゃう。買いませんけどね。うん、買うほどではないな……。

ブルーシートの真ん中でズーッとパソコンに向かってるスーツ姿のサラリーマン。液晶に舞い降る花びらを煩わしそうに払いのけ、しばらく頭上の桜を眺めては、思い出したようにまたパソコンに向かう。「ちょっと休んだら〜」と桜が誘惑しているようね。

寝袋に入ってシートに横たわってる人。この『物体』を中心にシートの四隅が風に煽られ踊っている。時折、くるんと『生春巻』状態。完全に『生ける文鎮』だ。まくれた箇所には自ら転がり直しにいく。器用な文鎮。

つまみも食べずに延々とストロングゼロを飲み続けている男子学生2人。大丈夫か？空きっ腹にアルコール9%はホントに危険。本番前のウォーミングアップとしては見てるこちらが心配になる。傍らに空き缶が3本ずつ。公園一周して戻ったら2本増えてた。

津軽三味線サークルの集まりだろうか。もて余した時間に三味線の稽古を始めた20代後半女子3人。なかなか達者。だんだん周りに私のような『観客』が増えてきた。3人もその気になってじょんがら節。弾き終えて万雷の拍手。いいもの聴かせてもらいました。女子たちはちょっと恥ずかしげに三味線を片付ける。向こうのほうからギターの弾き語り兄ちゃんが羨ましそうに指をくわえてこちらを見ていた。世の中は実に厳しい。

新入社員らしい男子2人。なにやら相談を始めたかと思うと17時くらいから紙皿、紙コップ、割り箸やらを並べている。20人分もあるかな。まだ料理も酒も何も届いていないのに、器だけは支度が整った。しかし神様は悪戯好きだ。急な突風が吹いた途端に、みな彼方へ飛んでいった。「あちゃー！」と言いながら拾い集める2人。

私のほうにも紙コップが転がってきた。「どうぞ」と渡すと「サーセンっ！」と言って受け取りまた元の場所に据える。風。飛ぶ。拾う。風。飛ぶ。拾う。飛ぶ。飛ぶ。風。風。「並べるの、ちょっと早かったかもな……」。あ、諦めた。これを世間では『学習』と言う。

私も『場所取り』してみたくなってきた。花見の予定はないが、畳半畳ほどのすき間に新聞紙を広げて、体育座りをしてみると見える世界がまるで違う。目の前を行き交うヒザヒザヒザヒザ……。やたらと目まぐるしい。でも左右と向こう正面には同じ目線の高さで陣取る同志が居並んでいる。話しかけはしないがなんだかうれしい。顔を上げると暗くなりつつある春の空を覆い隠すような満開の桜。皆さん、集合時間までお互いに頑張りましょう！
気がつくと散歩中の犬がこちらをジーッと見つめている。おい……あっち行けよ！
見世物じゃねーぞっ‼
（2019年4月5日号）

10連休

今年は超大型連休。どうも毎年この時期は落ち着かない。いわゆるゴールデンウィーク（GW）は寄席の世界ではお盆・正月に次ぐ『かきいれ時』。世間さま同様に休むことなどあり得ず、喋り続けるのは当たり前。落ち着かない理由はそれだけじゃない。私がこの世界に飛び込んだのがちょうどこの時期だったから。ついその頃を思い出して胸がザワザワしてしまう。2001年4月27日に師匠・一朝に志願に行き、入門を許され、5月2日から師匠の鞄持ちを務めることに。正直こんなに簡単に事が運ぶとは思わなかった。

2日の朝。師匠にまず、「見習いのあいだはなんでもメモしなさい」と言われた。「なんでもメモ」とメモしようとしたら、「いや……それは書かなくていい」。そのメモ帳をまだとってあるので、ちょっと覗いてみる。ちなみに字は殴り書き。

5月2日の1ページ目、最初の言葉『挨拶　お礼　ちゃんとする』。子供じゃないんだから……とも思うが、基本中の基本。なにか頂いたりしたら、次会った時はちゃんとお礼。もしくは翌日電話。ただし11時以降。噺家は朝遅いから。

『ひこまる』。浅草で師匠にくっついてたら、向こうから林家正雀師匠が若者を連れて歩いてきた。**師匠**「これうちの弟子の川上君（まだ本名）」。**正雀師**「これはうちの彦丸です」。入ったばかりの同期の彦丸君に会った。私23歳、あちらは18歳。今は二人とも完全におじさんだ。

『尾張屋　さん喬師匠ごち』。師匠と浅草の老舗蕎麦店・尾張屋に入った。「俺はもりでいい。そっちは天ぷらそばでいいよな？」と師匠。師匠は私を『そっち』と呼んだ。出てきて驚いた。こんなデカい海老ののった天ぷらそば初めて見た。まだ油がチュウチュウいっているかんじ。「うまい？」「はい！」。すると横をおじさんが「おさきー」と通りすぎていく。「兄さん、いたの？」と師匠。柳家さん喬師匠だった。「新しいお弟子さん？」「まだ名前ないけどよろしくどうぞ」「頑張ってね」と帰っていく。師匠が勘定をしようと立つと「さん喬師匠から頂いてます」と女将さん。「師弟でご馳走になっちゃったな……」と師匠は頭を掻いていた。

『いち五、駒丸、八笑、さん太』。浅草演芸ホールの楽屋に行くと「邪魔にならない所に立ってな」と師匠。先輩前座が「いつから入ったの？」「名前は？」と話しかけてくる。会った先輩の名前を書き留める。次会った時に自己紹介してしまったら失礼に当たるから。現在の兄さん方の名前は「いち五→志ん好」「駒丸→馬治」「さん太→燕弥」。八笑兄さんはその年の夏に辞めてしまった。顔が長かったな。

『小いち　朝枝　朝左久』。「この中ならどれがいい？」と師匠。私の芸名の候補で、どうやら決めるのは私らしい。「小いちは可愛すぎだし、朝枝は『枝』がちょっと弱々しいかなぁ」「朝左久……ですかね？」「そうか？　うん、俺もそれがいいと思ってた！

じゃぁ、今日から朝左久！」。結局師匠が決めたんだけど。生命保険会社のメモ用紙にボールペンで『春風亭朝左久』と書いてくれた。その紙もメモ帳に挟んであるが、だいぶ黄ばんできたようす。

皆さんがお休みの間、今年もそのメモ帳をめくって、初心に帰りひたすら喋るＧＷなのです。

（２０１９年5月17日号）

混雑の列。GWは富良野へ。もちろん仕事だ。羽田は大変な混雑で保安検査場が長蛇の列。初めて飛行機に乗る人も多いとみえて、検査ゲートで『カンカン』鳴らして何往復もするのを眺めるのも、いとおかし。ちなみに私は23で初飛行機。バッグに刃渡り15センチのカッターを2本入れて通過しようとして没収された。これで通れると思っていたのも、いとおかし（ちなみに飛行機は全て土禁だとも思ってた）。

富良野の仕事は春風亭昇太師匠プロデュース『ふらの落語祭り』。今年で2年目で富良野演劇工場と喫茶・ギャラリー　あかならで行われた。あかならは元はドラマ『北の国から』に出てきた〝北時計〟という丸太造りの喫茶店。店内に高座のあるアットホームな落語会で、楽屋は8畳くらいの一室に芸人4人がすし詰め。

昇太師匠は「去年みたいなことはもうないからね。今年はバスターがあるよ」と言った。はて？　去年？　バスター？　なんのこと？　「カメムシだよ」と師匠。思い出した。この時期の富良野、丸太造りの建物には屋内に無数のカメムシが這っていたのだ。去年はカメムシちゃんを見つけるたびにティッシュで優しくくるんで窓から外へ放していた。なにしろあの臭い。丁重に扱わないと大惨事。「『バスター』ってなんですか？」「見ればわかる！」と自信満々の笑点司会者。『バスター』は空の2Lペットボトルの注ぎ口から、下5センチを胴切りにし、それを逆さにして注ぎ口部にビニール袋を輪ゴムでセットしただけのもの。見た目はビニール袋付きの漏斗《じょうご》。お分かり頂けますかね？

「這っているカメムシをこれでまず下から優しくすくいます」

昇太師匠の実演が始まった。またタイミングよく現れるカメムシちゃん。「すくうと……蟻地獄のようにカメムシが坂を滑り落ちていくのね」。なるほど、カメムシは抵抗することなく注ぎ口へと吸い込まれる。「……そのままビニール袋に収まったら、すかさずビニールの上からペットボトルの蓋を閉める!!」。蓋をすればカメムシが戻ることもない。手で触れることなくカメムシをキャッチ&ホールド！　ナイス！　バスター！　捕れる捕れる。こうなるとこっちから探しに行くくらい楽しくなってきた。入れ食いカメムシ、いとおかし。キャーキャー言いながら袋に集まったパンパンのカメムシが数十匹。

そのうち、みんなトイレやら煙草やらで楽屋から居なくなり私一人になった。「シャリシャリ……」。カメムシが袋のなかを這いまわる音が楽屋に響く。ふいに「待てよ。これだけの数が一斉に羽ばたいたら『バスター』ごと飛べるんじゃないか？」という妄想。自力じゃ無理かもしれないけど、きっかけがあれば飛ぶんじゃないか？　バスターを宙に放り投げると「ブビ！」。数匹が羽ばたく。頑張れ！　また放る。「ブビ！」。頑張れ、カメムシっ！　しばらくやってみたが無理だった。だが完全に情が芽生える。東京に連れて帰ろうか？　でも機内で気圧で袋が破れてカメムシが逃げたら、飛行機は引き返すかもしれない……。諦めて、バスターを見つめる。「シャリシャリ……」「みなさんもGWは混み混みですね。また来年会えるかな?」と心中でカメムシに話しかける自分も、いとおかし。

（2019年5月31日号）

衣替え

6月です。面倒くせえです、『衣替え』。洋服はどうでもよいのです。何が億劫って、落語家という商売柄、仕事着である和服の衣替えが大変。日常的に和服を着る方ならわかると思いますが、和服には裏が付いてる冬物の「袷《あわせ》」と、裏の付いてない夏物の「単衣《ひとえ》」がありまして、単衣のなかにも生地の薄い真夏に限り着る「薄物」(絽《ろ》・紗《しゃ》・羅《ら》など)があります。

誰が決めたか知りませんが、それぞれ着用する期間が決まってまして……袷は『10月1日～5月31日』、単衣は『6月1日～30日』『9月1日～30日』、薄物は『7月1日～8月31日』……という塩梅です。むかーしからこうなんでしょうね。たぶん烏帽子かぶって、笏《しゃく》を持った白塗りの平安顔な偉い人たちが、蹴鞠のあいまの退屈しのぎに戯れに決めたのだと思います(勝手なイメージ)。

そんなバカ殿面の貴族たちに言いたい。先の未来のことも想定して決めてくれ！　まず冬物着用期間が10月頭から5月末までってどういうこと？　10月とか5月って冬？　8カ月は冬物ってことは日本ほぼ一年中冬じゃないの！　その頃の日本ってそんなに寒かったの？　今、5月10月は気温30度近くまでいくよ！　それなのに単衣は6月と9月の2カ月のみ？……本当に単衣、必要？　2カ月だけなら無理してでも袷か薄物で我慢すれば、余計な着物買わなくて済むのに！

この和服の『衣替えルール』は完全に今の日本の気候と乖離してしまった習慣と言えるでしょう。21世紀の温暖化舐めんなよ！　また落語家は着物を鞄に入れて持ち運び移動します。裏が付いてるから袷は本当に重たい。着物＋羽織も袷ですからね。独演会で二席やるときは着物＋羽織のセットを二組と帯で肩が外れるくらいの重量感。なかには「重くて暑くてしょうがねえから袷の着物は最初から作らないし、着ないっ！」と決めてる人も。そろそろこの平安朝から続く（あくまでイメージ）『衣替えルール』を現代に合わせて変えたほうがいいんじゃないかしら。

もっともこのルールをちゃんと守ってる落語家は少数派です。多くの落語家は自分が「暑いな、寒いな」と感じたら『衣替え』。多少のズレは気にしません。某師匠は正月から夏物の絽の着物を着てました。極端だな。「師匠、絽は早すぎませんか？」と聞いたら「客はわからねえよ、素人だから」とのこと。いや、わかる人はわかるでしょ……。

何年か前にちゃんと5月末に袷着てたら、ある先輩が「この暑いのにまだ袷？　偉いねえ～（笑）」。「気どりやがって、融通の利かねえ奴だな」という揶揄のこもった褒め言葉を掛けられました。偉い人が「俺も袷だよ！」と言うと、あわてて「いや！　さすがですねぇ～（汗）」と掌返してましたけど。偉い人いわく「これからお座敷だから。やっぱりちゃんとしてかないとな」。そうなんです。お座敷で一席の仕事はお客とも距離が近く、また芸者さんやその店の女将や仲居さんが曲者なのです。「あら、素敵なお着物！

……もう夏物〜？　暑いですもんねぇ〜。あ、化繊？　洗えて便利ですよね〜（笑）」。

完全に皮肉です。ちくしょう。最近そんな仕事行ってないけどね。

それにしても、あぁめんどくさ『衣替え』。

（2019年6月7日号）

ジューンブライド

八五郎「こんちは。隠居さんに聞きたいことがありましてね」

隠居「なんだい？」

八「あっしの姪っこが今度嫁ぐことになりまして、なんでも『ジューンブライド』だって喜んでんの。『ジューンブライド』ってなんです？　美味いの？」

隠「食べものじゃないよ。直訳すれば『六月の婚礼』だ。『六月の花嫁』ってな幸せになれるらしいね」

八「あー、聞いたことあります！　なんでも西洋の『ヘラ』って女神様が六月の守護神で、結婚を司る女神だから『六月の花嫁』は幸せになれるとか……そういうことですか？」

隠「……ああ……（知ってるのね）それね。それは外国の話。ここは日本だから関係ない！」

八「違うんですか？」

隠「こんな日本のジメジメした梅雨時に当たり前に所帯をもって幸せになれるわけないだろ⁉　それは日本のブライダル業界が景気の悪い六月をなんとかしようと西洋の言い伝えを利用した戦略だよ。日本にはそれとは違う昔からのれっきとした『六月の花嫁伝説』があるんだよ」

八「伝説？　そらなんです？」
隠「こないだまで吉原に『六月の花嫁』っていう店名のソープランドがあったろ？」
八「あー、知ってます！　高級店で女の子がウェディングドレスで現れるとか」
隠「そもそもあれは江戸時代から続く老舗中の老舗だ」
八「江戸時代⁉　じゃ廓とか花魁《おいらん》とか……その頃からウェディングドレス？」
隠「な訳ないだろ。昔だもの、当然……白無垢に角隠しだよ」
八「あ、やっぱり婚礼衣装なんだ」
隠「角海老・三浦屋なんてなよくある花魁の格好だが、この店は競合店と差別化するために花魁に花嫁衣装を着せたんだな。『コスプレ』の走りだね。この店には『水無月』という全盛の花魁がいたな。この水無月の白無垢姿が艶やかで大変な人気。毎夜、御大名やら大家の旦那衆からの指名で引っ張りだこだ」
八「はー、売れっ子だ」
隠「だが、この水無月花魁には故郷に将来を言い交わした男がいた。水無月はその男に操を立て続けたんだよ」
八「えー⁉　だって花魁でしょ！　無理でしょう！」
隠「白無垢がな……一晩かけても脱げないんだよ。帯の結び目やら紐やらが固くて、そのうえ十二単衣のように何枚も重ね着してるから、どんな客がかかっても裸にできない。

初めは怒って帰る客もいたがそのうちそれが名物になり、色気も相まって『何もせずとも花嫁姿の水無月と一晩過ごせれば本望』という客が押し寄せた。年《ねん》が明け、自由の身となり故郷に帰った水無月。その男と一緒になり、その折には馴染み客から沢山の祝いが届き、皆に祝福され幸せな花嫁となった。それ以来だよ。日本でも『六月（水無月）の花嫁は幸せになる』と言われるようになったのは……」

八「……なるほど、じゃ日本の『六月の花嫁』の元祖はその水無月花魁ってことですね？　で、今日のソープランドまで続いたということですか？」

隠「そうだね」

八「なるほど、聞いてみなきゃわからねえなあ！　またひとつ利口になりましたわ！」

……みたいな作り話をつらつら書いてみた。結局何が言いたいかというと『六月の花嫁』って店名、傑作じゃないですか？

（2019年6月28日号）

怪談

私が小さいころ、毎年夏休みには日本テレビの『おもいッきりテレビ』で『あなたの知らない世界』というコーナーがあった。内容は心霊現象や現代の怪談の再現ドラマ。心霊写真を検証したり。

正午からは家族が必ずそれを見ている。怖いのが苦手な私は番組が終わるまでちゃぶ台の下に隠れて、耳をふさいでいた。

「新倉イワオ」というおじさんが心霊現象についていろいろと解説をしている。

「この男は死神博士！　あの世からの使者にちがいない！」

と私は忌み嫌ってた。新倉のせいで『笑っていいとも！』を見ることができない。

ただ『笑点』を見ていても、オープニングロールに「構成　新倉イワオ」と出てくる。いつも楽しい『笑点』になぜ死神博士の名が出てくるのか不思議。邪魔するな！　死神！

聞けば、新倉さんは『笑点』の立ち上げ以来のスタッフなんだそうだ。大変失礼しました……。

以前『一行怪談』なるナレーションの仕事をした。ワンセンテンスで終わる、ごく短い怪談噺。例えば……

「深夜に友人から電話があり、『今から会えないか』と言うので、『いいよ』と言って電話を切ってすぐに、彼は先週事故死したことを思い出した……」

短文だと余計にイメージが膨らむのかも。

みたいな。

これを低い調子で間をとって喋ると、読み手からしてもけっこうゾクッとする。短文だと余計にイメージが膨らむのかも。

同じテンポの短文を同様の調子で語ると、当たり前のどうってことない内容でもゾクッとくるのではないだろうか？　ちょっと暇潰しにやってみよう。

①「店員が『ポイントカードはございますか？』と聞くので、食い気味に『ありません』と答えると、『大変失礼しました！』と謝られ、『謝るほどのことか？』と釈然としないまま、店を出た……」

②「『次、外すぞ』とキャッチャーが囁くので、『その手は食うか』と振りにいくと、やはり外され、『俺、野球に向いてないのかな？』と、帰宅してから妻にグチをこぼした……」

③「催促の電話をすると『今、出ました』と言ったのに、40分も待たされ、サービスで餃子を持ってきたことを、喜んでいいのか、怒るべきなのか……」

④「『ビール以外の人！』と後輩が聞くので、『ウーロン茶を』と答えると、『ハイですか？ソフトドリンクですか？』と返され、『茶っつってんだろ！』と思ったが、私以外は皆ビールなので、肩身が狭くて我慢した……」

⑤「田舎から親父が出てきて、二人で先方に頭を下げに行くと、おもむろに野菜を取り

出した親父に向かって、先方が問いかけてきたので、ボクは『誠意ってなんだろう?』と、思ったわけで……」

⑥「『人という字はぁ、人と人が支えあってできているんですぅ』と、長髪の国語の教師が熱弁を振るっている、ドラマの再放送を、子供のころ夏休みに、よく見た気がする……」

どうだろう? ひとつの文章につき、50回くらい声に出して読むとだんだんと怖さが染みだしてくる……かもしれない。⑤はちょっと特殊な怖さ。⑥は過ぎ去った少年時代の夏休みへのオマージュ。

暑さでアタマがくらくらしてきた。夏よ、終われ。

（2017年8月18−25日号）

帰省

我が家の帰省は地味だ。所帯をもって十数年、都内に住んでいるが、私の実家は千葉。家内の実家は群馬。ともに電車で片道1時間～2時間弱。車もないので、在来線を乗り継いでぼんやりしていると着いてしまう。「乗車率200％」とか、「この先渋滞20キロ」とか、『THE・帰省』なかんじが羨ましい。西陽に照らされながら、苦い顔して食べるサービスエリアのソフトクリーム、憧れる。

私は寄席のお盆興行があるので、先に家族を私の実家に帰す。姑との仲も悪くないのか家内も別に問題ないらしい。私も寄席の出番が済んだら実家にむかう。浅草から野田へ。つくばエクスプレスと東武アーバンパークライン（東武野田線）を乗り継ぐ。田舎線路を場違いな横文字が駆け抜けて、午後9時過ぎに帰省。

私には姉が3人。それぞれ夫と、子供が2～3人ずつ。甥姪もほぼ成人。リビング10畳＋ダイニング6畳に最大で18人の大人。そこへ我が家の子供3人が加わる。たぶん町中で一番うるさい場所が我が実家だ。「あー、来た来たっ！」。酔っ払っている姉や姪たち。やれこないだ出ていたテレビがどうとか、ラジオがなんだとか、コラムがワンパターンだとか、「5ちゃんねるのスレッドが過疎ってるのは人気が下降気味な表れだ」とか、大きなお世話だ。義兄や甥はおしなべておとなしいのはなぜだろう。

遅れ馳せながらビールで乾杯。わずかに残った刺し身を拾うように食べる。大皿の宅配握り寿司はもうイカと巻物くらいしか残ってないが、シャリが大きくて腹にたまる。地元の名物ホワイト餃子が嬉しいが、翌日の口臭が心配。唐揚げに天ぷらに煮物。ほうれん草のおひたし、白菜のお新香にサラダ、サラダにはロースハムとバナナがのっている。昔からバナナだけは解せない。その上のゴマドレはなんなんだ。天ぷらは冷めたやつを、翌日甘辛く煮たのが好きだ。天ぷらは少し残して明日の朝だ。締めで蕎麦が出た。玉ねぎと豚肉を炒めた具に醬油味の熱いつけ汁。1把は食べたか。

これで終わりかと思ったら、母は今更しょうが焼きを出してきた。「そんなに食えるかよ」と言ったら「じゃお母さんがちょこっと食べよう」だそうな。自分が食べたいとき、必ず他人を誘う母。独りで食べることに罪悪感があるらしい。

「アイスがあるよ」「いらないよ」「スイカあるけど」「食べられないよ」「カキモチは？」「明日食べます……」「チョコパイ食べる？」「しりとりかよっ!!　しかも飯食ったあとにチョコパイって！　いちいち聞かずに勝手に食ってくれっ！」「でも、お母さん独りで食べちゃ悪いから」。しょんぼりしやがって……。「じゃあ、俺もチョコパイ半分だけ食うかな」。完敗だ。インスタントコーヒーで半分のチョコパイを流し込み、もうちょっと親父と酒でも飲もうかと思ったらお爺ちゃんは孫と風呂に入り寝てしまったらしい。

ソファに寝転がり膨れた腹をさすりながら、建て増しする前の実家の間取りを思い出そうとしても、なんだかやけに時間がかかる。実家にいた頃はこのソファもまだなかった。その代わり、今はもう自分専用の箸がない。「どれでもいいからお使いよ」。これは意外とさびしいものだ。正月には自分で箸を持参して、実家に置いておこうか。

（2018年9月7日号）

休み明け

予告した通り、弟弟子の春風亭一蔵と初めて甲子園で高校野球観戦してきた。出無精な私が真夏の甲子園なんて、自ら行くなんて絶対ない。一蔵の「甲子園は夢の国！　観とくべき！」という猛烈な推しで行くことに。でも真夏の炎天下にデブと甲子園……気がのらないなぁ……。

新幹線・ホテル・観戦チケットは全て一蔵が手配してくれた。バックネット裏を一蔵の奥さんが、チケットぴあに並んでとったらしい。カミさんを動員してまで私に甲子園の良さをわからせようという涙ぐましい夫婦の絆。二人とも好きだなあ、甲子園と俺のことが……。

当日の朝、寝坊した。仕事だと決して寝過ごさない私が、「後輩との遊び」ではまんまと寝坊。私の身体が完全に相手を見て動いている。一蔵すまん。起きたら新幹線発車の30分前。だが奇跡的に間に合った。我が家から東京駅の新幹線ホームまで、息をとめてダッシュで走れば28分で着くことがわかった。2分で支度したのか。一蔵はビールとカミさんお手製のお弁当を用意してくれていた。

私「心配させて……ハァ……ハァハァハァ……すま……ない」

一蔵「(ニヤニヤしながら) いえいえ、早速いきましょう！　カンパーイっ！」

私「ハァハァ……わりぃ。水買ってきてくれ……ハァハァ」

一蔵「じゃ、4時起きのカミさんが作った……（重箱のフタをとる）」

私「ハァハァ……今、なんも食えない……ハァ……気持ち悪い……ハァ……⁉　クサッ‼　なんかニンニクくさッ！……ダメだ……ハァ……フタしてくれ！　吐く！　ちくしょうっ！　朝からこんな味の濃そうなもんこさえやがってっ！　お前のカミさんはバカかっ⁉」

一蔵「なんてこと言うんですかっ⁉（怒）」

結局、静岡あたりまでこの調子。名古屋を過ぎてようやく呼吸が整ってきて、新大阪までに弁当を完食。空になった重箱の写真を一蔵のワイフに送り、ご機嫌で甲子園へ。暑い。けど球場を見ると早足になるのはなぜだろう。「急げっ！　一蔵っ‼」。重かったはずの足どりが羽が生えたように軽やかに。階段を駆け上ってスタンドからグラウンドを見渡すと自然「わーーーっ！　すげーーーっ！」と声が出た。「でしょ？」と一蔵。「お前の甲子園か？」と思ったが、許す。試合は大阪桐蔭vs.作新学院の真っ最中だ。ビールと焼き鳥を買って着席。なんだ、これは⁉　楽しいぞ。「一回外に出て、アルプススタンドのほうに行きましょう。暑いけどあっちのほうが絶対楽しいですから！」

わざわざチケットを買い直して一塁側内野自由席へ。旭川大高vs.佐久長聖。旭川応援団の音が真横から、佐久の音が正面から身体にぶつかってくる。息詰まるシーソーゲーム。なんと初のタイブレーク！　延長14回。

「一蔵さん。僕はこの試合が終わってほしくないよ……」。泣いていた。敗れた旭川ナイン《ナイン》がアルプス席の前で挨拶。思わず立ち上がって「ありがとーっ！　おじさんに甲子園をありがとーっ！」と叫ぶ二人。すぐに一蔵のカミさんからＬＩＮＥがきた。「デブと坊主頭が今、ＮＨＫに映ってます」

休み明けの私のカバンには、旭川大高のキーホルダーがぶら下がっている。来年は寝過ごさないようにせねばな。

（２０１８年９月14日号）

2学期

私が小学生の頃は、2学期は9月1日からのスタートだった。今、我が家の子供らは8月最終週から2学期が始まっているようで、恐らく9月1日のなんとも言えない胸のザワつきを知らないのだろう。8月から始まる2学期なんて2学期とは呼べないぜ、マイ・サンズ&ドーター。私が小学生時分の9月1日のボンヤリした思い出。何年生だったかな。

久しぶりの早起きだ。8月31日の深夜までかかって無理やり遂げた夏休みの宿題を手提げ袋に詰め込んで、私は家を出る。眠たいが、でも気分はどことなくハイ。睡眠不足によるものか。これから始まる長い長い2学期への憂鬱と、初日は授業がなく午前中で帰れるという嬉しさがないまぜになり、足どりはギャロップくらいなかんじ。テケレッ、テケレッ、テケレッ……と2キロある学校への道のりを急ぐ。

教室に行くと工作や自由研究を見せ合う者、今さら漢字ドリルをやっている者、友達に7月下旬の天気を聞いて日記を仕上げている者……。先生が教壇に登りひと通りの挨拶。廊下へ並ぶよう促し、体育館にむかう。始業式。夏休み明けは必ず松葉杖か、ギプスをして腕を吊っている者が一人くらいいる。ハメを外しすぎたのだろう。体育座りをしながら、ギプスの中から漂ってくる汗の臭いを嗅ぎ続けるヤツ。それを友達に嗅がせるヤツ。校長の話は誰も聞いていない。転入生の紹介。指定ジャージの購入が間に合わなかったのか、前の学校のジャージで恥ずかしそうにしている。これ以上ないくらいのオレンジのジャージ、たぶん最初のアダ名は「夕刊フジ」。

教室に戻って宿題の提出タイム。この時間が避難訓練とかぶっている。校内放送が流れた時点で訓練開始、いつ始まるかはわからない。だから皆ドキドキしながら出席番号順に先生に宿題を渡す。訓練が終わったらそのまま校庭から「流れ解散」すなわち下校。出席番号順に提出するので姓がマ〜ワ行の人は、何となく提出しないままその日が終わってしまう。カ行の私はなんか悔しい。だいたいハ行でアナウンスがある。「ただ今、関東地方で大きな地震がありました！　机の下に入って身を守ってください！」。これを合図に机の下に。しばらくして「ただ今、給食室で出火が確認されました。先生の指示に従って避難を開始してください！」。廊下に速やかに整列。「お・か・し、お・か・し（押さない・駆けない・喋らない）」と呟きながら、上履きのままで校庭へ早歩き。平安の歌人だってこんなに「おかし」って言わないだろう。

校庭に整列し、校長先生の「うちに帰るまでが避難訓練ですよ！」の声とともに下校となる。この日はカバンは教室に置いたままでよい。上履きのままで校庭に出る背徳感。ましてやそのまま帰っていいだなんて……。背徳感にまみれて、わざと上履きが汚れるようにワシャワシャと歩いているとオレンジ色の転校生が「スリッパ」で下校していた。ああ、上履きも間に合わなかったのか。今思えば急な転校だったのか……いろんな事情があったのだろうな。子供ながらに不憫さを感じて一緒に帰ったような気がする。名前すら覚えていない「夕刊フジ」と、ある年の9月1日の記憶。2学期はやっぱり長かった。

（2019年9月27日号）

○○の秋

『秋』はイライラする。ここ数年『秋』がくると鼓動が速くなって仕方ない。

前から思ってたけど、『秋』ってちょっとお高くとまってないか？　いい気になってないか？　調子に乗ってないか？　どうなんだ？　『秋』？

だいたい『春』と『秋』は、他人からひどく怒られることなどないだろう。『夏』や『冬』みたく、やれ「暑いんだよ、コノヤロウ！」だの「寒過ぎだよ、まったく！」だの、いわれのない罵声を浴びせられることは滅多にないはずだ。

「あんた、ぽかぽかしていいわねぇ」とか「なんとも涼しくてありがたいよ、キミは」とか。大した努力はしてないのに、『春』と『秋』は生まれながらのほどの良さで、みんながチヤホヤしてくれる。

特に『秋』に漂うそこはかとない気品。悔しいけどワンランク違う。悔しがっても『秋』のヤツは「そうかなぁ？……自分じゃよくわからないけど……（笑）」とかシレッと言うのだろうが。

「○○の秋」というフレーズ。「食欲」「芸術」「スポーツ」「実り」などがアタマに付きがちだが、「○○の秋」というふうに『秋』と結びつくだけで、なんだか魅力がアップしたような錯覚を起こさせる。

例えば「食欲の秋」は、(多少食べ過ぎてもこの季節は世間が許してくれるはず。だってしょうがないじゃない……いま『秋』なんだから……美味しいんだから)と、我々の甘えた感情さえも引き起こす。これはよくない。ただでさえ食べ物の美味しい時期に「食欲の秋」なんて謳うのはかなり危険過ぎだ。

いっそ「食欲の夏」にしたらどうか？　食欲のわかないクソ暑い季節にこそ、「食欲の～」を表して食欲を促すべきなんじゃなかろうか。「食欲の夏」「芸術の夏」……字面がかなり暑苦しい……ムリはあるが、いつまでも『秋』にいいようにされてる場合でもないはず。『秋』から自由になるべきなんじゃない？

でも、そもそも「○○の春」「○○の夏」「○○の冬」ってあまり言わないな。三者の個性が強過ぎだからか、「お花見の春」や「マリンスポーツの夏」とか「鍋物の冬」って言われても、「そりゃそうだろよ、知ってるよ……」ってかんじだ。

かといって『秋』は無個性？　いやいや。おそらく無自覚であろう凛とした佇まい。暑くなく、寒くもなく、だんだんと涼しさを増してくる頃に吹くほんのり乾いた風。「すごしやすさ」という包容力、プライスレス。抱かれたい・付き合いたい季節、ナンバーワン。

そんな私も『秋』には毎年、ネタおろしの独演会を行っている。今年は四夜連続、毎日ネタおろしだ。

私にとっては「ネタおろしの秋」。なぜ『秋』を選んだのか。自分でもわからない。ただこんなハードな独演会は『秋』じゃないと乗り越えられない。暑い『夏』、寒い『冬』はムリ！『春』は年度始めで忙しい！やっぱり『秋』！正直、『秋』さんには甘えさせて頂いてます。その胸に抱かれながら、自由にやらせて頂いてます。そのくせ、独演会の時期が近づくと憂鬱。『秋』は憂鬱。もう……イライラする。

そんな勝手な私の四夜連続独演会、ありがたいことに今年は完売です。来年は五夜になります。皆さん、今のうちに手帳にお書き込みください。

来年の『秋』を想うと、今から気が重く、鼓動が速くなる。

（２０１７年10月13日号）

台風今年も多くの台風が日本列島に甚大な被害をおよぼしました。まずは被害にあわれた皆様に心よりお見舞い申し上げます。新幹線から大阪の街を眺めると、屋根をブルーシートで覆った家がまだ多いのがわかります。は万能で、無いとかなり困るんだけど、チラリと視界に入っただけでなんか憂鬱でさせくれだった心持ちになりますね。あんなに頑張ってるのに、ブルーシート……名前も寂しげだし、ブルーシート。

『ドラえもん』に「台風のフー子」という回がありました。「フー子」は『卵からかえった台風の赤ちゃんをのび太がペットとして育てる』という斬新を通り越した藤子・F（ファンタジー）・不二雄的物語です。

不謹慎を承知で言えば、子供のころは状況によっては台風を心待ちにしたものです。特にマラソン大会当日に台風上陸予報がバッチリはまったりした日にゃガッツポーズ。でも、あいつら気まぐれですから、急にスピードアップして太平洋側に逸れて温帯低気圧になりやがる。

高2の時は台風一過のカンカン照りのなか、10キロマラソン。あまりの暑さで渡良瀬遊水地の土手にゲロを吐きましたよ。俺にもフー子がいたらなぁ……とえずきながら口をゆすいだっけ。

やはりF先生も締め切りに追われ、「自分の言うことをきく台風があれば、出版社や原稿の催促に来る編集者をはるかかなたまで吹き飛ばしたりできる！」と夢想した結果の「フー子」だったのでしょうか。

結局、フー子は日本列島に迫る巨大台風に体当たりをして、台風もろとも消滅し日本を守る……という感動的なお話に落ち着きます。神保町の小学館社屋は吹っ飛ばなかった。よかったよかった。

あと台風の思い出といえば、私が大好きだった学研まんがの『できるできないのひみつ』です。主人公は「なんでもやってできないことはない！」という信念を持つ小学生のやっ太くんと、猪突猛進のやっ太くんにいつも「そんなこと、デキッコナイッス！」と反論する陽気なアルゼンチン人・デキッコナイス。この二人が世の中の可能・不可能を科学的に検証するのですが、『台風を止めることはできるか？』という回がありました。やっ太くんが「高い塀をつくる」「ドライアイスを投下して凍らせる」「ミサイルを撃ち込む」など子供らしいパンチの利いた台風防止策を提案すると、デキッコナイスは「デキッコナイッス！」と科学的な論証を挙げて完全否定。イライラをつのらせたやっ太くん、何を言うかと思えばついには「だったら台風の目に核爆弾を落としてやればいいんだよっ!!」と独裁者のごとき血眼で、戦闘機の操縦桿を握ります。そんなやっ太くんを必死で止めるデキッコナイス。漫画とはいえ、核兵器をすぐに支度できる小学生に立ち向かうネガティブ思考のアルゼンチン人。デキッコナイスを応援せざるを得ません。結局、「やはり台風には勝てませんな」的結論だったと思いますが、妙に記憶に残る名場面でした。

そんなふうに『台風』について考えていたら、昨夜は「卵からかえったブルーシートを育てる」夢を見ました。育てていくと、「ブル子」は手が生えてきて、熊本弁で、空を飛びます。なんだ、水木しげる先生の「一反もめん（青）」じゃねぇかな。

（2018年10月12日号）

快挙

辞書によれば『快挙』とは「胸のスッとするような素晴らしい行為」だそうだ。

私はちょっと勘違いしていた。「前人未到！」とか「史上最年少！」とか「何十年ぶり！」みたいな、スペシャルな付加価値がなければ『快挙』じゃないと思ってた。「胸のスッとするような」という表現がちょっと曖昧だけど、じゃなんだ……『快挙』はその辺にけっこう転がってるじゃないの。Ｓｕｉｃａの残額が７７７円になるのは自分的にはかなり胸がスッとして、素晴らしいのでこれは『快挙』でいいのか？　小さいかな？

９月に山形に仕事に行きました。山形の秋といえば、芋煮です。昨年の今頃も同じ仕事に伺ったのですが、打ち上げで世話人さんが「来年は一之輔さんに『本当の芋煮』を食べてもらいたい」と笑っていました。

今年は落語会当日、山形市内では『日本一の芋煮会フェスティバル』が催されるようす。直径６・５メートルの鍋に数トンの食材を入れて、特注のパワーショベルで、数万人分の芋煮を作るという……常軌を逸したイベント。毎年大変な人出だそうです。世話人さんに「被っちゃいましたねー！」と言うと「へ？　何がです？」だって。「いや、ほら、日本一の芋煮……」「あー、今日でしたか？」と別段気にもしていません。「お客さんとられちゃうんじゃないですか？」「ははは、地元の人は行きませんよ！　並んでまで食べるもんじゃないですわ！」。そうなんだ？　『本当の芋煮』とか言うから、一杯くらい誰かが持ってきて、楽屋に置いてあるとか……期待したのになぁ……まぁいいか。

世話人さんの言う通り、落語会は芋煮フェスの影響はまるでなく大入り満員。高座から「みんな、芋煮フェス行かなくていーの？」と聞けば「うちでやるからいーの」とお婆さんが叫びます。うなずく他のお客さん。みな気高いイモニストです。

その日の打ち上げで、今年の芋煮フェスでは『8時間に提供されたスープ料理の数世界一』のギネス世界記録に認定された（どんなギネス記録だ？）、並んだのに品切れで500人も食べられない人が出た（前払い金の300円は返還された）……などの話題でワーワーと。今年は、まさに『快挙』なかんじの芋煮フェスだったようです。

翌日の昼からも場所を変えての独演会。「11時半に来てくださいー」と言われた時間に行ってみると、楽屋にも舞台にも誰もいない。開演は15時なのに何でこんな早い集合なんだ。ぶつくさ言ってると、会場の炊事場で世話人さんたちがガヤガヤ。

「うちはこんにゃく入れるよ！」「味噌はちがう！」「出汁はもっと甘くないと！」だの。「めっかっちゃった！　すぐできますから、まぁまぁこちらへー！」。会場の芝生の庭にゴザが敷いてあって、お手伝いの人たちが車座になっていました。「これから『本当の芋煮』会ですよー、一之輔さん！」。大鍋を抱えてきた世話人さんの奥さま方。青天井の下、そよ風に吹かれながらサプライズ芋煮会が始まりました。「おいおい、これから俺、独演会なのに！」「まぁまぁ！　去年からのお約束ですから！」とノンアルで乾杯。

美味かったなぁ。大勢で食べる芋煮。この胸がスッとする素晴らしさよ。こんな呑気な『快挙』でもいいんじゃないかしら。

（2018年11月2日号）

【快挙】　2018年9月、大坂なおみ選手が全米オープンテニスで優勝の「快挙」。

文化祭

「インプットする時間は大切です。様々なものを見聞きして吸収する、それがアウトプットに繋がるんですよ」とけっこうな人に言われます。わかってらい。そんなことくらい！「時間がない」なんて言い訳はしませんよ。いつも飲んでいるし。こないだも気づいたら終電がなくなり、タクシーで帰宅したら朝3時。布団に入ると、あっという間に家人に起こされました。

「今日は文化祭だからねっ‼」。そうだ、長男（中1）の学校の文化祭に行く約束をしていたのでした。頭痛い。完全な二日酔い。ていうかまだ酔っています。「10時に会場に着いてないと、いい席とれないからっ‼」。カミさんが怒鳴ります。どうやら1年生はクラス対抗合唱大会があるらしい。長男は男子校。男子のみの合唱なんて、想像しただけで宿酔に悪そうな……。「いや、これもなにかの『インプット』になるかもしれない‼」と、自分を奮い立たせて身支度をします。う……気持ち悪ぃ。

学校着。見渡す限り男子。なー、男臭い。声変わりし始めの微妙なビブラートの詰襟ボーイたちが「ポップコーン、いかがっすかーっ！」「写真部でーすっ！」「12時から軽音のライブありまーすっ！」とか喚いています……頭蓋骨の内壁をすりこぎでゴリゴリ擦られるような感覚……。

フラフラと会場の音楽室へ。狭。ピアノと教壇と、お客用の椅子が80くらい。1年生は7クラス。順番に課題曲と自由曲を披露します。保護者で満員すし詰め、立ち見も出る大盛況。1年生だからまだ保護者も興味をもって聴きにくるみたい。それにしても空気が薄い……。

始まりました。課題曲は『故郷《ふるさと》』(作詞・高野辰之)。♪うーさーぎ、おーいし、かーのーやーまー……声変わり完了の子もいれば、まだ女子みたいな声の子も……。それらが入り交じって、上手さにばらつきが。なんか胸がざわつくハーモニーだ。課題曲って、当たり前だけど全クラスが歌うのね……。3回目まではなんとか平静でいられたけど、だんだん「お前ら、ほとんど23区内で生まれたくせに、なにが『小鮒釣りし、かの川』だよ。釣ったとしても市ケ谷の釣り堀だろがっ！」とおじさんは心がささくれ立ってきました。すまん、少年たち。

自由曲。今は『大地讃頌《さんしょう》』とか『気球に乗ってどこまでも』じゃないのね。SEKAI NO OWARIの『RPG』、秦基博の『ひまわりの約束』……J－POP！おじさんは『RPG』聴いているとき、ズーッとベッキーの謝罪会見が頭に浮かんでいました。それはゲス極。酒毒は恐ろしい。

長男クラスの自由曲はスピッツ『空も飛べるはず』(作詞 作曲・草野正宗)。お、いいね！『白線流し』！ 酒井美紀！ 目の前には男子のみ！ でもかまわんよ！ なかなか上手い。「男子の声もいいもんだなー、こういう『インプット』もありだな」と聴き入っていたら……サビの♪君とでーあーった、きーせーきがー……で、突然クラス全員が肩を組んで横揺れし始めやがった……。う～……酔う……あ……もうダメ。私は中座してトイレへ。早くも『アウトプット』完了。

結論。男子の合唱もなかなかよいが、酔っぱらって文化祭に行ったらダメ。あと事実でもこんなオチはダメ。

（2018年11月9日号）

告白

先日デパートで急な便意。トイレを探してたら、チョコレート売り場に紛れ込んだ。辺り一面、ガールズ&チョコレート。茶褐色と化粧の匂いによって視覚と嗅覚を刺激され便意が「ゴディバーッ！」と膨れあがる。幸いそのフロアの男子トイレですぐにスッキリ。異性に囲まれての便意は腹も冷えた上に、肝も冷やす。ウンコを我慢している男は、基本モテない。いい仕事なんてできやしない。ウンコをこらえながらの落語は噛みまくり。冷や汗が尻の溝に溜まり、「あ、いま決壊した……」と勘違いしそうになる。経験済み。

時節柄、ウンコを我慢しながらスキージャンプなんかしたら、勢い余って違う放物線を描いてしまい、世界中に「レジェンド」を撒き散らしてしまう。何度も言うよ。ウンコを我慢している男はモテない。モテたとしても、ウンコしたくてそれどころじゃないはず。

昔から緊張すると便意がこみ上げるタチだ。中3の3学期、友人の部屋で「卒業前に好きな子に告白しよう！」ということになった。「頑張れ！」「おうっ！」と気合十分な私。黒電話のダイヤルを回す。番号の最後の2に指をかけて「あーっ！　やっぱダメだーっ！」とガチャンッ！　そんなお約束を繰り返す。ダイヤルを回す合間に、漫画読んで、おやつ食べて、映画の話して、ＣＤ聴いて、ファミコンして、合間合間に、その子をいかに好きかを熱弁し、ダイヤルを2まで回しかけ「ワーッ‼」と叫んでガチャン、を繰り返すうちに7時間経過。

「いいかげんにしろよな……」

真顔の友人。一緒に楽しんでると思ってたのにそうでもなかったようだ。「あと1回、チャンスをやる。これで最後だ」

どうやら友人のお母さんも階下で痺れをきらしている様子。つーか、お母さんに話すなよ。

2まで回すと……突然の便意。お昼に食べたサラダ巻がよくなかったか。「ウンコ、したくなっちゃった……してきていい？」「おい！　お前の人生だぞ！（怒）」。大袈裟。でもその時は本気。「だよな！」。2まで回しきった。戻るダイヤル。「はい、もしもし……」。あ、出た。ウンコではなく彼女が。必死で括約筋を締める私。腹を突き上げる痛みが物凄いことになってきた。カニかまが、サラダ巻のカニかまが古かったにちがいない。ダメだ……。

「あーっ！　好きですっ！　付き合ってください！　じゃっ！」。ガチャン！　ダダダーッ！……ジャーッ！　名前も告げずに、雑に告白して、すぐに電話切って、階段駆け下りて、ウンコして流した。水流に吸い込まれていくウンコと恋。

「……なにしてんだよ？」と呆れ顔の友人。「ウンコだよ！」

逆ギレの私。「ウンコ先にしとけばよかったのに、ウンコさせないからこんなことになっちゃったんじゃんか！　スゲー腹痛くなってさ、洩らしちゃうよりいーだろ⁉　もーいい！　もーいい！　もーいいよっ！」。ちゃんとは覚えてないが、こんなことを叫んで友人と喧嘩別れして、家で泣いた。

翌日、その女の子の周囲は「昨日、ものすごく焦った知らない人に電話で告白された」話で盛り上がっていたっけな。何が言いたいかと言うと、ハッピー・バレンタイン・ボーイズ&ガールズ。

（2018年3月2日号）

学級閉鎖

某日・午前中。録画していた朝ドラ『まんぷく』を見終わった頃、編集担当K氏よりメールが送られてきた。「次回のテーマは『学級閉鎖』です。〆切厳守でお願いします！」「ハイハイ〜分かりましたよ〜」。独りごちながら「承知しました」と返信する。『まんぷく』ではようやく主人公の萬平が「ラーメン」について思案し始めた。いつまでたっても「即席ラーメン」に辿りつかなかったが、残り2カ月でやっと動き始めたのだ。

萬平さんは信用組合の理事長を辞め、なにもすることがなくなったとき「ラーメン」に行き着く。ようは『なにもすることがない』ということは、『何でもできる』のだ。『なにもすることがない』ってなんて素晴らしいのか。メールを送信し終えると、玄関のトビラが開いた。あれ？　さっき出掛けたはずの中1の長男がもう帰ってきた。

長男「今日からインフルで学級閉鎖だって。朝の会だけで今日は下校。パソコンに学校からメール来てない？」。クラスの3分の1が罹患したらしい。なるほど、その旨を保護者に伝えるメールがK氏のメールの後に届いていた。『学級閉鎖』の連鎖にちょっと鳥肌。

私「お前は無事だろうな？」

長男「元気だよ」

私「なら、いーなー！　羨ましいよ。パパも『学級閉鎖』になりてえよっ!!　くっそー、羨ましいぞっ、学生っ!!」

正月疲れがモロにきている私は、つい大人げない言葉を吐く。遊び放題じゃないか。マジホント羨ましいッス。

「あのね、そんなこと言うけど遊びに行けないんだよ……先生が『外に出ず、家のなかで過ごすように』だってよ」と長男は呆れ顔。

「バカ野郎、お約束だよ！　そんなの守るヤツはいないだろうがっ！」と子供力全開の41歳。「学校から電話がかかってくるんだよ」と長男。

驚いた。先生いわく「学級閉鎖の期間中は毎日、ランダムに抽出した数名に時間を問わず家で安静にしているかを確認するため電話をします」……なんだって。今どきの学校、こわ……。

「それに宿題が出るんだよ。パソコンにデータで送られてくるってさ」。マジか……。自分が子供の頃そんなことあったかな。確かに『学級閉鎖』の最中に校庭にドッジボールをしに行ったら、先生に見つかって怒られた気がするが、宿題なんか出たか？　カリキュラムをこなさなきゃいけないからそれも当然かもしれないが、しかし生徒に在宅確認の電話って……。生徒も戦々恐々だが、先生も大変だ。

『学級閉鎖』ってもっと楽しいものだと思ってたのに、今はそうでもないらしい。「やることねーなー」ってけっこう嬉しいのになあ。

平日の昼間に家で長男と二人。とりあえずこんな状況は珍しい。「じゃ、ま、昼飯は外で食うか。大丈夫大丈夫。そんなすぐに電話はこないだろうよ」

親子で近所の寿司屋でランチにぎり1500円也。店のおばさんが「おやすみ？」と聞けば「今日から学級閉鎖です」と応える長男。おばさんは「あら、いいわねー」と返す。よかないけどそう思うよね、おばさん？

帰宅してパソコンを覗くと、半端じゃない量の宿題。可哀想なので「片付いたらまた寿司行くか？」と言ったら「ごちになります」だと。子供もツラいね。

（2019年2月15日号）

ゆく年くる年

「令和」にいまだに馴染めずにいる。8カ月だもの、当たり前か。「令和」ってまだ上手く書けない。バランスむず。特に「令」。お前はたいがい熟語の下に付く漢字だろう? なに上に来ちゃってんだよ。「マ」の最後の一画、点なのか、縦棒なのか、ハッキリしてよ。だから領収書の日付欄も「2019年〜」って書いちゃってた。すまんな、「令和」。でもね、オレも頑張るから「令和」からもうちょっと近づいてきてくれてもいーんじゃない?

こないだ「令和」を思いきって「一杯どう?」って誘ってみた。「令和」は「……あー、はー、ありがとうございます」と俯くのみ。こいつ、行きたくないのが丸わかり。

令和「……明日、ちょっと早くて」

私「どこ? 地方?」。聞かなくてもいいのに聞いてしまう私。

令和「すいません。11時から川越で学校寄席なんで」……ちっとも早くねぇ。それに川越は「地方」じゃねえよ。こういう噺家の後輩みたいなヤツです、「令和」って。今年の漢字になって少々テングです「令和」。

まれに付き合ってくれても開口一番、「あー、庶民的な店だなー。リーズナブルでいいなー!」と、通る声で独り言《ご》つ「令和」。私がご馳走するのにね……。「唐揚げとポテトフライと……(店を眺めて)生ものは、やめといたほうがいいかなあー」。どういう意味だよ！　大人数で行くとほぼ知らないうちに黙ってドロンしてる「令和」。
私「令和、どーしたー？」
A「あー、さっき帰りましたよ。『一之輔兄さん、酔っ払ってるからわかんないよな』とか言って」。なんだそら「令和」。
50分くらい経つと「ボクの悪口言ってませんでした？」と、いきなり戻ってくる「令和」。
私「何やってたんだよ⁉」
令和「はす向かいのサイゼリヤでネタをノートに起こしてました」
私「よくそんなこと出来るな、飲み会の途中で抜け出して！」
令和「いやボク、飲んでなかったし」。そういうことじゃないって「令和」。
付き合いは悪いけど、お歳暮だけは我が家に直接持ってくる「令和」くん。決まって3500円のグルメカタログだ。ソー・クール。「たびたび出直すのも迷惑だと思い、こちらに失礼いたします」とメモの入った紙袋が雨ざらしのドアノブに。案の定、カタログからメモから濡れてびしょびしょ。『迷惑』じゃなくて自分が面倒なだけだろう。やっぱり令和だ」と思いつつ、佃煮詰め合わせを選んで投函した。ありがとう「令和」くん。
「兄さんは辞めたいと思ったことないんですか？」と神妙な「令和」。「オレ？　まるでないねー」と言うと「はあ~、いいなあ~。人生楽しいですか?」と「令和」はため息。

私「たのし~よ~」

令和「ある意味、羨ましいですわ」。『ある意味』ってどんな意味だよ。「令和」は「稽古があるんでお先に失礼します」と席を立つ。ご馳走様くらい言ったらどうだ。「LINEやったほうがいい」とか勧めたくせにいつまでもアカウント交換しようとしないのはどういうことだ「令和」。まあ、お互い先は長いぜ「令和」。なぁ「令和」。

別にモデルがいるわけじゃありませんが、私の「令和」はまだまだこんなイメージ。2020年にはもうちょい「令和」との距離が縮まるといいな。(2020年1月3-10日号)

大寒

小学生の頃、近所の書道教室に通っていた。その教室は筆の洗い場が外にあった。バケツに水を張ってその中で筆を洗う。真冬は朝からピーンと氷が張っている。子供は氷が大好きだ。氷の表面に墨で字を書く。「こおり」。そのまんま過ぎて笑いが止まらなくなる。筆先でつつくとあっけなく割れた。筆でグルグルかき混ぜていたら、筆先に氷のカケラが引っかかったのか、筆先がスポッと根元から抜けてバケツの中にゆらゆらと沈んでいった。「あ～」。先の無い筆だけが残る。こないだも抜けたのでボンドでくっつけておいたのに。腕まくりして筆先を拾う。手が内側からパンッとはじけるんじゃないかと思うくらい冷たい。漆黒の冷水の中、どこにあるのかまるでわからない。5分が1時間に感じられた。ようやく見つかったが、肘から先が黒ずんで、霜焼けになった。おまけに風邪を引いた。風邪は末端からを実感した『大寒』の頃。

冬休みの書き初めの宿題で、賞をもらった。小5の時だ。学校で2人の代表の一人に選ばれ、千葉市内の大きな体育館で行われる書き初め大会に出場することになった。たしか『大寒』あたりの寒い日だった。学校代表者がズラリと並び、「始め！」の太鼓の合図で一斉に書き始める。5年生の課題は『元気な子』。300人くらいいただろうか。こんな大勢の席書会は初めて。周囲はどんな字を書くのか気になって仕方ない。その日は千葉テレビの中継が入っていた。生まれて初めてテレビカメラを見た、そして映されるドキドキ感。端から順にカメラが迫ってくる。これまた気になって仕方ない。後日録画したビデオを観てみたら挙動不審な小動物みたいに頭を左右に動かして、四方八方を気にする私が一瞬映っていた。友達が来るたびにそれを見せた。「テレビに出ちゃったんだよ！（喜）」と盛り上がっていたら、「ジャージ着た『アカベコ』みたいだなぁ」とKくん。「上下違うジャージでよく千葉（大都会）に行けたなぁ」とも。その時書いた『元気な子』は表装されて、30過ぎになるまで実家の床の間に掛けてあった。

今年、小3の娘の書き初めの課題は『お正月』。「パパ、教えて！」と助けを求めてきた。娘は左きき。左手じゃ筆遣いは難しいけど、やってやろうじゃないか！　鬼コーチと化した私は娘の背後に陣取り、「そこ、角度つけて！　真っ直ぐに！　払いは元気よく！　太く行け！　曲がるな！　もうちょっと辛抱して、そこから筆をいっぱいに使って大胆にっ!!」。学校から支給された用紙はたったの3枚。新聞紙にひたすら練習し、いざ本番。3枚書き上がる。「納得した？」。憮然とした表情の娘。「まだやりたい？」。頷く娘。よし、紙、買いに行こう！　文房具店で書き初め用紙を購入し、書く書く。途中、どうしても上手くいかず自分に腹が立ち涙を流す娘。いい涙だ！　最後の1枚。『月』の最後のハネ。「さー来い！　そーだっ！　はねろっ！　いけるって！　いけるって！　さー思い切りはねてみろっ!!」……決まった。顔に墨をつけて抱き合って喜び合う父娘。「暑苦しい……」と家内が呟いた。

提出したものが返ってきたら表装して飾ろう。『大寒』の頃には戻ってくるかな。寒い日はなぜか筆を持ちたくなる。真冬に嗅ぐ墨汁の香りはいいもんだ。

（2020年1月31日号）

第七章 身近な出来事のまくら

改造

世の中には傍から見ていて一声かけたくなるような人がいる。「ここはこうしたほうがいいんじゃない？」とその人のために言ってあげたくなる人たち。

見ていて大変に危なっかしくて、ドキドキさせられて「あちゃー、俺ならこうするのになー」と思うことがあるのだが、なかなかその一言が言えなかったりするものだ。

私も後輩の落語を聴いていて「他人にアドバイスするなんて、おこがましいんじゃないか？」なんて腰が引けてしまう。

もうそんなコトじゃいけないんじゃないか？　後輩も増えてきたし、ビシッと言うべきことは言わないと。ということで、今回は「君はこうすべき！」と、毅然と言える大人になるべくトレーニングをしてみたい。

いきなりだが、『天狗』という生き物は大変に危なっかしい。

いや、実際にはいない（と思う）けど、皆さんご存じのおとぎ話や落語にも出てくる、顔が赤くて鼻の高いヤツだ。

山伏の格好をして、手には羽団扇《はうちわ》を持って大風を起こし、一本歯の下駄を履いて、首に大きな数珠を掛けているヤツ。たしか背中に羽が生えて、空を飛び、人をさらったりするんじゃなかったろうか。危ない危ない危ない。

うちの長男の妖怪図鑑を見て確かめたが、まさにそんな感じ。

危ない！　何がって一本歯の下駄は危なすぎ。空を飛べるから関係ないと思うかもしれないが、たまに着地した時が危険。慣れない不安定さに転んで足を挫いたらどうする？

そもそも下駄自体、高齢者には足先が冷える。クロックスは軽くていいが、当人が嫌がるか。「俺は天狗だよ……」と。気高さゆえに（あくまでイメージ）スニーカーもNG。

高級革靴なら天狗に見合うだろうか。

羽団扇もいかがなものか。大風を起こすなんて物騒だ。手元が狂っただけで大災害だ。

天狗にはゆったり構えてもらうべく、葉巻を持たせてみたい。あの貫禄には葉巻は似合うぞ。

山伏の衣装もどうにかならないかな？　どうせならゆったりめの高級スーツに、派手なシャツ、細めのネクタイ。かなり似合うと思うのだが。天狗には山から街へ出てきてもらいたい。

長い髪と髭を美容室でほどよく切りそろえてさっぱりとオールバックに。鼻の高さもそこそこ控えめに、顔の赤さもちょっと抑えといて、メイクさん。

首には数珠より、金のネックレスを。空いた片手にはせっかくだから遊び心でブランデーグラスを配してみたい。

背中の羽はお引き取り願って、移動には高級外国車を。

手元のメモに、改造を施した天狗を描いてみたら……驚いたことに『天狗』が『勝新太郎』になってしまった。

眺めていると、天狗を見ていたとき以上に、ドキドキしてしまうじゃないか。セクシーすぎるぜ、勝新太郎　ex天狗……。

天狗から「ファンタジーな危なっかしさ」を取り除いたつもりが、なんと勝新太郎という「リアルな危なっかしさ」が生まれてしまったのだ。しかもそれは『魅力的な危うさ』じゃないか。

結論。『改造』も捨てたもんじゃないな。後輩の下手な落語も、私が改造を加えれば名人芸になるかもしれない。

え？　まずお前がしっかりしろ？　あー、あー、聞こえなーいー。


（2017年8月11日号）

【改造】 2017年8月、安倍内閣が内閣「改造」。

大好物

『ホワイト餃子』を知っていますか？　餃子好きには有名なので、名前くらいは耳にしたことがある人は多いでしょう。

ホワイト餃子の本店は私の故郷・千葉県野田市にあります。いわば野田の3大ソウルフードの一つ（ちなみにあと二つは私的に「大川やの醤油せんべい」と「丸嶋屋の樽丸最中」）。

ホワイト餃子はのれん分けされ、今や全国各地に支店がある。「世界のホワイト餃子」と言っても過言ではないでしょう。

野田では正月やお盆、冠婚葬祭など大勢人が集まるときは、何はともあれホワイト餃子です。早朝から本店前に並び、生のお持ち帰りを100、200個とまとめて買い出しに行く。ホワイト餃子の朝は早い。

親父に「ホワイト餃子、買いに行くぞっ！」と助手席に座らされると胸躍ったものです。「パパ、明日もホームランだ！」ってなもんです。

最近は「ホワギョー」と略す人も多いそうですが、野田の人はたいてい敬意を込めて、「ホワイト餃子」とフルネームで呼ばせて頂いております。無精しちゃいけないよ。

ホワイト餃子は直径4～5センチのたわら形、丸みのある、繭玉のごときフォルム。かなり愛くるしいヤツです。餡はわりあいオーソドックスですが「むしろ皮が主役‼」。

モッチリとした厚さで、こしのある皮がなんとも言えない存在感を放ちます。

そんなホワイト餃子、家庭で焼くとわりと手間がかかるのです。「焼く」というより「茹でて、揚げる」感じでしょうか。フライパンに逆さに敷き詰めて、ヒタヒタの湯で茹でる。湯が蒸発して減ってきたら、大量の油を餃子が浸るくらい入れて揚げ焼きにする。「こんなに油使うの⁉」ってくらい入れます。……するとね、焼き目が濃いきつね色、まわりがぷりぷりした乳白色、食欲をそそる、実にいやらしいホワイト餃子ができあがるのですよ。

アツアツのホワイト餃子を噛むと、上の歯は「サクッ」、下の歯は「ムニッ」という上下の歯で同時に異なる食感。小ぶりなので10や20は余裕。高校生のときは50くらいいけたな。

冷めてもうまい。いや、むしろ私は「晩ご飯の残りモノの冷たくなったホワイト餃子を越える食べ物はない！」と思う。

台所にラップをかけられて昨夜から放置されたホワイト餃子。出掛けに見つけて、家人の目を盗み、欲望のおもむくまま一つまみ。醬油や酢なんか必要なし。

昨日とはうってかわって、しなりとだらしなくなったヤツを口に放り込む。口中でほどけていくまま、ゴクリと飲み込んで、また一つ。朝ごはん食べたばかりなのに……歯を磨いたばかりなのに……立ったまんま、台所で餃子を食べている私。

膝をガクガクさせるような背徳感に襲われながら10個は軽くいけます。口の周りは油まみれで、恍惚の表情。……これはもう餃子の姿をした「合法ドラッグ」と言ってもよいでしょう。

とにかく、ホワイト餃子。一度食べてみて。そして、余計に買って、楽屋見舞いにください。保冷剤入れて頂ければ助かります。

いろんなところで『ペヤングソースやきそば』を推してたら、差し入れをたくさん頂いたので、秋からはホワイト餃子!!「さもしいヤツ」と呼ばば、呼べ。俺はホワイト餃子が好きなんだ。

（2017年9月15日号）

ライバル

繁華街でよく見かける個室ビデオボックス。某店のキャッチフレーズは『ホテルがライバル!!』。のぼり旗をはためかせて、声高らかにライバル宣言しています。

果たしてこの熱い想いはこんな路地裏から世間に、そしてホテルに届くのでしょうか？ 世の中には無数のホテルがありますから、できれば具体的なホテルの名前を挙げてくれたほうが、はっきり意気込みが伝わっていいんですけど。高級ホテルをライバルとするのか、安いビジネスホテルをライバルとするのか。これ大事なとこですよ。「ホテル」と大枠なところに意志が感じられないような……。「とりあえず言ってみた感」？ 『帝国』『ニューオータニ』『ヒルトン』『ペニンシュラ』……遠慮しないでドーンとぶつかっていけばいいんですよ。謳うのはタダ。ライバルは高めに設定だ。頑張れ、ビデオボックス！

そんなこと言いながら、自分を振り返ってみれば「ライバルは誰ですか？」なんて質問はちょっと、いやかなり苦手です。

取材で聞かれた時は、いつも「……うーん（考えるふり）……ライバルって、自分のなかで設定しちゃうと、その人を越えられない気がするんですよ……あえて、私は作らないようにしてます（微笑）」とか「（考えるふり）その日その日でお客さんの反応って違いますからね。同業者がライバルっていうよりも……目の前のお客さんが『好敵手』ってことですよ……（遠い目）」……みたいに気取って答えがち。「昨日入門した前座から大御所の師匠まで、全員がライバル」……とかもっともらしいことも言ったりします。恥ずかしい。

聞き手が要領を得ない困った顔をしてると「落語って結局、お客さんの好きか嫌いかですから」とお茶を濁す私。

『この人、俺のライバル！』って名指しで言うのは度胸がいります。名前を挙げたところで、耳にしたご当人にどう思われるか考えちゃうんだなぁ。

「いやいや、お前なんか眼中にないし（笑）」「俺のこと意識してたんだー（笑）。なんかそんな気してたわー（笑）」とか、想像しただけで顔が赤くなりますわ。その人のファンから「そらないわー（呆）、ランクが違うし！」とか「お前にライバルとか言われると私の○○が同格と思われるからやめて（怒）」と嫌がられるのも癪だしね。そんな心配してる時点でライバルって言っちゃダメなんだなぁ。

精神衛生上、ライバルなんて思っていても口にしないで黙ってるに越したことなしですね。

某ビデオボックスさんには偉そうに言っておきながら、申し訳ない。してみりゃ『ホテルがライバル‼』まで言えるってスゴいことなんじゃないですか？「とりあえず言ってみた感」とか言ってごめんなさい。あんた、偉いよ！　頑張ってるよ！　そんな自分の無力さを、ビデオボックスのソファベッドに寝そべって改めて思い知りました。立派な革張り風じゃないか。俺みたいな人間にとってみれば、京王プラザのスイートルームだ。ていうか、６本までＤＶＤを貸してくれる高級ホテルがどこにあるかってんだ⁉

俺もいつか『○○がライバル！』と明日に向かっていけるように頑張る。と誓いながら、寝返りを打ち屁をひとつ。臭いこもるなぁ、ビデオボックス。（２０１７年10月27日号）

趣味

　私、趣味がないのです。

　寄席で落語を聴いたり、素人だてらに見よう見まねで喋ったりが趣味だったのに、運良くそんな職業になってしまいました。よく「趣味が仕事だなんてうらやましい」と言われます。そんな時は「趣味にしとくうちが花ですよ。趣味に責任がともなうのはツライですねぇ……（ため息）」と返します。

　嘘ですよ。べつにそんなつらくないっす。本音を明かせば「ハハー、いーでしょー！責任なんかまるで感じてないもんねー！」ってなもんです。けっこう楽しいよー。

　はっきり言って、私は落語以外に趣味は必要ないのです。必要ないんですが、プロフィールに「趣味　落語」とか書いちゃったらかなりの勘違い野郎臭が漂います。わき目もふらず一心に「自分、これ一筋だもんで」みたいな。こっぱずかしい。

　ということで、なんかプロフィールに書けるような趣味が欲しいのですが、いかんせん腰が重い。なにをするにも「石橋を叩いて渡る」どころか、叩く前に腕をストレッチしてる合間にめんどくさくなって寝てしまう……くらいの無精者。これは！という趣味が見つかりません。

　映画？　だいたい1年に10本も観ない人間はプロフィールに「趣味　映画鑑賞」って書いちゃダメでしょ？　すいません、書いてます。とりあえず埋めようと思って……。

年に2回くらい気まぐれに市販のルーでカレーを作るだけなのに「料理」とも書いてます。かみさんに「大嘘つき！」と言われます。申し訳ない。

頂いたチケットで、しかもかなりの頻度で寝ちゃうのに「芝居鑑賞」とも。ごめんなさい。今後は「芝居鑑賞中のうたた寝」と書き直します。

酒は好きなので「飲酒」と書いたら、仕事先で一升瓶を山ほどもらうようになりました。帰り道がメチャクチャ重たいので「ほどをわきまえた飲酒」と書き換えたら、一升瓶が四合瓶に変わりました。それでも一度に3本もらったら重い。ビニール袋の持ち手で指がちぎれそう。

いっそのこと「現金収集」と書いてみようか。でも古銭とかもらっても嬉しくないし。どうせ本気にしてくれないでしょう。遠慮しないで、皆さんお金くれてもいーんですよ！

「洗濯」とも書いてみました。洗濯機を回し、洗濯物を干すところまでは私の仕事。時間があればほぼほぼ毎日やっています。まぁ趣味というより、やむを得ずやってるのですが。

「散歩」とも書きました。落語覚えるには歩きながらが一番いいのです。これも切羽つまって覚えなきゃいけないときに、やむを得ず歩いてるのです。

「喫茶店めぐり」もこの原稿書くために仕方なくやってるかんじです。気が小さいので1カ所にずーっといられず、やむを得ずめぐってる。

「何か、やむを得なくない、やっても、やらなくても、まーるで問題ない吹けば飛ぶよな『趣味』はないものかー？」と考えたのですが……ありました。やっぱり仕事にする前の落語がそんなかんじでした。仕事にするんじゃなかったな。プロフィールに書けないし。いや、もういっそのこと書いちゃえばいいのか。『趣味　趣味っぽい落語』ではどうでしょう。『職業　趣味の延長の落語家』でいいか。あー、気が楽になった。

（2017年11月3日号）

どや顔

先日、携帯電話を替えた。ガラケーをようやく機種変更。

今までのガラケーは買ってから7、8年、だいぶ傷みが激しかった。ACアダプターの差し込み口の蓋はいつの間にか取れていた。操作ボタンをコーティングしているカバーも傷んで、「クリア」と「0・わ」と「8・や」が取れちゃって虫食いだらけ。充電満タンなのに電源が落ちたりする。Xデーが来る前に何とかしなければ、と「携帯を替える！　止めるな！」と家内にどや顔。「とっとと行ってこいやっ‼」の愛情溢れる声を背に受けて、池袋の某携帯ショップへ。緊張。超満員。2時間待ち。みんなスマホを手にどや顔。私の妄想かもしれないが、そう見えるから仕方ない。

「この時間は混むんですよね、申し訳ありません〜」。まるで申し訳なさそうに聞こえないトーンの店員。知らないこっちが悪いかのような口ぶり。泣きそうになった。怖かった。なぜ携帯ショップは、店構え、ディスプレイ、店員、そして客までちょっとどや顔なのか？

「○○店でしたら空いてるかも〜」。お前みたいなガラケーユーザーは、片田舎の支店がお似合いだ、と言うのか。池袋の何が偉い⁉　○○は私の最寄り駅だ。馬鹿にしやがって！「そっちに行ってみます。ありがとう」。冷静に応える。決してビビってなんかいない。ちくしょう、覚えてろ。いつか見返してやっからな。

〇〇店はガラガラだった。携帯ショップって威張ったって、閑古鳥の鳴く店もある！

今度はどや顔で入店してやった。

「機種変更したいんだけど！」。本当は「したいんですが……」と言ったのだが、ハートで負けないように「だけど！」な気持ちで店員に挑む。

私「今、ガラケーなんだけどさ」（本当は敬語を使った）

店員「スマホに替えますか？」

私「いや、あえてガラケーのままでいきたいんだよね」。こんな口ぶりでもないし、「あえて」でもなかったがガラケーでないと使いこなせる気がしない。

店員「もうガラケーの販売はいたしておりません」

私「困るんだよな。ガラケーって決めてるからさ……」。本当は「え〜！　マジですか⁉　ガラケーじゃないと厳しいなぁ……」と肩を落としたのだけど。

あれ？　でも店の片隅に一つだけガラケーが飾ってある⁉

店員「あちらはいわゆる〝ガラホ〟ですね」。ガラホ？　店員はどや顔で説明してくるが、何が何やらさっぱりだ。「要するに、外身はガラケーで中身はスマホ、みたいな」と店員。「こちらをお買い求めになるガラケーユーザーも多いですよ」と、どやどや買わんかい顔。

私「……じゃあ、これくださ……いや、もらおうかな？（どや顔）」。今までガラケーのメール機能でこの連載を書いていたが、現在このガラホなるものでこの原稿を書いている。なんとも微妙な使い心地。そして周囲の反応が「あれ？　ガラケー替えたんですか？」「いや、これはガラホといって……」「いやいやガラケーはガラケーでしょ？（半笑い）」と、今まで以上にマウントをとってどや顔をしてくる。

どっち付かずなガラホのせいで原稿は難航中。どうせ使わないアプリやらを備えて、私の掌でどや顔している。これからよろしくな……ガラホ（どや顔）。

（2017年11月24日号）

【どや顔】成果を出したことについて、「どや（どうだ！）」と得意気な表情をすること。

謙虚

「お前は横柄で偉そうだ」と、言われることがある。

そんなつもりはまるでないのに、どうも他人様にはそう見えるらしい。誹謗《ひぼう》中傷に等しい。悔し涙にくれながら、周りを見返してやろうと考えた末、謙虚さを身につけるには「回転寿司が一番」という結論に至った。

回転寿司は人間のむき出しの欲望が交差するところ。寿司がのるベルトコンベアは、欲望を覆い隠す上っ面を剝がす電動サンダーだ。

まる一日飲まず食わずで、回転寿司に行ってみてください。おのれのエゴの出っ張り加減に驚くはずだから。

時分どきの人気店に行こうものなら、ちょっとの列でもイライラしがち。よくない。空腹の時間が延びるだけ、より美味しく頂けるんだと思いたい。これが、THE・謙虚。

「どうぞ、こちらへ！」。好きなとこに座らせてくれよ、と思いがちだけど、立ち止まって考えてみる。

「店員さんが働きやすい→接客しやすい→客も快適」となりやしないか。ディス・イズ・謙虚。

お茶の粉。「スプーン一杯で十分です」との注意書き。一杯以上入れちゃう人。信用しましょうよ、お店がそう言ってるんだもの。「一杯以上入れると濃すぎて胃が荒れます」

と、書きたいはずなのに書かないお店の配慮もザッツ・謙虚。

醤油も、必要な分だけを小皿に注ごう。足らなくなったらまた足せばいい。ごちそうさまと同時に小皿がキレイになったらベスト・謙虚。

いかに空腹でも「我先に！」という態度はダメ。様子を見計らって、落ち着いてハッキリと通る声で注文。一皿食べきらないうちに何枚も立て続けに注文するのは寿司が乾いてしまう。一枚食べたら、また一枚。コツコツ謙虚に皿を積み重ねたい。

ガリは食べ放題だからって食べすぎはよくない。

甘酢と生姜の辛みで口のなかがいっぱいになって、寿司の味がわからなくなるほど食べたら元も子もない。確かにガリは美味い。そして口に運びやすい気楽な存在。そんなフレンドリーなガリに対しても謙虚でいられるかどうか、我々は試されているのです。

おなかが膨れてきたころ、自分の皿はどうなっているだろう。ちゃんと色分けされて積んであるか？　店員さんが勘定しやすいようになっているか？　今はピッとセンサーで数えられる店もあるが、全てがそうとは限らない。甘えてはならない。

そして、回転寿司における一番の難関は、

「もう一皿なら食べられるんじゃないかな？」

という自身に対する過信だ。

「もうやめといたほうがいいんじゃないですか……？」

とは誰も言ってくれない回転寿司は、「欲望の魔窟」だ。おのれを律し、あくまで冷静に「お勘定お願いします」の一言が言えれば、マン・オブ・謙虚。

腹八分目で勘定を払えた自分を褒めてあげたいが、自分を褒めたりしたらノー・謙虚。「最後の一皿分のお金はまた、次回に……」。これくらいの気持ちでいられればマスター・オブ・謙虚。

謙虚の道は回転寿司にあり。安倍さんにもぜひオススメしたい。（２０１７年12月１日号）

【謙虚】２０１７年11月１日、第４次安倍内閣が発足。「謙虚に」「真摯に」「丁寧に」と繰り返した。

年相応

39歳に『年相応』かどうかわからないが、先日お墓を建てた。

父が「元気なうちに建てとくと、なにかと安心だな」と言うので、「まぁ、親子ともにお互いそういう年になったのか」ということで、そんな運びに。

父は11人兄弟の下から2番目で、どうしたって自分で建てなくてはならないらしい。「本家の墓の片隅に、片手に一掴みくらいの骨を入れてもらえばいいじゃないか」と言ったら、「お前はどこに入るんだ?」よそに建てるのか?」とちょっと切なげな父。あ、そうか。私は長男だから両親と同じ墓に入るのが筋なのか。じゃ、私のかみさんと子供たちもかな? かみさんは入ってくれればいいけど、断られたらどうしよう? 末娘は嫁いだら、嫁ぎ先の墓に入るのか。先方から断られなきゃいいけど……。長男は所帯をもったらこちらの墓か? 長男のかみさんに断られたらどうなる? 次男はまた新規に建てなきゃいけないのか? 次男が所帯もったら、また墓が増えるのか……。となると、墓は無限に増え続けてそのうち地球は墓だらけになってしまう。きりがないぞ。

今までしたことのないような墓妄想をしていたら、「墓石はどんな形にする?」と父からのメール。

「カタログを送るからいいのを選べ。金出すのはお前なんだから」。仕方ない。もういい年だし、それくらいの出費はハナから覚悟していた。

それにしても、墓のカタログがあるのか。形やサイズによって値段はピンキリだ。一番安い石はちょっとなー。かといって、高い石にしたところで自分が墓に入ったあとは眺めることもできないし。……ということで中の上くらいの石にした。

横に広がった西洋型が流行りらしい。石に座右の銘やら、ステキな言葉やら、イラストやらを彫ったりする人もいるという。

我が家はありきたりな縦に長い石、正面の字も『○○家』のみ。「愛」とか「夢」とか「希望」とか彫って、入るときはこっちは死んでんだっつーの。イラストなんて恥ずかしいし。書体もごく普通の毛筆体で。結果、マンガに出てくるようなお墓らしい墓石になった。よし。

今度は霊園の区分のなかで土地を選べ、という。「広さ」「日当たり」「通路からの距離」で値段が変わる。死んでからも、なおせちがらい世の中。たまたま垣根に接した角地が空いていて、風通しが良さげなのでそこにした。広さはごく普通、これで十分だ。

しばらくして、できあがった実物を見に行った。まごうことなき、墓。おー、ここに両親を入れるのか。そして俺も入るのか。どうかすると子供たちも……。父の言った『安心』の実感はまだないが、とりあえず何も入ってない空の墓石に手を合わせ、心のなかで「そのときが来たらよろしくどうぞ」とつぶやいた。入るの、ちょっと楽しみ。

周りを見渡すと、最近の墓地はホントに西洋型で派手な墓石だらけだ。「ｆｏｒｅｖ

er love」と彫られ、薔薇の花があしらってあるのも……。それもまたよし、か？
お香典入れる袱紗《ふくさ》も、数珠も、喪服用の靴下も持ってないし、黒の革靴もへたってるし、喪服は20歳のときに買ったまま。なのに、墓はある。明らかに順番が違う。『年相応』は難しい。

（2017年12月8日号）

笑顔

子供の頃から笑顔が苦手で、昔の写真を見るとほとんどが仏頂面。酒が入るとそこそこな笑顔が出来るので、はしご3軒目ともなるとトイレの鏡に向かい、無闇にニコニコしたりして自分も笑顔になれるのを確認する。気持ち悪くてごめんなさい。

昨年のはなしで恐縮だが、ちょうど今くらいの時期に父の喜寿のお祝いをした。父・母・姉3人と私。あえてお互いの配偶者・子は抜きで、家族6人で祝おうじゃないかということになり、上野辺りで食事することになった。幹事は私。ただメシを食うだけでは味気ない。久しぶりにみんなでどこかへ遊びに行くのもいい。たしか私が4歳の頃、家族で上野動物園にパンダを観に行ったはず。ハッキリと記憶に残ってるので、恐らくとても楽しかったに違いない。家族の反対もなく喜寿祝いは上野動物園に決定。

川上（本名）家も結成から40年余り、もうジイさんとバアさんとオバさん3人とオジさん1人のロートルチームである。パンダのシャンシャンの行列を横目に「ま、今日は無理しなくていいよね……」と諦め、なんとなく空いてる動物ばかりを眺め、これといった会話もなく黙々と歩く。くたびれ果ててベンチにヘタり込む6人。

「あ、たしか昔……ここでお弁当食べたんじゃないかな？」と思い出した私。「そうだっけ？」「ほんと？」「覚えてるの？」と姉たち。「キリンが後ろにいて、みんなに囲まれてワーワー言われて楽しかったような記憶はあるんだけど……違ったかなぁ？」「あの時お前がグズって大変だった」と母。「よく覚えてるな」と父。「そりゃ忘れないわよ。おっぱい飲ませてようやく落ち着いたんだから。あんな公衆の面前で4歳児に母乳あげるとは思わなかったわ」「あー！　そうだった！」と姉3人がハモった。「ボク、もう帰るー！パンダ見たかったのにー！　キリンじゃ嫌だー！　パンダがいいー！」とダダをこねる私をなだめるために、母は自らの乳を与えたらしい。

四つで母乳。マジか。母いわく「でもその日で卒乳。それ以降は一度も飲んでいないはず」。当たり前だ。たしか母乳というものは飲み続けないと出ないのではなかったか？ということは私は四つまではコンスタントに母の乳首にかじりついていたということか。あんなハッキリとした日本語の悪態を吐く人間が母乳を飲むなんて……。呆れた。あげ続ける母にも呆れた。

姉たちによると、母乳を飲んで満足した私はようやく機嫌が直り、その日初めての笑顔を見せたらしい。ホントかいな。動物園に来て、昼過ぎまで笑わない子供ってどんなだよ。飲まないと腹を割らない4歳児、やだな。

今年のお盆に実家に帰ってアルバムをめくるとあった、その問題の授乳写真。護送される容疑者のようにバスタオルに顔を包まれながら、恐らく乳を飲んでる4歳児。当人も恥ずかしいことなのはわかっているのだろう。飲み終えた直後の写真の私は確かに笑顔……ではあるが、眼は完全に酩酊状態のそれだ。あ、この顔見たことあるな。居酒屋の鏡の中で。

母乳は何とかやめられたけど酒はなかなかやまりませんな、御同役。誰が御同役だ？

（2019年11月8日号）

神頼み

我が家に神棚を吊って今年で10年になります。御徒町の量販店『多慶屋《たけや》』で大神宮様の御宮を買いました。店内をフラフラしてたら「神事グッズコーナー」を発見。あーいうとこでも御宮が買えることにまず驚きです。

「芸人なんだから神棚の一つも吊って、毎日出掛けに柏手を打って仕事に行けば、それらしいんじゃねえか？」とノリで購入。３万円也。ごく軽い気持ちで手を出してしまいました。いわば『ファッション信心』。配送料を惜しんで、約80×50×30センチの決して小さくはない御宮を抱えて電車に乗ると、「この人、神社持ってる‼」と子供が指をさしてきました。「そうだよー。おじさんは神社を買っちゃったんだよー！」と心の中でハイタッチしましたが、電車内でむき出しの大神宮様はなかなかに目立つものです。

帰宅してまず気づいたのは、我が家に御宮を据える肝心の神棚がないこと。とりあえずリビングの床に置いておきました。床にゴロゴロしてると私の目線の高さに御宮がドーンっと迫ってきます。大迫力。しばらく屋根を撫でたり、欄干を分解したり、扉を開けたり閉めたりして戯れていましたが、何かが足りない気がする。

「あ、御札を入れないといけないいんじゃないか⁉」。当たり前です。『シルバニアファミリー』だって建物だけではつまらない。御宮のガワだけ拝んでもご利益はないはず。

近所の神社で御札を求めると「どちらの御札をご所望ですか?」と聞かれました。御宮には三つの戸があり、真ん中は天照皇大神宮、左手はその土地の氏神様、右手はおのおのが贔屓(?)にしている神様の御札を納めるらしいのです。知らなかった。とりあえず、真ん中と左には神様が無事ご入室。「贔屓の神様と言われてもなぁ……」

右はしばらく空室のまま、これから贔屓を見つけることにしました。それから神様とリビングで過ごすこと2週間。

「やはり神棚を吊って神様には高いところにおいで頂くべきでは?」と家内と相談。かといって私には大工道具も資材も、棚を吊る技術もなし。

知人に相談すると「お安い御用だ!」と、手際よく玄関に吊ってくれました。仕事に見とれている最中、「ちょっと位置が高すぎる?」と思ったのですが、厚意でやってもらっている手前口を出せず……。結果、下界からは神棚の底しか見えない『天空の城』が完成しました。

神棚吊ってわかったのは、御宮にお供えする塩・酒・水・米・榊をこまめに取り換える手間はかなり大変だということ。また1階に御宮を据える場合、その上の天井に『雲』と書いた紙を貼らねばならないそうです。『出掛けに柏手』も、せわしなく家を出る時には正直めんど……あ、いや、ま、ホントすいません。

神棚の管理をする家内は「自分で世話できないなら買ってこないで!」と神様を犬み

たいに言ってます。おいおい。罰があたりゃしないか……と心配しながら原稿を書いていたら、完成したデータを全消去してしまいました。これは書き直しです。
今日はこれから家に帰って天井に『雲』を貼りたいと思います。どうか神様、愚かな私をお許しください。特別なご利益は要りませんので、データだけはちゃんと保存できますように。

（2018年1月26日号）

ベテラン　今、都内の某中学校内の食堂にいる。今日は長男の受験日、私はその付き添いだ。付き添いの者は食堂で待機。なにぶん初めてのことで勝手がわからない。試験が終わるまで4時間……週刊朝日の原稿にむかうとしよう。

昨夜から降る雪のため、登校中に靴が濡れて靴下まで染みてきて気持ちが悪い。かつ硬い椅子で尻が痛い。保護者で溢れかえった真新しい食堂は、なんだか居心地が悪い。隣のテーブルには還暦過ぎくらいのおじさん。孫の付き添いか。尻の下に持参のクッションを敷き、足元は雪道に備えあったかそうな長靴。魔法瓶のお茶を飲み、ポータブルの将棋盤を広げ、本を片手に独りでパチパチやっている。ひたすらに携帯をいじっているだけの父母のなかで、なかなか異彩を放っている。この道のベテランと見た。

向こう側のテーブルには小学校低学年の女の子とお母さん。「終わったらおやつあげるから！」と漢字の書き取りをさせている。上の子の付き添いに妹を同伴させ、待っている間に宿題をやらせようということか。お母さんはノートパソコンを開いて、何やら自分の仕事をしている様子。そのうちにカバンからタッパーに入ったカットフルーツを取り出した。おやつも持参。無駄がないね。こちらもかなりのベテラン感。

トイレを探そうと廊下に出ると、角かどに生徒が立って案内をしてくれている。

うっすら口髭を蓄えた、付属高校・3年生の男子。柔道部っぽい体格。毎年手伝いに駆り出されるのか、案内役もなかなか堂にいったもの。

「ご苦労様ですっ！　お手洗いは突き当たりを右です！　お足元、〝濡れておりますので〟お気をつけください！」

『滑りやすくなってますので』と言いたくなるところを、受験日に『滑る』とは決して言わない高校3年生の気遣い。私の考え過ぎだろうか？　グッジョブ！　柔道部っ！（勝手なイメージ）さてはおぬしベテランだな。

食堂ではおばさんたちが働き始めた。厨房では7、8人の人影が忙しなく動き回っている。ベテランぽいおばさんがひとり、合間をみて「付き添いのみなさま～。雪のなかご苦労様で～す。給茶器のお茶は無料になってますので、ご自由にお飲みくださ～い」と声をかけてくれた。飲んでよいものか、迷っていた保護者たちが一斉に給茶器にむかった。さっきのベテランおじさんは給茶器から魔法瓶にお茶を補充している。抜け目ないな。4時間のうち、3回の補充。ベテランとベテランが対峙した。ただのお茶ごときで緊張感は走ることとなく、「お孫さんの受験ですかー？」「そうなんですよー」と、和むベテランたち。

試験終了5分前くらいから付添人たちがソワソワし始めた。居ても立ってもいられずに、気の早い人は子供を迎えに昇降口へむかう。私もむかう。ベテランにはまだまだ遠い。

「お疲れ様でしたっ！」。交通整理をしつつ、受験生の一人一人に声をかけるベテラン風の先生方の表情が温かい。

出てきた我が子に「どうだった⁉」と聞けば「やることやったからあとは待つだけだ」とのまるでベテランじみた返事。

たくさんのベテランひしめく受験会場で、ぺーぺーの私の原稿は4時間進むことなくメモとにらめっこするだけであった。

（2018年2月23日号）

独立

自由になりたい。大空へはばたく翼が欲しい。親の庇護から抜け出したい。独立したい。幼い頃からそう思って過ごしていた。老け顔だった私。小6で若白髪まで目立つようになった。鏡を覗くと常に7、8本の白髪が目に入る。12歳にして老醜を意識した。あだ名は「じいさん」（そのまんま）。「老白髪（ふけしらが）」（四股名風）。「ワカガシラ」（語順を変えただけで、これはちょっとかっこいい）。

なんて疎ましいのだ、若白髪。大空に飛んでいきたい私には「見た目の足枷《あしかせ》」。お前らが生えてるせいで俺は飛べないんだ。悩めば悩むほど白髪は増えるらしい。「抜くとそこから5本になって増えるんだよ！」と家族は言う。なぜ5本なのか？　ソースは？……わかってるんだ……どうせ俺を狭い鳥かごに繋ぎ留めようっていうでっち上げなんだろう？

そもそも白髪の、周りの色に決して染まらず、馴染まず、我が道をゆくかんじはなんなのか？　ワン・オブ・ゼムにならず、ツンツンと飛び出してくる旺盛な独立心……。私は自分と似たものを若白髪に感じていたのかもしれない。そして芽生える近親憎悪。抜いた。抜いて抜いて抜きまくった。勉強部屋にこもり、白髪を抜いては机に端から並べていく。革新派を次々と摘発・粛清していく体制側の無慈悲な官憲のごとし。俺を舐めるなよ。白髪ども。お前らだけに自由になられてたまるか。俺をおいていくなよ。

抜いてやる、抜いてやる……。1本抜いて本当に5本になったのかはわからない。が、若白髪たちは力なく横たわりつつ、「君はそれで本当に満足なのかい？」と哀れみの目で私を見上げていた。毛根から抜き取られても、なお凜とした若白髪。明らかに私の負けだ。

白髪は高校入学後から徐々に減っていった。思春期を終えて、「めんどくせ。男子高だし、見た目なんか関係ないし。なんなら真っ白でもいーや」と開き直ったら、みるみるなくなってしまった（ちなみにこの頃、詰め襟学ランで家に居たら宅配便のお兄さんに「ご主人様ですか？」と言われた。白髪はなくなったのに、老け顔は加速している）。土日は家でボンヤリ過ごし、どっぷり家族に依存した生活を送るようになると、皮肉なことに白髪は現れない。いや、こんな私にはもう生えてくれなくなったのかもしれない。牙を抜かれ、飼いならされたライオンには白髪は生えないのか……。

今年40をむかえ、久しぶりに出逢う白髪は私の鼻孔にいた。ふと鏡に映すと、両方の穴に4、5本ずつ。今まで周りに甘え、のほほんと生きてきた私の前に急に現れた鼻白髪。「俺たちを見てお前はどう動く？」と吠えるように鼻白髪は太くいきり立っている。抜いた鼻白髪は「奮い立てよ、兄弟」と言ってるようだ。そろそろ立つか。いや、別に組織から『独立』しようという訳ではない。『独りで立つ』のだ。何にも摑まらずに自力で、転んでもいいから立つ。大切なのはその覚悟だ。そうだろ？　鼻白髪よ。

そんなことを思いつつ、上に目をやると頭髪も『独り立ち』していた。寄りかかるものがかなり少なくなっている。上等だよ。やってやるよ。何をやるかは、これから考える。まだ人生折り返したばかりさ。

（2018年4月13日号）

【独立】 2018年4月、ビートたけしが自身の会社・オフィス北野からの退社と「独立」を発表。

天才

『天才』なんて身の回りにそんなにいない。ましてや、自分が天才なわけないし、なれるとも思わない。40過ぎて今から天才になる……なんてことはないからな。もはや『天才』を見る側として生きていこうと思う。私が中高生の頃、クラスの大半が持っていた『ジーニアス英和辞典』。英語の先生が「買うならジーニアス！」とやたらジーニアス推しだった。リベートかなんかもらってたのかな。私には姉の使わなくなった辞書があったのだが、やはり周りに流されるようにジーニアスを購入。音の響きも鋭くて、カッコいいじゃないか「ジーニアス」。光沢のあるピカピカのケースに入ったジーニアスは持ってるだけで心強かった。

授業中、成績のいいヤツも勉強できないヤツも、みんな『ジーニアス』を開いて英単語を調べている。先生は「ジーニアスのページが手垢で真っ黒になるくらいジーニアスを引きなさい。それが血となり肉となる！　絶えず反復することがジーニアスへの近道ですっ！」と言う。

使い始めてしばらく経ってから、そもそも「ジーニアス」ってなんなんだ？という疑問。遅すぎる。意味も知らずに使うのもなんなので、「ｇｅｎｉｕｓ」を『ジーニアス英和辞典』で調べた。

『天才』とある。「……天才かぁ……」

まず頭に浮かんだのはアインシュタインやレオナルド・ダ・ビンチの肖像画。あと山下清の顔（正確には芦屋雁之助の顔）。「この3人はジーニアス、使わないだろうな……」

その後から長嶋茂雄も「んー、どうでしょう⁉」と言いながら頭の中を通りすぎた（正確にはプリティ長嶋）。本当の『ジーニアス』は長嶋さんのように、いわゆるひとつのブロークン・イングリッシュで十分なはず。「HEY！　カールっ‼」みたいな。「『鯖』は魚偏にブルーですか？」みたいな。「ナイスですねぇっ‼」みたいな（……あ、一番おしまいのは村西監督だ）。「『ジーニアス（天才）英和辞典』とは出版社もぶちあげたもんだなぁ……」。そして次第に込み上げてくる自意識と羞恥心。「『天才』と名のついた辞書を片手に勉強しているのに、このありさまはなんなんだろう……。これをチマチマめくって同じ単語を何度も調べているような人間は、ジーニアスになんかなれる見込みはないんだろうな。そもそも英語圏の人が見たらどう思う？　『おーい、見ろよー‼　こいつら（ｇｅｎｉｕｓ）とか書かれた辞書で（ｄｉｆｆｉｃｕｌｔ）とか引いてるぜ‼』とか馬鹿にされるに違いない‼　恥ずかしいっ！」

大風呂敷広げすぎたネーミングは、今の私なら微笑ましく許せるが、その頃は真面目だったので、思いきって辞書を替えた。姉のお下がりのボロボロで手垢だらけの『クラウン英和辞典』。坊主頭のサラリーマンのコセガレが『王冠』への道もほど遠いとは思うのだけど……。

本屋に行くと「わが子を天才にするためにすべき10のこと」……みたいな新書がゴロゴロ並んでいる。そもそもそんなハウツー本を好んで読むような親の子供が、天才になれるとは思えない。みんな天才に憧れているのだろうか。

そんなこと考えてたら、さっきアメリカがシリアに爆撃を開始したみたいだ。頼むよ、おい。万事まぁるく収めるジーニアスが現れないものかしら。

（2018年5月4―11日号）

発明

ラジオのフリートークでのこと。パートナーが「ノンフライヤーってスゴい『発明』ですね！」と振ってきた。「油を使わずにフライが出来て、しかも素材の油をカットして調理できるんです！」。私は「便利なものって人間をドンドン退化させるよねー、怖い怖い！」と、軽くスルー。「使えばわかる！」「なきゃ使えない！」。押し問答の2週間後、なんとフィリップス社から番組宛てに『ノンフライヤー』が送られてきた。なんで？

担当者からの手紙。「御番組のリスナー様より、汾陽麻衣《かわみなみまい》様（パートナー）が弊社の製品について高く評価をしてくださっている、とお知らせを頂きました。春風亭一之輔様はノンフライヤーをまだご存じないとのこと。実際に使って頂きその性能をご理解頂いてはどうか？とのご提案をリスナー様から頂きました」とある。

番組リスナーがフィリップス社に直接、「一之輔にノンフライヤーを送ってやってくれ。番組の企画も埋まるし、宣伝にもなるし、ウィンウィンなんじゃないか？」な旨のメールをしたみたい。頼んでもないのに、大会社相手にユスリタカリみたいな真似すんなよ！恥ずかしい。

まあ送られてきたのはありがたい。早速『ノンフライヤー師匠へのヨイショコーナー』をつくり担当者さんにもご登場頂いた。ノンフライヤー師匠、めっちゃ可愛いっ！エレガントなワインレッドに高崎のだるまさんを思わせるポッテリと愛嬌のある身体つき。期待大！

刻んだじゃがいもを入れてダイヤルをひねると「ヌオーーーン」と雄たけびをあげるノンフライヤー師匠。存在感溢れる勇者の咆哮だ。しばらくすると「チーン」という音。軽妙でひょうきんな一面をお見せになる師匠。先ほどとのギャップがたまりません。ツンデレ！

「出来上がりです」と冷静な担当者の声。ハンドルをとって師匠のボディを開けると、なかには熱々のフライドポテトが‼

「やってみな……」と師匠。

「頂きま……ウンマーーイッ‼」

クイ気味に叫んだのがかなりわざとらしかったが、ホントに美味い。いや、ちょっと半信半疑だったがこいつはスゴい。師匠は黙って満足そうにこちらを見つめるのみ。「わかればいいんだよ……」

コーナーが終わると、担当者は「良かったらご自宅で」とノンフライヤー師匠に別れを告げた。師匠は「心得てるさ」とばかりに無言で箱に収まり、その日のうちに我が家の台所においで頂いた次第。「ノンフライヤー師匠だ、よろしくな」。家族に紹介。「あーこれ、便利なのよね！」と家内。便利とか気安く言うな！　大師匠だぞ。

翌朝、遅く目覚めるとテーブルには唐揚げの山。みな師匠の作だという。長女が「うちのお父さんはスゴい！」「だろ？　こんな便利なものをもらってくるんだから！」「なにいってんの？『うちのお父さん』だよ‼」。

どうやら我が家ではノンフライヤーのことを『うちのお父さん』と呼ぶことに決めたらしい。「あなたあんまり家に居ないんだからちょうどいいわよ」と家内。それはなかなかいい『発明』かもしれないね。「ヌオーーン」と唸る新・お父さんが「俺に任せとけ」と言っている。元・お父さんは軽く泣きたくなったけど。チーン。（２０１９年3月8日号）

壁

わが家（借家）の2階。子供部屋の壁に穴があいた。直径5センチほどの丸い穴だ。

「なぜこんなところに穴？」。不思議に思ったが、原因はすぐに判明。ドアを開けたとき（内開き）、回したほうと反対側のドアノブが壁にぶつかって、ドアノブ型に壁が抜けたのだ。ドアが直接壁にぶつかるのを防ぐためのストッパーが、床から10センチくらいの位置に壁から突き出ているにもかかわらず、ドアノブが壁に食い込んだのか。なんて無力なストッパー。よく見たらストッパーも寂しげに曲がっている。頑張ったんだね、ストッパー。

うちの子供たちはケンカをすると、必ず誰かが泣きながら子供部屋に駆け込もうとドアを勢いよく開ける。バチーンッ！と音がして壁にぶつかる。そんなことが度重なると、とうとう壁に穴があく。

すぐに子供たちを集めて説教だ。「うちは借家だぞ。引っ越すときに敷金が戻ってこないだろうがっ！」と……言いたいのを堪えて、『ものを大切にする尊さ』を諭し聞かせる。

だが、無理に『いい話』をしようとして、そのうちに自分でも何を言ってるのかよくわからなくなってきた。結局、「家を壊すほどケンカをするな！　ここに住めなくなったらみんなで野宿だぞっ！」とストレートなメッセージ。子供たちは、みな下を向いて反省の態《てい》。反省もいいけどお年玉から修理代を出してほしいくらいだ。

それにしても綺麗な穴があいた。白い壁に歪みのない黒丸。つい吸い込まれるように覗いてみる。壁のなかは空洞だ。真っ暗。指を入れて探ったが奥には届かない。

バカっぽいが、穴に「あー」と声を吹き込んでみる。期待したほど反響はしない。空洞はさほど広くないようだ。

穴の縁を軽く触ってみた。石膏？らしきものがポロポロと崩れる。岩手名物の南部煎餅くらいの強度だ。こりゃいかん。ドンドン穴が広がってしまうではないか。でも手を伝わるポロポロ感が微妙に心地好く、気づいたら触っている。いかん、絶対に触っちゃいけないやつだ。

3日後、穴が倍の大きさになっていた。誰だ、触ったのは⁉ ん？ 俺か？ どうしよう。とりあえずちょっと距離をおいて眺めてみる。穴はすでに真ん丸でない。よく見ると、『サザエさん』の波平さんの顔型に似ていた。まるで『トムとジェリー』のトムのように壁に突撃して、波平型にぶち抜いたみたい。

「……毛を付けてみようかな」。部屋の片隅に落ちていた縮れっ毛を、「波平穴」の頭頂部あたりにセロハンテープで貼ってみた。より一層「波平感」が増した。ニヤリ。「増やしてみる？」。毛を2本、鬼の角のように貼って、またニヤリ。3本、放射状に生やしてみたら、なかなか笑える。「もういっそのこと……」。10本にしたら笑いが止まらなくなった。もっと貼ったらもっと面白いのか？　辺りから毛をかき集め、足りない分は引き抜いて、貼りまくったらちょっと微妙なかんじになってしまった。「10本が限度か……」。『笑いは、ほど』ということをこの穴に教えてもらったのだ。芸人として、また一回り大きくなったようだ。

なんの気なしにもう一度穴を覗いてみたら、「ひまか」という3文字が闇に浮かんで見えた気がした。

（2018年10月5日号）

ネコ

「実家でネコ飼ってるの」

大学の時、付き合い始めた彼女が言った。今までイヌしか飼ったことがない私。「ネコかぁ、イヌのほうがいいなぁ」と思ったが、どうせ実家の飼いネコだ。余程付き合いが深くならなければ、そのネコと会うことはないだろう。

「名前は？」

「斎藤」

「いや、ネコのだよ」

「だから、斎藤」

「〇田だろ？」

「私は〇田、ネコは斎藤」

「……あ、『斎藤』っていう名前なの？　名字があるの？　ネコなのに？　斎藤、なに？」

「ただの『斎藤』。『斎藤』は下の名前だよ」

「……じゃ『〇田斎藤』？」

「……ま、強いて言うなら」

家族で『斎藤』に決めたらしい。変わった家族だな。どうして『斎藤』にしたのか、理由を聞いたが忘れてしまった。私の名字が『斎藤』じゃなくて良かった。ネコを呼ぶのと同じ音で、彼女から呼ばれるのは複雑だ。

斎藤は雌ネコで白の雑種。彼女が高校生の時、もらってきたそうだ。ルックスはさほどではないが、声は抜群にかわいいらしい。ネコを好きでない人間にとっては、ネコってみんな同じ顔に見えるし、だいたいのネコは高い声で「ニャー」と鳴くんじゃないか？

「いいねぇ。会ってみたいなぁ、斎藤さん」。気もなくそう返しておいた。

それから7年経った秋のこと。彼女とはいろいろありつつ、結婚することになった。

「やっぱりご両親に挨拶行かねばならんよね……？」

「まあ、そうしてくれるとありがたい」

私は手ぶらで行ってしまった。しかも穴の開いたジーパンにネルシャツ。ヨレヨレのジャンパーに、かかとの潰れたスニーカー。私が父親ならそんな落語家の前座（26）なぞ絶対に家に入れない。でもご両親は私を笑顔で迎えてくれた。これで良かったんだ（絶対良くない）。

「今日は急に失礼します……いや、あの、まぁ……そういうことになりまして……あの……結婚したいなと……いかがでしょうか？」。挨拶としては最低である。私だったらこいつをぶっ飛ばす。

「そうですか。ひとつ今後ともよろしく」とお父さん。そうか、これで良かったんだ（いいはずがない）。

ろうか)。

ご両親と打ち解けたのかよくわからないうちに、なし崩し的にお父さん自ら、私をお鍋でもてなしてくれた。やっぱりこれで良かったんだな(うーん、結果オーライなんだろうか)。

「ニャー」。居間に真っ白なネコが入ってきた。お父さんは「おー、サイチャンも来たかー」。お母さんも「サイチャン、ご飯あるよー」。彼女も「サイチャン!」。なんだよ。『斎藤』って呼んでるわけじゃないのかよ。ルックスはそこそこだし、声も抜群……? よくわからん。

ビールでほろ酔いの私も「サイチャン! これからよろしくねー!」と調子よく呼び掛けた。「……………………チッ」。明らかに舌打ちだった。ネコも舌打ちするんだね。

その後、斎藤さんとはたびたび顔を合わせたが我々は打ち解けることもなく、斎藤さんは数年前に20歳で大往生を遂げた。今まで私が付き合いのあったネコは、このカミサンの実家の斎藤さんだけ。ほら、話が膨らまない。

(2018年12月28日号)

再出発

原稿はいつもガラケーで書いている。つなぎで入った喫茶店でコーヒーを飲みながらポチポチと携帯のボタンを押す。でもなかなかほどよい喫茶店がないのです。3月8日昼。浅草の行きつけの喫茶店『文七』の階段を上ると、「3月31日をもって閉店いたします」との貼り紙が。噂は本当だった。『文七』は10年前、老舗の名店『アンヂェラス』の向かいに出来た新興店。家業が一段落した落語好きのご主人が、一念発起して開いた「生の落語を聴ける喫茶店」だ。昼は通常の喫茶、夜は若手噺家の落語会が開かれる。店名はもちろん人情噺『文七元結』からとったものだ。ドアを開けると、常設の立派な高座に屏風、ふかふかの座布団。店主の道楽全開の素敵な店。

10年前、寄席囃子のお姉さん（といってもおばさん）が「私の友達の弟が喫茶店開いたのよ！　お客さん来ないから行ってあげてよ！　良かったら落語会もどう⁉」と強引に営業をかけてきた。仕方なしに行ってみると、綺麗な店内に気のいいご主人、美味いコーヒーにBLTサンドとハヤシライス。以来、二つ目の頃には落語会もやらせて頂き、寄席の合間に寄っては原稿を書いている。お世辞にも常に大入り満員のお店ではなく、平日は特に空いていて集中するにはもってこい。そこが気に入ってたのにな……。

この日もBLTサンドとコーヒーを頼んでノートを開く。まだ原稿用のメモは真っ白のままだ。「閉めちゃうんですねー?」と聞くと、「そうなんですよー。今までありがとうございました!」とご主人は案外に明るい。

「私も年とったんでね……10年やりましたから、このへんでちょっとひと休み(笑)」。おいくつかは聞いてなかったが、見たかんじ恐らく70オーバーか。

「孫が5人いてね。お店をやってると土日が塞がっちゃって幼稚園や小学校の行事に出られなくてねぇ。『じいじはいつも運動会に来ないね……』って言われるようになってきちゃった(苦笑)」。なるほど……そら、寂しいな。

「これからはのんびり好きな落語も聴きにいけますよ」。好きすぎてこんな喫茶店を開いたのに、店の仕切りがあるからゆっくり聴けなかったのね。ちょっと皮肉です。

「あの……閉店記念に、思いきって(笑)……サイン頂けますか?」。恐縮しながら色紙を出され、こちらも恐縮。そうか、店が続くならサイン書くこともまだなかっただろうに。こんなもんでよければいくらでもどうぞどうぞ。BLTサンドを食べながらスケジュール帳に目をやる。あ、今月はもう浅草に来る予定はないな……。ちょっと考えて、「あの……ハヤシライスもください!今日で食べ納めになっちゃうんで、私も思いきってっ!(笑)」。おなかはかなりキツかったがやはり美味い。食べながら真っ白だったノートにメモを走らせる。

「お疲れ様でした。今度は寄席でお待ちしてますねー」と勘定を済ませ外に出た。向かいの老舗・アンヂェラスも今月で閉店らしい。名残を惜しむ客で長蛇の列だった。『文七』の営業は31日まで。いや、無理に並んだりしなくていいんです。閉店までも、そしてこれからも、どうぞのんびりしてくださいな、ご主人。

（2019年3月29日号）

伝統

常日頃「○○が好き！」と言ってると、お客さんがその○○を差し入れてくれることがある。ただ「お金が好き！」と言ってもなかなか真に受けてもらえないようです。

『ペヤングソースやきそば』が好きで、たびたびペヤングが届くようになりました。「白飯にペヤングをかけて食べる背徳感最高！」と言ったら『サトウのごはん』と『ペヤング』と割り箸が1セット届いたことも。「楽屋で食べな」ということかな。家族がいないときに独り貪るのがいいんですけどね。

もっと言うとですね……あのちょい辛なソースでご飯を炊いて食べるのが美味い！1袋に対して1合のお米。青のりと〝あのスパイス〟をかけたらペヤングライスの出来上がり。……となると、ソース無しの「麺のみペヤング」が一つ出来ちゃうんですが、そんなときはもう一つペヤング買ってくる。そのソースをさっきの「麺のみ」に使って、またペヤング買ってきて、そのソースをさっきの「麺のみ」に……。順繰りにやってるうちに、私は恐らくいまわの際です。足腰が立たず、ペヤングを買いに行くこともままならず。故に使うソースがない！　どうしたらいい⁉　だがご心配なく‼　その頃の私はすでに自分でソースの調合が出来る身体になってるはず。冷蔵庫にあるものでソースを作り、最後のペヤングは自分のオリジナルソースを使う。そりゃ本家には敵うはずありません。「やっぱり本物で食べたかったな……でも俺の『ペヤング』もまんざらじゃ……」。これが私の最後の言葉。それがペヤングに殉ずるってことではないか⁉　私はそう思うのです‼

……閑話休題。最近はペヤングもいろんな「変わり種」があります。『パクチーレモン味』『チョコレート味』『かきあげ味』……なら、かきあげそばを売ればいいのでは、なんて言っちゃダメ。話題になった『超超超大盛ＧＩＧＡＭＡＸ　２１４２ｋｃａｌ』。白飯を同量のせたらちょっとした〝餌〟みたいだったけど、４分の３超えたあたりから気持ち良くなってきた。これぞペヤングハイ。ペヤングって合法ドラッグ？　こないだ出たのが『限定販売金粉入り』。カップやきそばと金粉。庶民とゴージャスの融合。いやいや、ゴージャス要らないから。ペヤングユーザー層は金粉かけるなら、青のり増やしてほしい層ですよ。考え過ぎちゃったのか、何も考えてないのか……。

でも続々と新種が出るたびに「相変わらずやっとるのう～」と嬉しくなってしまいます。金粉なんか完全に悪ふざけに近いと思うのですが、なんか許せる。というのも、やっぱりちゃんと基本が出来てるからですよ。色モノペヤングの間にオリジナルペヤングがドーンと控えていてくれる、帰る場所がある安心感。この『伝統』の重みが強み。

でもペヤングはその『伝統』に甘えることなく常に前のめり。これは落語家の姿勢にも通じる。「やらなくてもいーんじゃない？」と周りが眉をひそめることも、とりあえず前のめりにやってみる。冒険から何が生まれるかわからないもの。もちろん『伝統』も大切に。そう。私の理想の落語家は『ペヤング』。ちなみに……どうやらソースはボトルで売ってるらしい。なんと！　でも私はそれに頼ることなく、少しでも『師匠』に近づくさ。

（2019年5月24日号）

奇跡

以前このコラムでも書きましたが、9月30日に引っ越しました。引っ越し屋さんは30代と20代の男女。男性が主任と書かれたバッジをつけています。主任も「これなら直線距離で200メートルくらいの戸建てから戸建てへの引っ越し。すぐ終わりますね！」と言うくらいですから、業者にとっては楽なほうの仕事なようで、3時間ほどであらかたの家具と段ボールは搬入完了。

引っ越しを機に冷蔵庫を大きくしました。この引っ越し会社はメーカーと提携して家電の販売もしていて、なにより「引っ越しのプロ」が直接搬入してくれるので安心です。数日前に営業のTさんが見積もりに来て「このお宅なら大型の冷蔵庫、十分いけます（入ります）！」とのことでした。

「ムリですねー、これ。入りません……」。冷蔵庫を前にして呟く主任。ちょっと待て。Tは太鼓判押してたぞ。「Tさんかー。またかー。あの人なー。あー。もー」。Tの過失をアピールするかのように頭を抱える主任。「台所、2階ですよね。無理やり入れると家か冷蔵庫、どちらか壊れますがいいですか？」。やだよ！　ダメに決まってんだろ！「これなら入るんですけど……」とカタログを見せられましたが、前の冷蔵庫のほうがはるかにデカい。日も暮れてきたので「ちょっと考えさせてください」と、冷蔵庫を表に置いたままにしてもらい引っ越し屋さんにはお引き取り頂く。「Tさんなぁ～」「やっぱTさんですね〜」とこぼしながら二人は去っていきました。暗闇に佇む冷蔵庫。ご近所さんが見たら「あ、入らなかったんだなあ……」と容易にわかるでしょう。このままだと『令和の荒井注』の異名が付いてしまう。

「私が入れましょう！」と手を挙げてくれたのは工務店の社長。「私が建てたんだから入らない訳がないっ！」。凄い自信。若い衆を4人連れてきて、太いロープで冷蔵庫をグルグル巻きに。「吊るします！」。クレーンなしで⁉「要りませんよ！」。2階の窓を外して、屈強な男たちがグイグイと引き上げます。「そこを下げろ、斜めにしろ、ちょっと上げろ、引け引け、押せ押せ、よーし！」。あ、入った。その代わり、窓わくがベコベコになったけど……。「板金屋さんに直させます！」。すぐに手配の電話をする社長。窓わくも直り、奇跡的に冷蔵庫がスペースに収まりました。職人、スゴイ。

冷蔵庫に電源を入れ作動し始めたそのとき、家内が一言「これ、右びらきだ……」。あれほど左びらきにしろって言ったのに‼　Tめ。いや、Tなのか？　いや、この際Tのせいでいい‼　すると家内が言いました。「これは神様が『冷蔵庫の扉を無闇にバタバタ開けると電気の無駄だよ』って言ってるのよ。だからわざと不便なほうに扉を付けてくれたの。そう思えば腹は立たない！」。そうか、奇跡が起きたのか。神様のいたずらなのか。節電になるならまあいいか。安らかな顔の家内。大丈夫かな。ちょっと不安。

でもさすが新型の冷蔵庫。手をセンサーにかざすと扉が自動で開くのです。「あ、製氷室は扉の真下かー」。私が頭を下げるとセンサーが稼働し、扉が私の頭を「バイーン！」と直撃。氷を取るたび毎回冷蔵庫にどつかれます。ふざけんなよ、Ｔ！

（２０１９年10月25日号）

【奇跡】２０１９年９月、ラグビーＷ杯の１次リーグで日本代表が強豪のアイルランドを逆転で破る。南アフリカを倒し「奇跡の勝利」といわれた前回大会に続く歴史的な勝利に。

おわりに

コロナ禍のちょっと前だったか。学生時代の友人と飲むことになった。

そいつは一般企業勤務で、どちらかと言うと堅い勤めで、家族もいるし、たいしてモテるわけでなく、多趣味でもなく、中肉中背、名前もありきたりで、面白いことを言うわけでなく、周りから物凄く好かれも嫌われもしない、ふつうのヤツだ。

ただとても「引きが強い」。学生のころ、ガリガリ君を食べれば3回に1回は当たった。「オレ、お腹が弱いのに困るんだよなー」と文字通り（？）うれしい悲鳴をあげていた。宝くじにはいっさい当たらないのに、10円のフィリックスガムにはしょっちゅう当たる。封入された「あたり」の細い紙が財布に何枚も入っていた。「欲しいならあげる。オレ、あのガムずっと噛んでると気持ち悪くなるんだよ。最初の味はすきなんだけどな」とこぼす。一度、3連続で当たって学校そばの駄菓子屋店内が騒然となったことがある。気持ち悪いのはお前のほうだ。

そいつは鳥の糞がよく頭に降ってくるので、いつも帽子を被っている。「あ、まただ」

と平気な顔して糞をウェットティッシュで拭うカタチが堂に入っている。「たまに、オレの頭は『鳥類の便所』なのかな?って思う時あるよ」だそうだ。

飲みの席で「こないだ風俗の姉ちゃんと仲良くなって店外デートしたんだよ」とのたまった。「うそをつくな」と私。「ホントなんだよ。何度か外でご飯食べて、こないだ『もうこの仕事は辞めて昼の仕事がしたいので派遣に登録してみたんです』って言うのね」。学生のときはそんなかんじでもなかったが、時が経ってそこそこモテるようになったのだろうか。見た目は「便器に浮かぶ消化しきれなかったモヤシ」みたいなヤツなのに。「『お店も辞めて来月から働くのでもう会えません』って言われちゃってさぁ」と淡々と話す友達。「ざまあみろ」と私。「いや、べつに飯食うだけの仲だからね。オレはいいんだよ。『仕方ないねー。頑張ってね、応援してるよ』って言ったの」。欲がないのは昔から変わらない。

「翌月さ、会社の朝礼で新しく入った派遣社員さんを紹介されてさ……」。きた。どうせ引きの強いエピソードだろ。「その彼女だったんだよ」。シレッと言いやがった。「目と目が合ってさ。びっくりした顔してたよ。オレは経験上そんなこともあるかなぁ、くらいに思ってたけどね。彼女が働いてた店とオレの会社、県をまたいで20キロくらい離れてるからさ。ちょっと驚いた」。ま、だいたいそんなとこじゃないかと思っていた。でもこいつ相変わらず、引きが強い。

「お互い、周りにバレちゃまずいなと思ってLINEで『会社内で会うのも話すのも今後一切なしで！』ということで話がついてさ」。よかったじゃないか。「オレもまるで未練などないし、あちらももちろんおんなじでね」

「ただオレがちょっと自分が怖くなったのはさ……」

なんだよ？　まだなんかあるのか？

「その通ってた店の名前……『オフィス♡ラブ』って言うんだよ」

なんだ、そりゃ。

「店ではOLの制服なのにさ、現実の派遣先では私服なんだよ」

なんなんだよ。

「世の中、上手くいかないねえ」

……だって。くだらない。くだらない。くだらない。あまりにくだらないので、このエピソードを某一般紙のコラムに書いてみた。

後日。その日は夕方に帰宅して、ちょうどテレビを観ていると、あいつからの電話。「あのさー！　勘弁してくれよ！　うちのカミさん、○経読むんだから！　『この一之輔さんの友達って、貴方のことじゃない？』って疑われちゃったよ！　書くなら朝○にしろよ！　日○はシャレにならないよね？』と。「ピンチだよ！　夫婦の危機っ！　えらいことになっちゃったよっ！」だって。スマホ越しに友人の声を聴きながら、画面を観るとニュース速報。「安倍首相が緊急事態宣言を発令」

「とりあえずまたなー」と言って電話を切ったきりあいつには会っていないが、引きの強いやつのこと。夫婦関係は問題ないだろうが、世界はこの先まだまだどうなるか、わからない。

「朝日ならいい」らしいので、単行本第2弾の記念に書いてみた。

この本を我が友に捧げます。お前の力でどうにかしてくれないか。

早くノンキな世の中に戻りますように。

２０２０年11月27日

全国ツアーファイナルの仙台公演に向かうガラガラの車中にて

春風亭一之輔

文庫版あとがき

いやはや、ここまでお読み頂きありがとうございます。さぁ、これから文庫版のあとがきが始まります。ただ、読み進めていくとなーんか違和感を感じる方もいるかもしれませんが、まぁそんなに目くじら立てずにお読みください。あ、このあとがきの後にはもう一つ『あとがき』があるので、出来ればそこまでお付き合いくださいね。おほほ。

それにしても時事ネタって難しいわー。

＊

「ゴミ屋敷」を扱うテレビ番組をついつい観てしまう。作る側は、モノで溢れた汚い家と、その主人と、周辺の困惑する住民をまるで見世物のように映す。

リポーターから「こんなモノをなぜとっておくのか?」と聞かれ、主人は「私にとっては大切なモノなんだ!」「いつか使うかもしれないじゃないか!」と訴える。リポーターは「いやいや、あり得ないでしょう」という半笑いの表情を隠しつつ「周囲の方にご迷惑がかかってるんですよ!」と正論を振りかざす。

でも第三者には無駄なモノにしか見えないが、「使うかもしれない」という可能性は否定できない。何事にも「もしかしたら」ということがある。「絶対にない」なんてことは絶対にない。

たとえば……現代のスーパースター、大谷翔平選手。彼は毎日10時間以上の睡眠時間を確保するらしい。一般人からするとけっこう寝過ぎじゃないか。ニート並みだ。アスリートの体調管理としては素晴らしいかもしれない。でもそんなに長時間寝るということは……。

「大谷の使っている枕カバーは相当汚れている」

私は可能性のことを言っている。「大谷は枕カバーを毎日代えてるよ」と一笑に付す者もいるだろう。毎日？　じゃあ貴方は枕カバーを毎日替えますか？　ホテル住まいじゃあるまいし、SDGsとか言ってる世の中で毎日枕カバー代えるなんてノーサステナブルじゃないですか？　いや、替えてる可能性もあるけど、3年くらい替えてない可能性だってあるじゃない？　あくまで両方とも可能性だけど。

「大谷翔平はスーパースターなのに、枕カバーはシミだらけ」……な可能性がなくもない世界を想像してみたい。

愛犬デコピンも避けて通るくらい激汚れの枕カバー。結婚祝いにもらったイエスノー枕も大谷のカバーだけはあっという間に真っ黒けだ。イエスもノーも分からないくらいに。夫婦間の意思疎通にも影響を及ぼすほどに。

悩んだ新妻が実家の両親に電話で相談。「それくらい我慢しないと長続きせんだに！それに枕に頼らず自分の言葉でイエスノー伝えたらえーだに！（てきとうな方言）」と諭される。

通訳の一平さんも「せめて月2くらいで替えないと汚いよ」と言うのだが、枕カバーに関しては一切聞く耳を持たない大谷。ことによると、枕カバーを替えないというジンクスであれだけの成績が残せてるのかもしれない……と周囲も思い始めるだろう。だからもう誰も「替えろ」とは言わなくなってくる。

そのうちに幸運を呼び込む大谷枕カバーなんて触れ込みで、グッズ化されてそれがまた莫大な富を生んだりなんかする。オリジナル枕カバーなんて、昔のアイドルかアニメのキャラクター並みじゃないか。しかも最初からちょっと汚れてるダメージ加工が施されている枕カバー。「一枚税込み5400円。二枚組で9800円。1000円もお得です」「しゃちょーん。もう一枚お願いしまーすー」なんて夢グループで売り出すかもしれない。

……何度も言うが、そんな可能性もゼロじゃないよねってことだ。つまらない可能性だ。そうであってもそうでなくても、どっちでもいい。そう、こんなモノ、なんの意味も価値もない、ゴミのような可能性だ。でも捨てるのはなんかもったいない可能性。そんな可能性がたまりにたまって、私の頭の中はいつもゴミ屋敷のようになっている。

昔、「ゴミ屋敷の番組」を観ていたら「あ、ほら、これ。これは私が小さいころ大切にしていたバンビちゃんでね、宝物なの……」とその家の主が汚い鹿に見えなくもない奇妙な塊を取り出してリポーターに突き出した。

およそ宝物には見えない汚い塊は、やはりゴミの中から出てきた。宝物ならもっとちゃんとしたところにしまっておけと思うが、当人が言うのだから誰も否定できない。「かわいいでしょ〜」とひと撫でして、バンビちゃんを無造作にまたゴミの山に放り出す主人。

私もゴミのような可能性を書いたり、喋ったり、妄想したり、しまいにゃ無責任に放り出しその辺に転がしている。どれもいびつなカタチのヘンテコな可能性だが、よく見ると案外可愛い存在だったりもするのでなかなか捨てられない。

そんなバンビちゃん（私にとって）を寄せ集めてギュッと圧縮したものが、この本だ。しかも文庫なので密度が濃い。読み返してみても、相変わらずどうにもしょうもないことばかり書いている。そんな本にお忙しいなか解説を寄せて頂いた赤江珠緒さんにはなんともお礼の申し上げようがない。ありがとうございます。正直断られると思ったけど、世の中捨てたもんじゃない。それどころかけっこうな長文。少しの可能性に賭けてよかったです。

また呑みましょう。

ということで、週刊朝日がなくなってもまだまだAERAdot.で続いている私の連載。

次の単行本のタイトルは『大谷のまくらはけっこう汚い』になるかもしれません。これもあくまで可能性として。

なお、このあとがきに登場する人物名・団体名は架空のモノであって実在する人物とは一切関係ありません。赤江珠緒さん以外。

……と、「文庫版あとがき」を書き終え担当さんに送信したあとで、大谷の両親へのインタビューによる『翔平は幼少期から枕を使っていない』とのニュースが飛び込んできた。マジか……。

それじゃ大谷は枕投げのときはどうしてたんだよ⁉ 律儀そうだから「普段使ってないものは投げられないよ……」とか言って、修学旅行のその時間はトイレに籠《こも》ったりしてたんじゃないか⁉ かわいそうに……。

じゃあ、大谷はお正月の夜に宝船の絵を枕の下に入れたりしなかったということか⁉ いい初夢見られないじゃんか‼

翔平少年の部屋に忍び込んだ妖怪「まくらがえし」は何もせずに退散したのか⁉ かえす枕がないなんて、さぞ驚いたことだろう。

おー、また可能性が膨らんで、あとがきがなかなか終わらない。

でもきっと、布団カバーの頭の位置がメチャクチャ汚れてるんだろうな、大谷。

文庫版あとがきの『あとがき』

ということで、以上が文庫版のあとがき。かなりの文量になってしまった。新規のニュースが入り文末に多少加筆したりしたが、まぁ旬の話題にはつきもの。またどうでもいいことに労力を費やすのはなかなか楽しい。

担当さんからあとがきのゲラがPDFで送られてきた、さぁ最終チェックだ……というところで、みなさんご存知の水原一平元通訳の賭博のニュースが飛び込んできた。早速、担当さんからメール。嫌な予感しかない。

「どうしましょう? この『あとがき』……今後も事件の進展が読めず、大谷選手の先行きもまるで分からない状況で、この『あとがき』で果たして良いものか……一之輔さんのお考えをお聞かせください」的な内容。

現在、令和6年3月下旬。この本の発売が5月上旬。この間になにがあるかわからない。それにしても、内容が能天気過ぎて、何が枕カバーだよ?って話である。

初めから書き直す? それともめんどくせーからそのまま?

とりあえず現時点でのこの事件の進捗やその検証、感想をネットで調べると……まぁ出てくる出てくる。末には陰謀論にまでたどり着き、気が滅入ってくるのでもう見ないことにした。もう勘弁してくれい。

そんなとき、X（旧Twitter）のおすすめ機能が私に「落合博満野球記念館」のアカウントをレコメンドしてきた。なになに？

アカウント主は一言「しゃぶしゃぶをたべまーす」とポスト。その下に肉を摘んだ箸がしゃぶしゃぶしてる動画。そして文末に「ひろみつ」。あの落合博満当人がポストしているのだ。

「救われた」と思った。これでいいのだ。一平ちゃんの事件なんて、ましてや私のあとがきなんて、ひらがなだらけのオレ流ポストの呑気さの前には塵《ちり》のようなものだ。これでいい。何があろうとかまうことなく、大好きなしゃぶしゃぶを食べたいときに食べるのだ。将来、それを目にした人は「あー、あのとき食べたかったんだな。食べられてよかったな、ひろみつ」と思うことだろう。瞼《まぶた》の裏には小鉢にゴマだれを注いでる信子夫人が浮かんで見えることだろう。私もその調子で生きていこうと思う。ありがとう、ひろみつ。そして、これからもがんばれ大谷。オレもこれからも思ったことをダラダラと書き続けるよ。お互い好きなことをやっていこう。そうだろ？　それでいいじゃないか、だって人生は一度きり。人生は壮大なギャンブルだもの（合法の）。

ということで、ぶんこのあとがきをほんとうにおわりまーす。そしてだいすきなほわいとぎょうざをたべまーす。

いちのすけ

解説

赤江珠緒

一之輔師匠から、解説のオファーを頂いた。

正確には出版社を通して、うちの事務所のマネージャーに連絡がきた。そう、仕事を依頼する方法としては、これは、いたって正式なルートだ。知り合いだから、先に「よしなに頼むよ。赤江さん！」なんてこともなかった。正当な仕事の頼み方だ。先方になんら問題はない。

そして、一之輔さんとは、2023年の春までやっていたTBSラジオ「たまむすび」という昼のワイド番組でご一緒していた仲でもある。断る理由がない。

この番組、私がパーソナリティを務めていたもので、そこに、一之輔さんは、月に1度、現れて、30分ほどのコーナーを担当してくださっていた。毎回、師匠はまくらを用意して、そのまくらだけを、ラジオで話しに来てくれていたのだ。

年間900席を超える高座に上がられ、日本中を飛び回っていらしたのに、時には出張先の地方の公衆電話からとか、寄席の前の楽屋からなんていう放送回もあり、かなりご無理なお願いもあったかと思うが、毎週きっちりまくらを届けてくれた。

そう、一之輔さんは、存外律儀な人だ。

そうそう。私がこの番組を辞める際にも、青に銀糸模様の反物生地のタンブラーをくれたっけ。そんな可愛らしくも美しい餞別《せんべつ》品を、一之輔さんが、いそいそと用意してくれたかと思うと、とても嬉しかった。


思えば21人抜きで真打ちになられた、大人気落語家さんのまくらを、ラジオのブース内のさほど大きくもないテーブル越しに私は毎週浴びていたのだから、それはなんと贅《ぜい》沢《たく》な時間だったことだろう。

だから、はっきり言って、一之輔さんには、恩義がある。ありありのあり！な方なのだ。


さらには、そのラジオ番組のイベントを武道館で開催した際に、なんと前説をお願いしてしまった過去もある。それが、２０２２年のことだから、当然、一之輔さんは、押しも押されもせぬ大師匠だったにもかかわらずだ。頼むほうも頼むほうだが、受けるほうも受けるほうだ。と開き直りたいぐらいありえないお願いを快く受けてくださった。

なので、私は、本当に一之輔さんの頼みなら、一肌も二肌も脱がなければならない身なのだ……。

にもかかわらず、マネージャーから、「一之輔さんの事務所から仕事のオファーがきてますよ」と言われた時、「むむっ?!」っと、この本のタイトルの本家「悪魔が来りて笛を吹く」じゃないけれど、不穏な、不吉な気持ちを抱いてしまったことを白状しよう。すまないっ!! 一之輔さん!

私は恩知らずなやつだ!

確かに以前、そのラジオ番組でご一緒していた時に、一之輔さんのご著書やエッセイ、悩み相談的な本を、とても面白く読ませていただき、「一之輔さんの文章、面白いっすね。いつでも帯書きますよ~。ヘラヘラ~」なんて会話をした覚えがある。

なので、帯か? 帯の依頼なのか?? 超絶忙しいにもかかわらず、結構な勢いで、様々な本を出版されている一之輔さんだから、あの時の口約束を覚えていて、私に声をかけてくださったのか?などと、若干ドキドキしながら、仕事内容を確かめてみると、この解説だった。

「げげっ!! 解説か~。文字数が多いな~、帯とは桁違《けたちが》いだわさ。書けるのか? そんなに……」

というのが、このオファーを頂いた時の、正直な、正直な心の声だった。

いや、文字数のことはともかく、それよりも問題なのは、頼まれた解説が、この『まくらが来りて笛を吹く』だったというところなのだ。

私は焦った。

というのも、この『まくらが来りて笛を吹く』の前作の『いちのすけのまくら』といえば、何が凄いって、解説が凄いんです！　皆様！

なんと、一之輔さんのご子息、ご長男様が、高校生でありながら、見事な文才で、もっとも身近な父に迫るという圧巻の文章なのだ。読んでいないという方は、前作の文庫本のこの解説だけでも読んでおいたほうがいいっ！　なんともウイットに富んでいて、愛があって、本質を見事に表している解説なのだ。

しかも、文章はスマートかつクレバー。こ、これを高校生の息子さんが⁇と私は当時、度肝を抜かれた覚えがある。世の中に解説は数あれど、ここまで最適な解説がどこにありましょう‼と私は強く思った。

あまりにびっくりして、当時ラジオでその文章を一部紹介した際に、

「一之輔さん！　なんてすごい息子さんなんですかっ‼　ここまでとは〜。こ、これはとんびが鷹を生んだ的な……」

とコメントしてしまい、一之輔さんに「いや、それは、うちのかみさんに失礼でしょっ‼」とたしなめられてしまったぐらいだ。

ほんと、おかみさん、ごめんなさい。狼狽《ろうばい》の末の失言でございました。この場をお借りして改めてお詫びを。

とにかく、それぐらい素晴らしい解説なのだ。

なので、正直、この次を書かされる人は大変だな～と他人事のように思っていたら、私にお鉢が回ってきた！　オーマイガッ‼だ。

なので、なので、正直、「お断りしようかな～。私ごときが、お引き受けしても、これはさすがに、お役に立てないんじゃないの～？　あのご子息様の後は、とてもとても～」なんて考えが、ちらりと頭をよぎって、正式にお引き受けせずに、少し考えてみようとばかりに案件を寝かせていたら、一之輔さんからメールが来た。

「文庫本の解説文、ご快諾？頂きありがとうございます。楽しみにしております。お忙しいところ恐れ入ります。嬉しいです！」と。

「おっ、おわわっ？　えっ？　えっ？　正式にお引き受けしたっけ、私⁉」と慌てて、マネージャーに確認したところ、「はい～。仕事帰りのタクシーの中で、『一之輔さんには、やっぱり恩義があるからね～。結構分量はあるけど、やっぱ人として、ここはやらないとだろうね～』とかおっしゃっていたので、やるもんだと思って、もうお引き受けしました～」ですって。

いや。あれは、Ｇｏサインではなくてね。どうしたもんかね～。お引き受けしなくても仕方がない場合も世の中にはあるよね～。というような一般社会の感覚を確認したかった中での会話でさ……。な～んて、あとの祭りだ。

というわけで、かなり、うっかり乗り込んでしまった船ではあるが、お引き受けした以上、私は心してこの本に、否、一之輔さんに向きあうこととし、単行本を改めて拝読することにした。

一之輔さんは、わたしより少しお若いが、ほぼ同年代なので、いちいち鏤《ちりば》められた単語、文言が身に沁みる。

例えば、『はじめに』に書かれた「ポニーテールと一之輔はふり向かない」ってなんだ！　もうそれだけで脱力だ。でも、「ふり向かない」と言えばポニーテール。そう、我々世代にはそう相場が決まっているのだ。わかるよ。一之輔さんっ！

『台風』にでてくる学研まんがのデキッコナイス！　わたしもめちゃくちゃ好きだったよ。100階建て、200階建ての建物は日本に作れるのか？みたいな回を覚えている。確か不可能ではないけれど、その分、人を運ぶエレベーターの面積がどんどん増えて居住空間が減る、みたいな話だったような……。いや～。懐かしいな～。

『2学期』のあの、全国的に見られた学校風景、こんな細かいディテールまでよく覚えているな～。と、いちいち、味わい深い。

ほんと、一之輔さんて、どうでもいい記憶へのアプローチ力が凄い。

温故知新の《温故》部分、普通の人ならとっくに忘却の彼方に追いやっているようなものも、大切に愛でて温めている。そして、その分《知新》は遅い。

私も、一之輔さんもいわゆるアナログ人間で、ハイテクなことに滅法弱い。

世の中がとっくに、キャッシュレス化を叫び出した数年前、私は完全に乗り遅れていて、

「こないだ、普通の、なんてことない蕎麦屋さんに入って、きつねそばを食べて出ようとしたら、現金不可だったので、焦りました〜。クレジットカードがあったので、なんとかなりましたが、まさか千円未満のお店でもそうだとは！」

なんて話をしたら、

「赤江さん、安心してください。私はクレジットカードすら、まだ、持ったことがないですから」

と、のっそり言われて、「は〜。下には下がいるんですね」とアナログ人間として安堵した覚えがある。

その後、その言葉が悔しかったのか、「クレジットカード作りま、し、たっ！」というLINEがきたが。

世の中が猛烈なスピードで変化していく中で、ほんと癒しのアナログ同志だ。『遅すぎ婚』のまくらでは、フリック入力について悩んでいる。わかる〜。わかるよ。私も当時、フリック入力をアプリで練習したものだ。

どんどん新しい物が生まれる、せわしない昨今、ご同輩の存在は、本当に心地よい。世の中が様々に変わって、振り落とされたり、そもそも乗ることすらできていないことがある時代だが、この『まくらが来りて笛を吹く』に限っては、きっと誰も振り落とすことがないだろう。誰も振り落とさず、じんわり、ぬる〜く温めてくれるエッセイだ。

しかし、ぬるいからといって、安心しきってはいけない。

『大統領』なんて、よくできた嘘まで入っている。

あれ？　一之輔さん、アメリカンスクールに通ってたんだっけ？　なんて不覚にも、一瞬、本気で読みながら思ってしまった。

ぬるいものでも、長く付き合うと、低温火傷《やけど》をする可能性はある。

そこは、注意が必要だ。


この『まくらが来りて笛を吹く』は、2020年の、「まくら」から始まり、2017年までの間を行ったり来たりするので、コロナ禍の時代など、改めて拝読すると、ちょっとしたタイムマシーン的な感覚になる。

ほんと、そんな時代だったな〜としみじみしつつも、そこは、一之輔さんの温故魂のおかげか、誰も振り落とされることなく、ほのぼのと時を遡れる。

しかし、朝ドラの感想が多いなっ！　どんだけ満喫してるんだっ！　私も観てる口だけどさっ。

なんて、ここまで、こんな風に、ケラケラ一気に読み返していて、ふと我に返った。

そもそも、このエッセイに解説はいるのかっ⁉ こんなご陽気、呑気、愉快なエッセイに⁇

解説って、あ〜た！ 何をどうしろとっ！

あ〜。いかん、いかん。また、この仕事から離脱しそうになってしまっている。

私は改めて気を引き締め、考えた。

解説を任された以上、少しは一之輔さんをきちんと考察、分析してみなければ……。

そして、こう思うに至った。

一之輔さんには、「落語眼《め》」があるのだと。

養老孟司さんと宮崎駿さんの対談本に『虫眼とアニ眼』というタイトルの本があって、同じ眼で世の中を見ているのに、あっという間に虫を見つけてしまう人のこと、例えば絶滅危惧種のタガメだってわけなく見つけてしまう少年を「虫眼」と称しているのだが、一之輔さんの場合は、「落語眼」なんだと思うのだ。

小さな虫の動きも逃さず捉えて感動できる「虫眼の人」に対して、普通の人なら流してしまいそうな、なんてことない日常の、そこかしこに、落語的要素を見つけ出す。そう、それが、「落語眼」。

同じものでも、落語眼の人の目線で、日常をきりとると、それはもう途端に落語的になる。

例えば『ワクチン』での奥様とのやりとり。人によっては夫婦の危機だ。シリアスな脚本家にかかればサスペンスにすることすらできるかもしれない。しかし、一之輔アイズにかかれば、クスクス笑える落語の登場人物の夫婦のような光景が広がっている。『アラート』では、コロナ禍の東京アラートについてのまくらだから、これまた題材としては可笑《おか》しみなど何もないはずなのに、なんなんですか！　あの打ち水の顚末《てんまつ》！（笑）。苦行、地獄という点では、『ノーミス』や『会談』のまくらも味わい深い。うん。これは、なかなかな、いたたまれない展開なのにめちゃくちゃ面白い。

それもこれも全ては一之輔アイズの、一之輔さんの「落語眼」のお陰だ。

一之輔さんにかかると、人によっては苦行や悲痛な思い出になるものが、ヘラヘラとした可笑しみに変換されていく。

当然、それは、落語家さんの持つ、まくらへの脚色力も大きいだろうが、そもそも、何を可笑しみとして捉えるかという最初の視点が、「落語眼」の才能によるものだと思う。

そして、それは『笑顔』にでてくる一之輔さんの、笑うしかない幼少時代の思い出などを鑑《かんが》みるに、落語家さんになるずっと以前の、川上少年時代から持ち合わせていたものに違いないという気がするのだ。

昔から、きっとこういう物の見方をしてきた人なのだろう。

世の中のことを、「落語眼」で眺めれば、多少のことは許せたり、自分の恥すらも水に流せるというもの。そんな視点で普段の生活を送っておられる一之輔さんだから、師匠の落語は伸びやかで、朗らかで、明るくぬるく居心地がよいのだと思い至った。

『サイズ』のお子さんへの缶切り講習の、日常のささやかさと愛しさといったら！

これぞ日常の極みだ。

ご本人は趣味がないなどと本書の中でも何度かおっしゃっているが、その分、話題の幅はとても広い。朝ドラに始まって、ちょっとかじったというラグビーや、結果的にはまった高校野球、家事、育児、旅、山登り、お弟子さんの教育、先輩後輩の付き合い、お酒の話、学生時代にがっつりやった読書三昧の日々……。

最近は、一つのことに精通しているオタク的深さが凄いとされる風潮もあるが、浅くても、何かしら自分のこととして語ることがあるというのが教養であり、経験の豊かさなんだと思う。それがなければ、これだけのお題に対応することは不可能だ。

そしてその広さと豊かさがあるので、一之輔さんのまくらは、誰も振り落とすことがないのだと思う。

そう思うと、一之輔さんにとって噺家さんになるということは、自明の理だったのではないだろうか。

私が言うなど大変、烏滸《おこ》がましいが、まさに天職を得た方のように感じる。

これからも、ますます豊かで味わい深くなっていかれるであろう師匠の落語を楽しませていただきたい。


最後に、『連覇』のまくらの中での一之輔さんの反省をみよ。「断るべき時にはちゃんと断る勇気を持つ」というくだり。これもわかるな〜。ついうっかりでこの解説を綴《つづ》っている身には、ほんとに沁みるお話だ。

こんなにすごい噺家さんだけど、もう中身が落語の登場人物みたいで、うっかり、迂《う》闊《かつ》。良かれと思ってやってみたら、怒られた。こんなところでなぜかムキになって頑張ってしまった。みたいなことが、一之輔さんには多そうだ。

あ〜安心する。

だから、きっとこの解説がそれほど良作でなくても、一之輔さんなら許してくれるに違いない。

また、呑みましょう。


（あかえ　たまお／アナウンサー）

JASRAC 出 2402447-402

まくらが来《きた》りて笛《ふえ》を吹《ふ》く　朝日文庫

2024年5月30日　第1刷発行
2024年7月30日　第2刷発行

著　者　春風亭一之輔《しゅんぷうていいちのすけ》

発行者　宇都宮健太朗
発行所　朝日新聞出版
〒104-8011　東京都中央区築地5-3-2
電話　03-5541-8832（編集）
03-5540-7793（販売）

印刷製本　大日本印刷株式会社

Published in Japan by Asahi Shimbun Publications Inc.
定価はカバーに表示してあります

ISBN978-4-02-262097-2

落丁・乱丁の場合は弊社業務部（電話 03-5540-7800）へご連絡ください。

送料弊社負担にてお取り替えいたします。